Leonhard Reinirkens

Geschichtspunkte

Leonhard
Reinirkens

Geschichtspunkte

Geschichte vor Ort:
Rheinland-Pfalz

Von der Römerzeit
bis zum Ende der
Kurfürstlichen Herrschaft

K. H. Bock

CIP-Titelaufnahme der Deutschen Bibliothek

Reinirkens, Leonhard: Geschichtspunkte: Geschichte vor Ort:
Rheinland-Pfalz; von d. Römerzeit bis zum Ende d. Kurfürstl.
Herrschaft / Leonhard Reinirkens.
Bad Honnef: Bock, 1988
ISBN 3-87066-180-1

ISBN 3-87066-180-1

November 1988
© Verlag Karl Heinrich Bock, Bad Honnef
Alle Rechte vorbehalten
Gesamtherstellung: Clausen & Bosse, Leck
Printed in Germany

Vorwort

»Das historische Stichwort«, so hieß eine Sendereihe, die über Jahre wöchentlich einmal vom Südwestfunk Landesstudio Rheinland-Pfalz ausgestrahlt wurde. Diese kurzen Beiträge sind hier chronologisch geordnet und, wenn nötig, ergänzt worden.

Dabei wurde nun in diesem ersten Teil der Zeitraum zwischen der römischen und der französischen Besetzung der Rheinlande – nicht erfaßt, nicht dargestellt – eher schon durchschritten, manchmal durchaus mit Siebenmeilenstiefeln, manchmal auch an ganz unwichtig erscheinenden Punkten verweilend. Ja, es sind immer nur einzelne Punkte, die aus dem Strom des historischen Ablaufs herausgeleuchtet werden – »Geschichtspunkte« eben – oft Zufallsentdeckungen »vor Ort«, seltener der Versuch einer tiefgreifenden Darstellung.

Gerade das aber macht, glaube ich, die Lektüre vergnüglicher als es die gewichtige Geschichtsdarstellung sein kann; im Detail liegt der Reiz auch der Beschäftigung mit der Historie. Und diese Aufsätze, die sich allesamt bunt durcheinander und unabhängig voneinander lesen lassen, stecken voller Details aus Volkskunde, Verwaltung, Einzelschicksalen, Ereignissen des Friedens und der Kriege, so daß sich schließlich bei aller zufälligen Sprung- und Lückenhaftigkeit doch ein Bild der Jahrhunderte ergibt, die über die Länder am Rhein hingegangen sind, bis das alte Reich samt seinen rheinischen und pfälzischen Kurfürsten vor dem Ansturm einer neuen Epoche dahinsank.

Die Illustrationen des Buches stellen durchweg Rheinlandschaften aus der ersten Hälfte des neunzehnten Jahrhunderts dar, als die Rheintouristik blühte und damit die bildlichen Darstellungen als Vorgeschmack oder Erinnerung für den Reisenden reichlich auf den Büchermarkt kamen. – Landschaft und Städte aber sind zu jener Zeit, als Technik und Industrie noch nicht das Leben bestimmten, durch weite Zeiträume unverändert geblieben und so können diese Abbildungen durchaus den Schauplatz für die Phantasie des Lesers bieten.

Inhalt

Rheinland-Pfalz

Xanten
Fürstenberg
Neuss
Düsseldc
Köln
Aachen
Bonn
Godesburg
Godesberg
Tomburg
Rer
Landskrone
Neuenahr
Ahrweiler
Heppinge
Oldt
Entenpfuhl
Ma
Nürburg
W
Kaisersesch
Ulmen
Cochem
Prüm
Manderscheid
Bitburg
Wittlich
Enki
Mon
Trabe
Bernkastel
Piesport
Veldenz Monzelf
Diekirch
Schweich
Neumagen
Echternach
Ehrang
Ida
Trier
Waldrach
Grevenmacher

├┼┼┤ Staatsgrenze
├·┼·┤ Landesgrenze
▬▬ Flüsse

Nicht alles steht in »Bellum gallicum«

Auf dem Gymnasium hat uns Caesars »Bellum galli-
cum« mit seinen Ablativus absolutus-Konstruktionen
so in Anspruch genommen, daß wir gar keinen Sinn
mehr dafür hatten, die darin geschilderten historischen
Ereignisse des gallischen Krieges zu beachten. Und
schon gar nicht haben wir darüber nachgedacht, ob der
große Caesar bei der endlosen Schilderung von Märschen, Lagern, Schlachten und Eroberungen nicht hier
und da lügt. Sein Stil ist so sachlich und nüchtern, daß
auch viele Historiker ihm unbesehen geglaubt haben.
Dazu hängt sich der große Feldherr das Mäntelchen äu-
ßerster Objektivität um, indem er in der dritten Person
schreibt: »Als Caesar vernahm, daß einige Stämme der
Gallier die Usipeter und Tenkterer, welches Germanen
sind, eingeladen hatten, in ihr Gebiet zu ziehen, da
fürchte er, diese eben erst unterworfenen Gallier hoff-
ten, auf diese Art Hilfe zu bekommen, sich erneut zu
erheben.« So etwa schreibt der große Feldherr. Er tut es
mit Absicht: denn alles was nun folgt, soll als reiner
Verteidigungskrieg erscheinen. Der Senat in Rom war
nicht für weitere Eroberungen, und für den Senat
schrieb Caesar seine Berichte.

Im Geschichtsunterricht haben wir kaum etwas von
den Usipetern und Tenkterern gehört, die in den Jahren
55 und 56 westlich des Rheines auftauchten. Wie schon
ein halbes Jahrhundert früher bei den bekannteren
Cimbern und Teutonen die bis Oberitalien vordrangen
und dort geschlagen wurden, waren auch diese beiden
Stämme in Bewegung geraten, weil sie von anderen
Völkerschaften bekriegt und verdrängt worden waren.

– Man darf annehmen, daß die beiden heimatlos gewordenen Stämme durch Westfalen zur Lippe zogen; denn auch in vorrömischer Zeit gab es schon Verkehrswege, denen man folgte.

Caesar berichtet nun, das diese beiden Stämme, die am Rhein wohnenden Menapier durch List überwunden hätten und mit deren Kähnen den Strom überquerten, daß sie dann im Winter des Jahres 56 auf 55 vor Christus von den erbeuteten Vorräten der Menapier lebten. Aber auch diese Behauptung Caesars soll wohl nur die Gefährlichkeit der vordringenden Stämme belegen; denn bei den Menapiern wird nicht mehr allzuviel zu holen gewesen sein, weil Caesar selber diesen Volksstamm erst im Herbst zuvor besiegt und seine Dörfer und Wohnungen verbrannt hatte.

Völlig unglaublich ist, waf er über die Kopfzahl der wandernden Stämme schreibt; er behauptet, die Usipeter und Tenkterer seien mit 430000 Menschen über den Rhein gesetzt. Da die beiden Stämme all ihren Besitz mit sich führten, hätte das bedeutet, sie wären in einem Zug von 400 Kilometer Länge angerückt. Eine geordnete Fortbewegung und auch Verpflegung einer solchen Menschenmasse wäre aber damals aber völlig unmöglich gewesen.

Da Caesars Begegnung mit den Usipetern und Tenkterern in einer Schlacht gipfelte, die an der Moselmündung stattgefunden hat, haben wir es hier mit einer der üblichen militärischen Übertreibungen zu tun, die unter dem Motto: »Viel Feind, viel Ehr!« bis in die neueste Zeit üblich sind. Jedenfalls aber sollte dem Senat der Eindruck vermittelt werden, daß dem eben besetzten Gallien eine erhebliche Gefahr drohte, was die folgenden Maßnahmen Caesars rechtfertigte. Wenn wir die

Kopfzahl der beiden Stämme mit 40000 ansetzen, dann kommen wir der Wahrheit näher. Frauen, Kinder, nichtkampffähige Greise und Kranke, die Leute bei den Herden und Wagen sind abzuziehen, wenn man die Kampfkraft der Stämme einschätzen will.

Leider haben wir über diese kriegerischen Unternehmungen keinen anderen Berichterstatter und antiken Historiker als Caesar selbst. Die Bücher des Livius, die diese Ereignisse beschreiben, sind verlorengegangen. Aber an anderer Stelle hat Livius das ganze Unternehmen gegen Gallien als reinen Eroberungskrieg bezeichnet.

Die acht Legionen Caesars, je Legion kann man 5000 Mann annehmen, hatten ihre Winterquartiere zwischen dem Mündungsgebiet der Seine und dem Mittellauf der Loire bezogen. Zu den 40000 Legionären (Fußsoldaten) kamen noch 5000 gallische Reiter. Da die Römer selbst schlechte Reiter waren, haben sie ihre Kavallerie immer aus unterworfenen Völkern rekrutiert.

Der römische Fußsoldat hatte als Waffe die kurze Wurflanze, etwa anderthalb Meter lang und ein Kilo schwer. Man konnte damit ungefähr 30 Meter weit werfen. Auch die Schwerter der Römer waren nur 75 Zentimeter lang und wurden als Stoßwaffe gebraucht. Der Mann schützte sich mit dem viereckigen, leicht gewölbten Schild; der Kopf war vom Helm bedeckt, die Brust durch einen Lederpanzer.

Die Gallier und die Germanen waren anders bewaffnet. Als Reiter führten sie längere hölzerne Lanzen mit Eisenspitze und lange Schwerter, die als Hiebwaffen dienten. Die Schilde waren rund und aus Holz, hatten lediglich in der Mitte einen vorragenden Eisenbuckel, mit dem Stöße und Hiebe pariert wurden.

Natürlich fehlte ihnen der militärische Drill der römischen Berufssoldaten. Die Germanen suchten den Einzelkampf und saßen dazu meist vom Pferd ab. Den Römern überlegen waren sie nur durch ihren wilden Kampfesmut.

Die Meldungen, die den Feldherrn Caesar im Frühjahr 55 v. Chr. erreichten, besagten, daß die beiden wandernden germanischen Stämme sich auf dem linken Rheinufer nach Süden gewandt hätten und das Gebiet der Eburonen durchzögen. Die Südgrenze der Eburonen ist durch den Vinxtbach bezeichnet gewesen, der bei Brohl in den Rhein mündet. Caesar konnte nun annehmen, daß die Usipeter und Tenkterer in die Gegend um das heutige Neuwieder Becken strebten.

In diese Richtung setzte Caesar seine Truppen in Marsch. Man schätzt, daß die Marschkolonne eines solchen Armeekorps damals 50 Kilometer lang war. Die tägliche Marschleistung wird wenig über 20 Kilometer gelegen haben. Caesar hat mit seinem Heer also mehr als einen Monat gebraucht, um in die Nähe des Rheingebietes zu kommen. Er folgte der alten Völkerstraße über Reims, Verdun, Metz und kam so in die Gegend des damals schon einen bedeutenden Siedlungspunkt darstellenden Trier.

Die Usipeter und Tenkterer zogen währenddessen – sicher bedeutend langsamer – nach Süden durch die Eifel Richtung Mayen und auf der linksrheinischen Uferstraße in das Gebiet der Eburonen und Treverer, also zur Mosel.

Caesars Lager befand sich, nach seinem eigenen Bericht, noch rund 80 Kilometer vom Rhein entfernt, als Abgesandte der beiden landsuchenden Germanenstämme bei ihm eintrafen. Man darf annehmen, daß die

Verhandlungen in der Gegend des heutigen Wittlich stattgefunden haben. Die Germanen erklärten dem römischen Feldherrn, sie wünschten keinen Krieg, müßten sich aber wehren, wenn sie angegriffen würden. Sie seien lediglich auf der Suche nach neuen Wohngebieten, um sich anzusiedeln. Sie würden gerne Freunde der Römer werden. Caesars Antwort war darauf angelegt, die Abgesandten in Sicherheit zu wiegen. Er sagte, es sei zwar unmöglich, daß sich die beiden Stämme in Gallien ansiedelten, doch würde er dafür sorgen, daß die rechtsrheinischen Ubier sie in ihrem Gebiet aufnähmen. Er hätte Gesandte dieser Ubier bei sich im Lager, und er wolle mit ihnen die Angelegenheit besprechen.

Es ist Tatsache, daß Caesar damals mit den rechtsrheinischen Ubiern verhandelte, die von ihm Schutz gegen die vordringenden Sueben erbaten, aber es ist ganz unwahrscheinlich, daß er den Ubiern zugemutet hätte, zwei Stämme bei sich aufzunehmen. Die Ubier waren ihm nämlich als Verbündete wertvoll, wohnten sie doch im heutigen Neuwieder Becken, dem damals günstigsten Punkt für einen Brückenschlag über den Rhein.

Caesar empfing noch wiederholt Abgesandte der Usipeter und Tenkterer, rückte währenddem aber weiter auf den Rhein vor. Zum Abschluß eines Vertrages lud er dann die Führer und Ältesten der Stämme zu sich. Nun aber, als diese im Lager waren, ließ er die freundliche Maske fallen und nahm diese Oberhäupter der Stämme gefangen.

Aus Caesars Bericht selber geht hervor, daß er die Tatsachen zu seiner moralischen Rechtfertigung verdreht. Auch damals gab es schon ein Bewußtsein von Völkerrecht und Fairness. Er behauptet, noch während der Verhandlungen sei es zu einer Reiterschlacht zwischen den Germanen und seinen Galliern gekommen, wobei die Gallier, trotz ihrer Übermacht, in die Flucht geschlagen worden seien. Die Umstände sprechen aber dafür, daß der Kriegszustand erst eintrat, als die germanischen Führer gefangen worden waren.

Caesar hatte 12 Kilometer von der germanischen Wagenburg entfernt sein festes Lager aufgeschlagen. Wahrscheinlich ist dies auf einer Höhe bei Ochtendung unfern dem heutigen Koblenz gewesen, während die beiden germanischen Stämme ihre Wagenburg bei Rübenach zusammengefahren hatten. In dieser Wagenburg griff Caesar mit seinen acht Legionen die Germanen überraschend an und schlug sie in die Flucht. Die meisten kamen im Kampf um, auch die Frauen und Kinder, berichtet Caesar, andere flüchteten an den Rhein, wenige konnten sich auf das rechte Ufer retten.

Von den Sugambrern dort verlangte Caesar, sie sollten die Geflüchteten an ihn ausliefern. Aber diese weigerten sich mit der Begründung, die Macht der Römer ende am Rhein. Doch damit gab Caesar sich nicht zufrieden. Er ließ eine Brücke über den Strom schlagen. Sein Streifzug auf dem rechten Rheinufer blieb allerdings erfolglos, denn die Sugambrer hatten sich in den Westerwald zurückgezogen.

Auf den Kriegsbericht Caesars hin erhob sich im römischen Senat der gottesfürchtige Cato und verlangte, der Feldherr Caesar sei wegen seiner verräterischen List den Usipetern und Tenkteren auszuliefern, um den Zorn der Götter über dies unmoralische Verhalten zu besänftigen. Aber – wie immer, wenn auf der anderen Seite der moralischen Waagschale das Gewicht des militärischen Erfolges liegt – ist dies natürlich nicht geschehen.

Der Rheinländer Pontius Pilatus

»...verurteilt unter Pontius Pilatus..« heißt es im Glaubensbekenntnis. Und das hat diesen sonst unbedeutenden römischen Verwaltungsbeamten unsterblich gemacht.

Als einziger Heide ist er in das »Grundgesetz« der Kirche geraten, und man sagt noch heute:»Der kommt da hinein wie Pontius Pilatus ins Credo!«

Was wir von diesem Pontius Pilatus historisch gesichert wissen, ist recht wenig: Er wurde im Jahre 27 nach der Zeitwende Oberprokurator von Judäa und hat dieses Amt zehn Jahre lang innegehabt, ein hohes Amt, etwa unserem »Regierungspräsidenten« entsprechend. Er war wohl ein brutaler und bestechlicher Beamter, denn der Statthalter Vitellius hat ihn abgesetzt und zur Rechenschaftslegung nach Rom geschickt. Dort aber ist er nie angekommen. Der Kaiser Tiberius starb, und im römischen Reich hatte man nun andere Sorgen als dem straffällig gewordenen Oberprokurator Pontius Pilatus nachzuspüren. Damit endet seine Geschichte.

Natürlich hat diese Figur die Phantasie beschäftigt. Da gab es schon in mittelalterlichen Schriften des Satz

»Forchhemii natus est Pontius Pilatus
Teutonicae gentis, crucifixor omnipotentis.«
»In Forchheim ist der Pontius Pilatus geboren,
von deutscher Abstammung, der Kreuziger des
Allmächtigen.«

Gemeint ist das Forchheim in der Oberpfalz. Und man hat dort lange ein Paar rote Hosen aufbewahrt und als Reliquie gezeigt, die dem Pontius Pilatus gehört haben sollen, obwohl er als Römer gewiß nie Hosen getragen hat. Und als der russische Bischof Isidorus im Jahre 1436 von Moskau nach Florenz zum Konzil reiste, da hat er einen Umweg über Forchheim gemacht, um die Geburtsstätte des Pontius Pilatus zu sehen. Das war – wie der Volksglaube wollte – ein Ort, wo nichts wuchs und gedieh, in alle Ewigkeit verflucht.

Eine andere Sage aber weiß, daß Pontius Pilatus in Mainz geboren wurde; denn so ganz von ungefähr wird man kein hoher römischer Beamter. Pilatus war nämlich der Sohn des Königs Atus, der in Mainz residierte. Große Fähigkeiten zeigte er, und die Sterne verhießen, daß er große Taten vollbringen würde. Aber ein Bösewicht war er auch und erschlug im Streit seinen Halbbruder. Da mußte er fliehen und kam nach Nürnberg, wo er einige Zeit bei einem Handwerker arbeitete. Doch das genügte dem ehemaligen Königssohn nicht. Er machte sich auf den Weg in die Hauptstadt, nach Rom. Da kam er zu Ansehen und schaffte sich Verbindungen und gelangte so auf den hohen Posten in Jerusalem. Er preßte das Land aus und schickte seine Schätze heim nach Mainz, wo auf seinen Befehl eine gewaltige Palastanlage entstand, in die er einst als König einziehen wollte.

Aber als er das Todesurteil über Christus aussprach, da versank der Palast im Erdboden. Und nur wenn ein Hahn eines Tages die Spitze des höchsten Turms freikratzen wird, dann taucht der Palast wieder auf. – Wie Pilatus an den Ehrennamen Pontius kam, erzählt eine Ergänzung dieser Sage. Danach hätte er in Rom einen zweiten Mord verübt und wäre dafür zur Strafe auf die Krim verbannt worden, die damals Pontus hieß. Dort hat er gegen die wilden Völker gekämpft und wurde rehabilitiert und auf diese Weise zum Oberprokurator in

Jerusalem, nun mit dem Beinamen Pontius ausgezeichnet.

Der Kaiser Tiberius hatte von dem Wundertäter Jesus gehört, der in Galiläa den neuen Glauben an den einzigen Gott verkündete. Und weil er auf den Tod krank war, schickte er einen Boten nach Jerusalem mit Namen Volisianus: der Wundertäter Jesus solle nach Rom zum Kaiser kommen.

Aber als Volisianus anlangte, da hatte Pontius Pilatus Christus längst verurteilt und kreuzigen lassen. Er wurde zur Rechenschaft wegen dieses grausamen Fehlurteils nach Rom zitiert. Doch als er vor den Kaiser trat, da trug er den ungenähten Rock Christi, und der hatte die Wirkung, daß er jeden zum Freund aller Menschen machte. Erst als Pontius Pilatus an einem der nächsten Tage in anderem Gewand nochmals vor Kaiser Tiberius erschien, konnte der ihn zum Tode verurteilen. Pontius Pilatus aber brachte sich selber um. Man warf seine Leiche in den Tiber, der Fluß schäumte auf, trat über die Ufer und warf die sterblichen Reste des Pilatus wieder an Land. Da hat man ihn nach Frankreich gebracht, doch weder Fluß noch Land wollten ihn bergen, bis der Leichnam in einem abgelegenen Bergsee in der Schweiz, am Pilatusberg nah dem Vierwaldstätter See anlangte. Dort hat man den ruhelosen Geist des Pontius Pilatus oft umgehen sehen, und an jedem Karfreitag soll der Teufel ihn dort besuchen.

Die Sage hat soviel Wirklichkeit in den Herzen der Menschen gewonnen, daß der Magistrat von Luzern den Hirten verbot, am Pilatussee ihre Herden zu weiden. 1309 sind sieben Geistliche in Luzern ins Gefängnis gekommen, weil sie zum Pilatussee hochgestiegen waren. Und noch im 18. Jahrhundert hat der Naturforscher Geßler eine Sondererlaubnis einholen müssen, ehe er den See besuchte. Dann aber, um die Wende zum 19. Jahrhundert ist ein mutiger Prediger gefolgt von einer riesigen Volksmenge zum Pilatussee gezogen und hat durch Steinwürfe und Bannsprüche bewiesen, daß der Geist des Oberprokurators von Judäa nicht mehr dort hauste.

Die Schweizer sagen: er ist nach Mainz, seiner Geburtsstadt, zurückgekehrt und hält sich da verborgen.

Verkehr auf dem Rhein zur
Römer- und Frankenzeit

Der Rhein in der sogenannten Grauen Vorzeit, man stellt sich ihn vor als Grenze zwischen Römern und Germanen: Drüben, am rechten Ufer Urwälder, auf der Gegenseite die Militärlager, die Befestigungen, die Wachtposten, die hinüberspähen über den wüsten, verästelten Strom ins Unbekannte, ins Feindesland.

Aber abgesehen davon, daß der Rhein auf breiter Strecke, zwischen Leutesdorf und Mainz, gar nicht die Grenze darstellte – da war's ja bekanntlich der Limes – abgesehen davon: man muß sich vergegenwärtigen, daß die Römer nahezu ein halbes Jahrtausend hier die Besatzungsmacht waren, und mehr als das: hatten sie doch zu Konstantins Zeiten in Trier ihre zweite Hauptstadt.

Und so ist denn auch der Rhein damals kein Grenzfluß geblieben, sondern rasch zu einer vielbefahrenen Wasserstraße geworden. Es gab eine römische Rheinflotte: Segel- und Ruderschiffe, wie sie auch das Mittelmeer befuhren, verbanden die Legionslager und Militärstützpunkte längs des Rheins: Straßburg, Speyer, Worms, Mainz, Koblenz, Bonn, Köln, Neuß, Xanten, um nur die wichtigsten zu nennen. Und immer waren rings um die Soldatencamps auch zivile Siedlungen. Und neben den militärischen Kurier- und Versorgungsschiffen gab es auch Handelsschiffe. Die Römer haben ja nicht nur Straßen in unserem Gebiet angelegt, sondern auch begonnen, das Rheinbett zu regulieren und befahrbarer zu machen.

Das Grabmal des Reeders Blussus, in Mainz-Weise-

nau aufgefunden, gibt Kunde von der Handelsschiff-
fahrt auf dem Rhein zu römischer Zeit: es zeigt im Re-
lief ein Boot, das an Heck und Bug mit je einem Ruder
gelenkt wird, in dem weitere Ruderer sitzen, die es vor-
antreiben. In der Mitte steht ein Mast, der dazu diente,
die Taue für die stromaufwärts ziehenden Treidelpferde
oder -menschen zu tragen. Noch berühmter ist das
Steinbild des Weinschiffs von Neumagen an der Mosel.
– Die Römer sorgten für Anlage und Instandhaltung
der Treidelpfade, sie bauten Hafenanlagen mit Kais und
Lagerhäusern und Werften. In Koblenz war der Um-
schlagplatz für die Güter, die aus dem Gebiet der Treverer kamen und dorthin gingen, denn auch die Mosel war
damals schon schiffbar.

Dann im 5. nachchristlichen Jahrhundert endete die
Macht und Herrlichkeit des Römischen Reiches, die
Militärverwaltungen zogen ab, die Germanen kamen
über die Rheingrenze. – Ihre Schiffe waren schlichte
Kähne, die keine Häfen und Kais brauchten, die man
auf jedem Sandstrand auflaufen lassen konnte. Und so
verfiel denn, was die Römer gebaut hatten. Der Verkehr
auf dem Rhein wurde dünn. Auch die Treidelpfade verschwanden unter Gestrüpp. Die Kähne der Franken
wurden mit Stangen stromaufwärts gestakt.

Die fränkischen Adeligen allerdings hatten aufwen-
digere Fahrzeuge: Ruderboote. Es gibt die Schilderung
einer Flußreise von Metz moselab und rheinab nach
Andernach, die der Merowingerkönig Sigibert I. unternahm. Musiker waren an Bord, die mit Gesang und
Flötenspiel den Reisenden die Zeit vertrieben.

Da die Römerstraßen immer mehr verfielen und un-
passierbar wurden, nahm die Bedeutung der Flüsse als
Reiseweg zu. Karl der Große ist gern zu Schiff von einer

seiner Pfalzen zur anderen gefahren, allerdings meist nur stromab, denn die Fahrt gegen den Strom war zu langwierig. Ein schnelles Ruderschiff brauchte von Gent bis Seligenstadt am Main 15 Tage, ein Lastschiff aber mehr als einen Monat.

Von einer Reise des großen Kaisers Karl wird berichtet, daß er mit mehreren Schiffen von Ingelheim nach Koblenz fuhr. Die Begleitschiffe kamen noch am gleichen Tag in Koblenz an, das Schiff des Kaisers aber wurde in einen plötzlich einfallenden Nebel gehüllt und mußte anlanden. Und der Kaiser brachte die Nacht am Felsufer zu.

Die Handelsschiffahrt wurde zu Zeiten Kaiser Karls, also im 8. und 9. Jahrhundert, bereits vorwiegend von Friesen betrieben, die Wein von Mosel und Rhein holten, Salz aus Lothringen, Getreide aus dem Elsaß und dem Maingebiet und aus Mayen Mühlsteine, die – wie schon zu römischer Zeit – in Andernach auf die Schiffe geladen wurden.

Der Bataveraufstand

Die Geschichte vom Aufstand Hermann des Cheruskers gegen die Römer kennt jeder nebst der zugehörigen Schlacht im Teutoburger Wald und dem angeblichen Ausruf des Caesar Augustus: »Varus, redde mihi legiones!« – »Varus, gib mir meine Legion zurück« –

Aber zwischen diesem Aufstand und dem Beginn der Völkerwanderung Ende des 4. Jahrhunderts war keineswegs eitel Ruhe und Ungestörtheit in den beiden germanischen Provinzen unter römischer Herrschaft.

Julius Civilis, bei den Römern ausgebildet und unter ihrer Oberherrschaft stehend, war Anführer des großen germanischen Stammes der Bataver, die am Niederrhein und im heutigen Holland wohnten. Die römische Militärverwaltung hatte es mit ihm verdorben; mehrmals war er verdächtigt worden, Umsturz und Aufstand zu planen; er hatte deshalb sogar im Gefängnis gesessen und am Ende gedacht, wenn man ihn schon wie einen Staatsfeind behandele, dann könne er auch einer werden. Die Gelegenheit bot sich, als das Römische Reich von einem Bürgerkrieg gelähmt war: da stritten Vespasian und Vitellius um den Kaiserthron. Der Bataverführer Civilis tat so, als ob er für Vespasian eintrete, hatte aber anderes im Sinn. Er schloß seine Bataver mit anderen germanischen Stämmen zusammen, besiegte die Besatzungstruppen im unteren Germanien, ja er bemächtigte sich der römischen Flotte in der Rheinmündung. Und dann wandte er sich mit seinem immer stärker werdenden Heer nach Süden.

Der römische Statthalter schickte Truppen gegen ihn aus, aber unter denen herrschte ebensowenig Einigkeit wie zu der Zeit im ganzen Reich: Hier Vitellius, dort Vespasian hießen die unterschiedlichen Parolen von Legion zu Legion. Da war keine geordnete Führung mehr möglich.

Civilis mit seinen Germanen konnte die starke Festung Xanten einschließen. Drinnen bei den Belagerten kam es zum Streit, der Statthalter und hohe Offiziere wurden umgebracht, die gallischen Hilfsvölker meuterten, und zwei Gallier-Offiziere, die aus Trier stammten, sagten, es wäre das Beste, sich dem Civilis anzuschließen. So geschah es, und das hatte sozusagen einen Erdrutsch zur Folge. Denn nun erklärte sich binnen kurzem ganz Gallien für den Civilis, und es schien so, als sei ein neues, großes, von Rom unabhängiges Reich im Entstehen, gebildet aus den westlichen Germanenstämmen und den Gallischen Völkerschaften, ein Imperium Galliarum.

Allerdings blieb man nicht so einig, wie es nötig gewesen wäre, zumal Vespasian den Bürgerkrieg für sich gewann und die Ordnung im römischen Reich wiederhergestellt wurde.

Immerhin waren inzwischen die Festungen Neuß und Bonn dem Civilis in die Hand gefallen, zwei kampfkräftige römische Legionen, die I. und die XVI. waren zu ihm übergelaufen. In Rom war man sich klar, daß energische Schritte nötig seien. Und so schickte man den Legaten und Heerführer Petillius Cerealis über die Alpen nach Mainz. Als er dort eintraf, sah die Lage für die Römer schon besser aus, eben war an der Nahe eine Abteilung der Aufständischen geschlagen worden.

Die Niederlage hatte mehr psychologische als militärische Bedeutung. Die Bevölkerung im Trierer Land, die mit Civilis sympathisiert hatte, wandte sich wieder den Römern zu. Die beiden abtrünnigen Legionen erneuerten den Diensteid und unterstellten sich dem römischen Oberbefehl.

Von Mainz aus aber rückte nun Cerealis heran. Er hatte alle römischen Truppen bei sich, die er zusammenbringen konnte. Die Gallier im Heer aber hatte er . heimgeschickt, er wollte kein Risiko eingehen. Drei Tagesmärsche waren es bis Bingen, dann ging es über die Militärstraße durch den Soonwald und über den Hunsrück an die Mosel unterhalb Triers.

Hier wurde das römische Heer von den Aufständischen empfangen, die günstige Position auf den Höhen bezogen hatten. Aber die überlegene Feldherrnkunst des Cerealis machte den Vorteil wett: die Fußtruppen stürmten die Berge, die Reiterei riegelte die Täler im Rücken des Feindes ab, Germanen und Gallier flohen, viele wurden gefangen.

Die Stadt Trier, damals schon mit Wall, Mauern und Türmen befestigt, tat sich dem Sieger auf, und Cerealis hatte alle Mühe, seine wütenden Soldaten von Plünderung und Brandschatzung zurückzuhalten.

Unter den Mauern der Stadt schlug er das Lager auf. Die beiden abtrünnig gewesenen Legionen marschierten an, Cerealis war klug genug, ihnen völlige Amnestie zu geben und sie in das Lager aufzunehmen. Die Lage war gespannt genug.

Kundschafter melden, daß das Heer der Aufständischen vom Rhein kommend die Moselstraße aufwärts marschiert. Cerealis läßt das Lager befestigen, die Moselbrücke besetzen. Wenig später sieht man die Schlachtreihe der Germanen und Gallier sich formieren, durchs ganze Moseltal stehen sie, im Zentrum die

Ubier und Lingonen, auf dem rechten Flügel die Bataver, links, dem Moselufer zu, die Brukterer und Tenkterer.

Cerealis fühlte sich sicher auf dem rechten Moselufer, so sicher, daß ihn der Bote mit der Nachricht, »der Feind greift an«, im Bett findet, nicht im Lager, sondern in der Stadt Trier, und nicht allein und nicht sehr ausgeruht. Es dämmert kaum. Und schon bricht der zweite Bote ins Gemach, wo Cerealis eben den Brustharnisch umschnallt: »Der Feind ist über die Brücke und im Lager! Die Legionen fliehen, die Reiterei ist zersprengt.«

Cerealis warf sich auf's Pferd. In der Stadt wimmelte es von Truppen, die hier Schutz suchten. Der Feldherr raffte zusammen, was er fand, stürmte damit durchs Tor auf die Moselbrücke, die rasch wieder besetzt und gesperrt war. Dann ins Lager. Hier waren es die unzuverlässigen beiden Legionen, die auseinandergelaufen waren, nur noch wenige Soldaten verteidigten dicht zusammengedrängt die Feldzeichen. Auch hier konnte Cerealis die Kräfte zusammenfassen und gegen den Feind führen.

Von den Höhen, wohin die Römer – vor allem die Reiterei – geflohen waren, sah man, daß das Blatt sich wandte, und die Truppen kehrten zurück in den Kampf. Die Aufständischen aber hatten sich schon über die Vorräte und Schätze im Lager hergemacht und vergaßen beim Plündern jede Aufmerksamkeit. Cerealis errang einen vollständigen Sieg, und Civilis verschwand mit den Resten seines Heeres nach Norden an den Rand des römischen Herrschaftsgebietes, auf die friesischen Inseln. Der kurze Traum vom Imperium Galliarum war ausgeträumt.

Bischof Maximin von Trier

Im Jahre 346 n.Chr. reiste Bischof Maximin von Trier in seine Heimatstadt Portiers in Mittelfrankreich. Dort ist er gestorben, und die Einwohner waren bei allem Schmerz über den Verlust doch glücklich, den großen Sohn ihrer Stadt, wenn auch nur als Leichnam, bei sich zu haben. – Aber sie hatten die Rechnung ohne die Trierer gemacht. Es kam wenig später eine Gesandtschaft von dort mit dem Befehl des Kaisers, daß Maximins sterbliche Überreste auszuliefern und in seine Bischofsstadt Trier zu überführen seien.

Dort in Trier wurde zu seinem Gedächtnis eine Basilika erbaut und es galt als besondere Gnade, in der Nähe Maximins seine eigene Grabstätte zu bekommen.

Kurz vor dem 30-jährigen Krieg fand man in Trier ein großes frühchristliches Gräberfeld, wo die Sarkophage in ganz unüblicher Weise dicht nebeneinander und sogar übereinander gestellt waren. Man nimmt an, inmitten dieser verstorbenen Trierer Bürger ist ihr Bischof Maximin begraben, Sankt Maximin.

Schon der frühmittelalterliche Chronist Gregor von Tours hat erzählt, daß das Grab Maximins zur Wallfahrtsstätte wurde und nennt ihn »den großen Fürsprecher des Trierer Volkes«.

Maximin war aus Frankreich nach Trier gekommen, um dort den großen Bischof und Kirchenlehrer Agritius kennenzulernen und seinen Unterricht in den christlichen Wahrheiten zu hören. Agritius war es, der auf dem Sterbebett Maximin als seinen würdigen Nachfolger bezeichnete.

Damals gab es im Altbachtal bei Trier noch den

großen römischen Tempelbezirk mit seinen hundert Götterstatuen und Opferaltären. Erst während der Regierungszeit Kaiser Konstantins wurde ja das Christentum zur Staatsreligion, und erst jetzt ließen sich Beamte und Bürger in großer Menge taufen. Kaiser Konstantins nördliche Hauptstadt war Trier.

Es begann hier eine fruchtbare Epoche für die Ausbreitung des Christentums. Und Bischof Maximin war genötigt, sich gleich zu Anfang seines Episkopates an den Bau einer größeren Kirche zu machen. Das Heidentum, jetzt aus germanischem und römischem Götterglauben gemischt, hielt sich bald nur noch in den abgelegenen Teilen von Hunsrück und Eifel.

Doch bei allem Fortschreiten der christlichen Lehre: nun drohte die Gefahr der Spaltung der Christenheit. Aus dem Orient kam die Lehre des Presbyters Arius aus Alexandrien. Er behauptete, Christus sei von Gott geschaffen worden und habe nur wegen seiner Verdienste die Würde des Gottessohnes erhalten, er sei also nicht gottgleich, sondern nur gottähnlich. – Damals erregten religiöse Probleme die Menschheit zutiefst. Und es wird berichtet, daß sogar die Weiber auf dem Markt von Alexandrien heftige Streitgespräche ausfochten über die Gottähnlichkeit oder Gottgleichheit Christi.

Um die drohende Entzweiung zu verhindern, ließ Kaiser Konstantin in Nizäa ein Kirchenkonzil versammeln. Dreihundertachtzehn Bischöfe berieten und diskutierten dort und kamen schließlich zu dem einmütigen Ergebnis, die Lehre des Arius, der Arianismus, sei zu verurteilen.

Doch in der Folgezeit verstanden es die Arianer, beim Kaiser Gehör zu finden und ihn für ihren Glauben einzunehmen, und der Kaiser hob die Verurteilung der Lehre des Arius wieder auf.

Seine Anhänger rächten sich und wandten sich gegen ihre Verurteiler. Dazu gehörte an hervorragender Stelle Athanasius, der Bischof von Alexandrien, der einige Bücher gegen die Arianer verfaßt hatte. Er wurde nun abgesetzt und mußte fliehen. Er wandte sich zur nördlichen Hauptstadt des römischen Reiches, nach Trier. Im Jahre 336 kam er dort an. Er war einer von denen, die noch die Opfer der großen Christenverfolgung unter Kaiser Diokletian kennengelernt hatten mit ihren von Geißelhieben vernarbten Körpern, ihren verstümmelten Händen. In Athanasius brannte noch das Feuer des Urchristentums. Und diesen kämpferischen Glauben teilte er dem Bischof Maximin mit. Als arianische Lehrer auch nach Trier kamen und den Kaiser zu gewinnen suchten, trat Maximin ihnen mit aller Energie und Beredsamkeit entgegen. Er war es auch, der die Einberufung der Bischofssynode nach Sardika bewirkte, die dann den Athanasius wieder in seine Würden einsetzte.

Zehn Jahre ist Maximin Bischof von Trier gewesen, ehe er sich im Mai des Jahres 346 auf seine letzte Reise begab, von der er nur als Leichnam in seine Stadt Trier zurückkehren sollte.

Sankt Goar, der Einsiedler

Die armen Schiffer, die früher rheinauf ruderten oder segelten oder treidelten, traten bei St. Goar in die schlimmste Stromstrecke ein: da rücken die Felsen eng zusammen, da strömt das Wasser eingeengt mit doppelter Wucht, da drohen Klippen unsichtbar vom tiefen Strombett herauf.

Wie düster und bedrohlich muß dieser – heute so schön und romantisch wirkende – Rheinabschnitt aber erst auf den Schiffer und Reisenden in grauer Vorzeit gewirkt haben, als kaum Weg und Steg am Ufer vorhanden waren, als noch kein Lotse das Schiff führen konnte, weil noch kein Dorf oder Städtchen oder überhaupt eine menschliche Ansiedlung an diesem wilden Gebirgstal sich angebaut hatte.

Um diese Zeit, als eben die Völkerwanderung zur Ruhe gekommen war, die römische Ordnung und Kultur des Frankenreichs hier noch nicht Fuß gefaßt hatte, da kam ein Mann an diesen Strand, wo die Reste manches gescheiterten Schiffes zu finden waren, und siedelte sich in einer Felshöhle über'm Strom an. Ein Einsiedler; er hatte vorher an der Lahn gehaust, aber er stammte aus einer sonnigeren und menschenfreundlicheren Landschaft, aus Aquitanien im südlichen Frankreich zwischen Pyrenäen und Garonne: Goar, hieß er.

Hier an der wilden Gebirgsstrecke des Rheins machte es sich Goar zur Aufgabe, den Schiffbrüchigen und hilfsbedürftigen Wanderern beizustehen. Und er tat nicht nur das, er predigte auch von der Herrlichkeit Gottes, und er wirkte allerlei Wunder. Und das sprach sich nun schnell herum im Frankenreich. Vom »heiligen Goar« wurde bereits geredet.

Das ließ nun den für Religion und Kirche an diesem Teil des Rheins zuständigen Mann nicht uninteressiert: den Bischof Rusticus von Trier. Er schickte drei Kleriker aus, die sollten den angeblich heiligen Goar zu ihm rufen.

Die Landschaft, durch die damals die drei Gesandten des Bischofs zogen, war entvölkert und von Wald bedeckt, und sie hätten sicher den Tod gefunden, wären ihre Strapazen nicht dem heiligen Goar offenbar geworden in seiner Felsenhöhle.

Und so tat er denn ein Wunder und schickte den zu Tode Erschöpften mit der Hilfe Gottes drei Hirschkühe. Von deren Milch ernährten sich die Gesandten des Bischofs und kamen wieder zu Kräften, um ihren Weg fortzusetzen. Dies Wunder soll bei Pfalzfeld geschehen sein.

Natürlich folgte der Heilige in aller Demut dem Gebot seines Kirchenfürsten. Aber als er in Trier eintraf, da wurde sehr schnell merklich, der Bischof Rusticus hatte ihn nicht den beschwerlichen Weg machen lassen, um ihn zu loben, sondern, um ihn zu prüfen. Ja, der Bischof war, wie sich zeigte, auch nur ein Mensch und nicht sehr schöner Regungen durchaus fähig. Er hatte nicht mehr und nicht weniger vor, als St. Goar vor allem Volke zu blamieren.

Es waren genug Leute zusammengeströmt, um den Wunderwirker vom Rhein zu sehen.

Und so sagte denn der Bischof Rusticus zum heiligen Goar: »Nun denn, wenn du's kannst, dann zeig's: wirke ein Wunder!«

Da hängte der heilige Goar, ohne mit der Wimper zu

zucken, seinen härenen Umhang – es war ihm zu warm geworden im Bischofspalast – an einen Sonnenstrahl, der durch eins der hohen Fenster fiel. Das Volk war begeistert.

Ein Dichter des 19. Jahrhunderts hat die Szene in diesem Vierzeiler kurz und knapp beschrieben:

»Zum Zeichen, daß ihn Gott erleuchte,

Hing er, was jeden Wunder deuchte,

den Mantel in des Bischofs Saal

an einen gold'nen Sonnenstrahl…«

Der Bischof Rusticus kniff ärgerlich die Lippen und sagte: »Schön und gut. Aber wer beweist mir denn, daß dieser Mantel am Sonnenstrahl wirklich ein Wunder ist und keine höllische Zauberei?«

In diesem Augenblick brachten die frommen Frauen aus dem nahen Kloster einen Säugling in den Saal. Der Bischöf möge ihm das Sakrament der Taufe spenden. Sie hätten das arme Kind just am Morgen vor der Klosterpforte gefunden.

Da ging ein sehr unheiliges Grinsen über das Gesicht des Bischof Rusticus. Er wandte sich an Goar und sagte: »Über diesen unschuldigen Knaben hat der Teufel mit seinen bösen Geistern keine Macht. Wenn du es fertig bringst, dies kaum drei Tage alte Kind laut und deutlich sprechen zu lassen, dann will ich glauben, daß du ein Wundermann des Herrn unseres Gottes bist.«

Da schlug Sankt Goar ein Kreuz über dem Säugling im Steckkissen auf dem Arm der Nonne, und das Kind tat den Mund auf und sagte laut und deutlich, daß alles Volk es vernehmen konnte: »Der Bischof Rusticus in ist mein Vater!«

Die Legende berichtet nicht, ob das Volk gelacht,

den Bischof beschimpft oder den Heiligen fromm verehrt hat. Wahrscheinlich hat es alles zugleich getan.

Jedenfalls hat sich unser Wilhelm Busch dieser Geschichte vom Sonnenstrahlwunder und vom Sprachwunder des Säuglings bemächtigt, und beides seinem Heiligen Antonius von Padua angehängt, was eigentlich dem Sankt Goar zugehört.

Der ist denn wieder in sein Felsenloch am Rhein zurückgekehrt und hat weiter Gutes gewirkt. Allgemach haben sich andere fromme Männer zu ihm gesellt, sodaß ein Kloster entstand: der Ursprung des heutigen Städtchens St. Goar. Gestorben ist Sankt Goar hochbetagt im Jahre 575.

Vermutungen um die Pfalzgräfin Genovefa

Eine der rheinischen Sagen, die weit über die Grenzen der Landschaft Deutschlands hinaus bekannt wurde, ist die Geschichte von der unglücklichen Pfalzgräfin Genovefa: Während ihr Gemahl, der Pfalzgraf Siegfried in Spanien weilt, um dort gegen die Mauren zu kämpfen, stellt ihr der Haushofmeister Golo nach, und als sie ihn abblitzen läßt, da verleumdet er sie bei Graf Siegfried, daß sie's mit dem Koch getrieben habe. Der heimgekehrte Graf läßt die angeblich Ungetreue von seinen Knechten in den Wald führen; dort soll sie getötet werden samt ihrem kleinen Söhnchen. Aber das bringen die Knechte nicht über's Herz. Und nun lebt Genovefa an die sieben Jahre im Wald, nährt sich von Wurzeln und Beeren, bis eines Tages der Pfalzgraf auf der Jagd an die Stelle kommt und der Einsiedlerin und dem schönen Buben gegenübersteht. Nun stellt sich rasch die Unschuld Genovefas heraus. Der böse Haushofmeister Golo wird hingerichtet. Doch bald nach ihrer Rückkehr ins Pfalzgräfliche Schloß stirbt Genovefa, und der reumütige Graf Siegfried läßt über ihrem Grab eine Kapelle bauen, wo er nun hinfort selber als Einsiedler den Rest seiner Tage zubringt.

Es gibt diese Kapelle noch heute, ihre Reste jedenfalls, zwischen den Orten Kruft, Thur und Niedermendig: die Frauenkirche, unfern vom Laacher See. Und im Pfarrbuch des Ortes Nickenich im Maifeld – nicht weit von da – ist Ende des 18. Jahrhunderts sogar der Versuch gemacht worden, einen Stammbaum der Pfalzgräfin Genovefa aufzustellen. Und danach wäre sie aus karolingischem Geschlecht und im Jahre 750 gestorben.

Die Geschichte von der Pfalzgräfin Genovefa ist in dutzenden von Variationen geschrieben worden in Prosa, Versen und dramatisiert. Und ich erinnere mich noch der Hauptattraktion fahrender Puppenspieler in den 30er Jahren, da hieß die Abendveranstaltung für Erwachsene: »Genovefa, Trauerspiel zum Duutlaache in 5 Akten«.

Und im vorigen Jahrhundert sollen die meisten Bauern im Trierer Land nicht mehr als drei Bücher besessen haben, wird berichtet: die Bibel, das Gesangbuch und das Volksbuch mit dem Titel »Eine rührende Historie von der Pfalzgräfin Genovefa wie es ihr in Abwesenheit ihres herzlieben Gemahls ergangen ist«.

Dies Volksbuch, eine romanhafte Ausschmückung der Sage, ist erst im 17. Jahrhundert entstanden und fußt auf einer Darstellung des belgischen Jesuiten Cerisiers, der aus der Sage eine Wunder- und Erbauungsgeschichte machte.

Die ältesten Darstellungen aber gehen bis an den Anfang des 14. Jahrhunderts zurück, und hier ist immer als Schauplatz das Maifeld genannt, genau: der Hochsimmern bei Mayen, eine Bergkuppe vulkanischen Ursprungs. Aber es gibt keine Urkunde, die von einer Burg auf diesem Gipfel berichtete, und es finden sich keine erhaltenen Spuren dort oben.

Die Mayener selber bezeichnen ein burgartiges Gebäude auf dem Marktplatz ihrer Stadt als »Genovefaburg« oder »Genovefahaus«. Andere, die sich um die Lokalisierung der Sage bemühten, haben die Burg Wernerseck, oder das Dorf Ochtendung in der Nähe, genannt.

Eine andere Annahme besagt, daß die Gegend um den Laacher See die Tragödie der Genovefa gesehen habe. Tatsächlich hat ein Schloß dort am Laacher See gestanden, das allerdings im 13. Jahrhundert zerstört worden ist. Und tatsächlich haben die Pfalzgrafen bei Rhein im 11. und 12. Jahrhundert abwechselnd auf den Burgen bei Cochem und Stahleck, auf der Tomburg und im Schloß Laach residiert. – In einer frühen Nacherzählung der Sage heißt es, daß der böse Haushofmeister Golo die unschuldige Genovefa zuerst habe im See ertränken wollen. Und ganz abwegig ist die Annahme nicht, daß vielleicht der erste Autor der Genovefa-Sage ein Mönch aus Maria-Laach gewesen sei.

Die meiste Verwirrung aber hat ein lokalpatriotischer Geistlicher aus Pfalzel an der Obermosel im 17. Jahrhundert angerichtet. – In seiner Version der Sage hat er schlichtweg vom Pfalzgrafen auf den Ort Pfalzel geschlossen, und der Sage hier ihre Heimat gegeben. Auch eine Höhle fand sich im Pfalzeler Wald, ebenso war der Kerker des bösen Golo im Ort bekannt, und lange Zeit ist eine große Steinskulptur dort als »Golokopf« gezeigt worden.

Frühe Schiffahrt auf dem Rhein

Schiffahrt auf dem Rhein und seinen Nebenflüssen hat es immer gegeben, seit dort Menschen leben.

Schon die Römer, diese ersten Besatzer im Rheingebiet, sind lieber zu Schiff gefahren, als daß sie die unsicheren und nicht ausgebauten Landwege benutzt hätten. Hunsrück und Eifel, vor allem aber der Westerwald, waren und blieben streckenweise unsicheres Gebiet, wo Germanen und Gallier ihre Überfälle auf Transporte zu Pferd und Wagen unternahmen. Man darf sich das getrost vorstellen wie die Indianerüberfälle im Wildwestfilm, nur daß es noch keine Schußwaffen gab.

Die Römer, die ja eine ausgereifte Schiffbautechnik von den heimischen Küsten mitbrachten, haben sich denn auch mit großem Eifer auf die Rheinschiffahrt verlegt, und es klingt geradezu unglaublich, wenn man hört, daß die römischen Werften zwischen Mainz und Niederrhein in nur 3 Jahren, nämlich von 16 bis 19 nach Christus, über 1000 Schiffe gebaut haben. Und das waren keine kleinen Nachen, sondern durchweg stattliche Fahrzeuge, die 150 Fußsoldaten und 30 Pferde befördern konnten. Hinzu kam die nach Dutzenden zählende Rudermannschaft. – Kleinere und schnellere Ruderfahrzeuge dienten der Überwachung der Rheinlinie, die ja teilweise Grenze gegenüber dem unbesetzten Germanien war. Und mit solchen schnellen Schiffen wurde auch der Personenverkehr zwischen den Römerlagern und Städten Mainz bis hinunter zur Rheinmündung bewältigt. Man darf jedoch nicht meinen, daß dieser frühe Personenverkehr dem

Steinmetz aus Mayen oder dem Winzer aus Neumagen zugute gekommen wäre. Ebenso wie die ausgezeichneten Postverbindungen standen auch die Rheinschifffahrtsdienste unter Regie der römischen Militärbehörde und waren Militärs und Verwaltungsleuten vorbehalten.

Als später das Christentum im Germanischen Land verbreitet wurde, sind auch die frühen Missionare zu Schiff auf dem Rhein gefahren. Der irische Mönch Kolumban, der große Heidenbekehrer im alemannischen Raum Oberrhein und Schweiz, kam im Jahre 610 in Mainz an und ruhte dort aus, bevor er weiter rheinauf fuhr. – Und es wird erzählt, daß Bonifazius, der angelsächsische Missionar der Deutschen, auf seiner letzten Missionsreise den Main und den Rhein abwärts sein Leichentuch im Gepäck hatte; eine dunkle Vorahnung, die sich bewahrheiten sollte, wurde er doch dann, am Ende seiner Reise, von den Friesen erschlagen. Seine Mitbrüder aber brachten die Leiche des Heiligen wieder zu Schiff auf dem Rheinstrom zurück nach Mainz.

Schon die Herrscher und Würdenträger im Mittelalter haben erkannt, daß das Reisen zu Wasser bequemer und fürstengemäßer war, als sich in der Kutsche durchrütteln zu lassen, oder zu Pferde staubbedeckt und schlammbespritzt die weiten Wege von Stadt zu Stadt, von Pfalz zu Pfalz zurückzulegen. Ein Schiff war überdies viel stattlicher auszurüsten und auszuschmücken als die schönste Kutsche. Auch der private Handels- und Personenverkehr kam nun in Gang; die Welt wurde weiter für den Menschen am Rhein; der Kölner Erzbischof und erste Minister des Kaisers Otto I., der berühmte Bruno, hat dafür gesorgt, daß die Schiffahrtslinien des Rheines über die Mündung hinaus bis London verlängert wurden.

Und selbst die Kaufleute hatten damals schon so prächtige Schiffe, daß hie und da Kurfürsten am Rhein solche Schiffe für eigene Zwecke beschlagnahmten. – Später in der Zeit der Renaissance und vor allem des Barock wurden die Wasserfahrzeuge der Kölner, Trierer und Mainzer Kurfürsten allerdings von keinem anderen Schiff auf dem Rhein übertroffen. Mit Segel und Ruder angetrieben, von wunderbar geschmückten Kastellen und Kajüten überragt, sogar mit Salutkanonen bestückt, waren sie ein repräsentatives und schnelles Reisemittel dieser geistlichen Fürsten.

»Diligentia« ist lateinisch und heißt: Sorgfalt, Pünktlichkeit. Die Schiffe zur raschen Personenbeförderung seit dem 16. und bis gegen die Mitte des 19. Jahrhunderts hießen Diligencen, und sie wurden von Pferden rheinauf gezogen oder, wenn der Wind günstig stand, gesegelt. Sie hatten unter Deck einige Räume mit Fenstern und ein Oberdeck mit Bänken, von wo aus die Reisenden die schöne Landschaft bewundern konnten. Die Reise von Mainz nach Köln dauerte normalerweise zwei Tage, bis Rotterdam fuhr man sechs bis acht Tage. Von Mainz nach London mußte man mit den Aufenthalten allerdings 2 bis 3 Wochen rechnen.

Kampf um die Rheingrenze, die Schlacht bei Andernach

Der alte Streit um Rhein und Rheingrenze zwischen Deutschland und Frankreich beginnt bald nach Karls des Großen Tod. Sein Sohn, Ludwig der Fromme, hatte das Reich noch ungeteilt beherrscht, und er wollte – entgegen fränkischem Erbrecht – daß es so bliebe. Aber die beiden jüngeren Söhne Karls mochten sich dem Ältesten nicht unterwerfen. Im Vertrag zu Verdun wurde geteilt. Das Mittelreich, außer Italien ein Gebietsstreifen zwischen Rhein und Maas, von den Alpen bis zum Meer, wurde so zum Streitapfel zwischen Ost und West, zumal sein Herrscher Lothar – nach dem es Lotharingien genannt wurde – bald starb.

Noch einmal kam es zu Verhandlungen in Koblenz und in Aachen. Noch einmal einigten sich die beiden überlebenden Enkel Karls des Großen: Die Grenze zwischen Ostreich und Westreich verlief jetzt an der Maas.

Als nun aber auch der Herrscher des Ostreiches, Ludwig, gestorben war, da sah Karl, der im Westreich regierte, seine Stunde gekommen. Er wollte die Gebiete links des Rheins an sich reißen. Er ließ dem jungen Erben des Ostreiches – wieder ein Ludwig – mitteilen, wenn er nicht freiwillig diese Lande bis zum Rhein abtrete, dann käme er mit so großer Heeresmacht, daß die Pferde wohl in der Lage wären, den ganzen Strom wegzusaufen.

Ludwig der Jüngere, wie die Geschichtsschreiber ihn nennen, erwies sich als friedfertig. Er schickte Ge-

sandte, die seinen Onkel Karl an den gemeinsamen Ursprung erinnerten, an die Verträge und Schwüre der
Vergangenheit mahnten und ihm anrieten, sein großes
Land in Gerechtigkeit, Liebe und Eintracht zu verwal-
ten und Blutvergießen zu meiden.

Karls Antwort war: Die Verträge seien nicht mit dem
Neffen, sondern mit dem verstorbenen Bruder geschlossen und also hinfällig. Er schickte zugleich Gesandte an die Grafen und Ritter des Ostreiches, die
große Vergünstigungen verhießen, wenn diese Karls
Partei ergriffen.

Ludwig mußte notgedrungen seine Kriegsleute in
Thüringen, Sachsen und Ostfranken zusammenziehen
und war sich wohl bewußt, daß er an Kampfkraft dem
Onkel aus Frankreich weit unterlegen war. Er griff deshalb zu einer List. Karl war inzwischen über Aachen bis
Köln marschiert, und Ludwig ließ dessen Kriegslager
gegenüber das eigene Lager errichten und befestigen.

Zugleich aber zog er mit der Hauptmacht rechtsrheinisch nach Süden, überschritt den Rhein und besetzte
das Kastell Andernach. Die Truppen waren auf engem
Raum nicht zusammenzuhalten, sie lagen in den Ortschaften ringsum, wo sie Futter für die Pferde und Nahrung für sich fanden. Wie immer hatte der arbeitende
Landmann unter der sinnlosen Kriegslast zu leiden.

Auch Karl mußte auf Entscheidung drängen, auch er
konnte sein Heer schon aus Verpflegungsgründen nicht
lange beisammenhalten. Ein Chronist berichtet, er habe
mehr als 50000 Mann bei sich gehabt, aber solche Angaben sind immer übertrieben.

Trotzdem hätte er entweder auf die Verhandlungen
eingehen, oder aber seinen Heerbann auflösen müssen.
– So war die Lage im Spätsommer 876.

Karl, der Herrscher des Westreiches, des späteren Frankreich, tat etwas anderes, er entschloß sich zum Angriff, zur Entscheidungsschlacht. Er führte sein Heer durch die Eifel. Es war regnerisches Wetter, die ohnedies höchst unvollkommenen Wege grundlos. Noch während des Marsches wurden Gesandte empfangen, und Karl tat nun so – um seinen Überraschungsangriff umso wirkungsvoller zu machen – als ob er jetzt auf die Friedensangebote Ludwigs eingehen wolle. Das war dem Bischof Willibert von Köln, der Karl begleitete, zuviel. Er mahnte, so dürfe man, zumal unter Verwandten, nicht gegeneinander verfahren. Und als das nichts fruchtete, schickte er seinen Priester Hartwich, Ludwig zu warnen.

Ludwig aber soll nicht einmal mehr Zeit verblieben sein, das in die Ortschaften verstreute Heer vollzählig zu sammeln. Die Kräfte, die er zusammenbrachte, waren so gering, daß man wohl fürchtete, keine geschlossene Linie halten zu können und versprengt zu werden; so erklärt sich die Anweisung Ludwigs an seine Ritter, über den Rüstungen als Erkennungszeichen weiße Gewänder zu tragen. Aber auch Karls Heer war durch den mühsamen Marsch nicht in der besten Verfassung, als die Ritter dann bei Andernach aufeinandertrafen.

Die Sachsen, im Mitteltreffen Ludwigs, wichen, als sie die ungeheure Überzahl des Feindes erblickten. Die beiden Flügel jedoch hielten stand, wo ostfränkische Ritter fochten. Gleich zu Anfang wurde Graf Reginald, der Bannerträger Karls, überwältigt. Und dies war den Kriegern Ludwigs ein Zeichen: Sie griffen an und durchbrachen die Reihen des Westheeres. Den schwerfällig gepanzerten Rittern Karls war es nicht möglich, sich neu zu formieren, erst recht unmöglich in dem unwegsamen Gelände, den Bergen, Tälern und Wäldern, sich neu zu sammeln, ja nicht einmal die Flucht gelang ihnen. Viele Edle fielen, so der Bischof von Troyes und der Abt von Saint Germain des Prês; auch die Kirchenfürsten waren damals noch streitbare Herren. Der ganze Tross samt den Kriegsschätzen Karls fiel in die Hände von Ludwigs Rittern. – Die erbitterten Landleute fingen die erschöpften und verwundeten Flüchtlinge ab und plünderten sie bis auf die Haut, sodaß viele nur in Strohbündel gehüllt davongelaufen sein sollen. – Der Chronist meint, nur Gott selber habe einen so vollkommenen Sieg gegen eine solche Übermacht wirken können. Er habe die Hufe der Pferde am Boden festgebannt, wie auch die Ritter die Flanken ihrer Tiere mit den Sporen blutig stießen. – So endete der erste Kampf um die Rheingrenze bei Andernach, genau wohl auf dem Felde zwischen Weißenturm und Rübenach, mit dem vollkommenen Sieg Ludwigs.

Andernach: Von der Römerzeit
ins Mittelalter

Im Jahre 882 kamen die Normannen weiter den Rhein hinauf als sonst. Diese Wikinger von den skandinavischen Küsten machten seit langem ihre Überfälle auf Küstenstädte und auf die Plätze an den Flüssen von der Elbe bis zur Loire. Mit ihren schnellen Ruderbooten, die bei günstigem Wind das große rechteckige Segel setzen konnten, waren sie der Schrecken der Uferbewohner. Und nun 882 drangen sie sogar bis zur Moselmündung vor und moselaufwärts bis Trier. Es waren – könnte man sagen – gewaltsame Handelsfahrten. Zunächst tauschten die Nordmänner, was sie in den Wintermonaten zuhause gefertigt hatten, und das waren vor allem kurioserweise Kämme aus Knochen geschnitzt. Diese Kammhändler waren schon darauf geeicht, Befestigung und Reichtum der Städte auszukundschaften. Und dann, wenn die Sache lohnend erschien, kam das Gros und aus Tausch und Handel wurden Brandschatzung und Beutemachen.

Die Urkunden melden, daß damals das Marienfrauenkloster zu Andernach verwüstet wurde. Es lag außerhalb der Stadtmauern. Die Stadt selber hat sich verteidigen können. Aber sicher sind die Läden und Kneipen, die sich an der Straße ins Maifeld hinzogen, ebenfalls ein Opfer der Wikinger geworden. Diese Anlagen sind so alt gewesen wie die Andernacher Befestigungen. Sie existierten seit der Römerzeit. Und wenn die Alten sagten: »Nichts Neues unter der Sonne«, dann wird einem die Wahrheit dieses Spruchs angesichts der Beständigkeit der Verhältnisse, die wir in einer Stadt wie Andernach durch Jahrhunderte beobachten können, recht bewußt.

Die Römer hatten sich hier festgesetzt, wo schon eine Siedlung bestand und den angestammten Namen wohl nur latinisiert »Antunnacum«, nach dem Bächlein Antel.

Der Ort wurde wichtig, als römische Legionäre die große Verbindungsstraße von der Schweiz bis zur Nordsee längs des Rheins bauten. Jetzt wurde in Antunnacum ein Kastell gebaut zur Unterbringung durchmarschierender Truppen und zur Verteidigung. Später schoben die Römer die Grenze über den Rhein vor. Drüben entstand als sichernde Grenzbefestigung gegen die Germanen der Limes und Andernach lag nun im Hinterland mit großartigen Möglichkeiten für seine Entwicklung, denn der Ort war durch die Straße nach Mayen auch an den großen Handelsweg zum Mittelmeer angebunden, der rhoneaufwärts führte und dann über Metz und Trier ging. Von Mayen, dem großen Straßenkreuzungspunkt ging auch die Straße nach Aachen und zur Maas ab. Dazu war Andernach ein Landeplatz für den lebhaften Schiffsverkehr auf dem Rhein. Einmal konnte man hier auf das rechte Rheinufer übersetzen zu den Eisenschmelzen im Westerwald, dann aber kamen aus dem fruchtbaren Maifeld Viehtransporte und Getreide an, um hier verladen zu werden. Töpferwaren aus der Eifel und aus der Andernacher Gegend selber wurden transportiert. Vor allem aber waren es die Mühlsteine und die Bausteine aus den Mayener Brüchen und aus den Brüchen am Laacher See, die fertig bearbeitet hier verladen und wahrhaft durch ganz Europa verhandelt wurden. Am Hafen stand denn auch ein Tempel des Merkur, des Handels-gottes.

Handwerker wurden gebraucht, Bauern, Winzer, Schiffer wohnten hier, natürlich auch eine Vielzahl von Kaufleuten. Dazu kamen die ausgedienten römischen Soldaten, die sich ansiedelten und sozusagen ihre Pension verzehrten. Die Oberschicht bestand aus Gutsbesitzern, die ihre Latifundien in der Eifel hatten und natürlich wohnten im Kastell und rundum der Militär-befehlshaber und sein Stab.

Und dann hatte die römische Machtentfaltung ihren Zenit überschritten. Die germanischen Stämme drängten an den Grenzen. Der Limes wurde aufgegeben. Andernach war wieder Grenzstadt, und die Franken kamen auch über den Rhein. Die Lage wurde unsicher, und wer es sich leisten konnte, der zog weg nach Süden. Um das Jahr 400 n.Chr. wurde auch die oberste Verwaltungsbehörde aus Trier an die Rhone verlegt. Und runde sechzig Jahre später mußte diese Stadt Trier, die doch einmal Haupt- und Kaiserstadt des römischen Reiches gewesen war, ganz aufgegeben werden. Danach zogen die römischen Soldaten auch von Andernach ab und die Franken kamen.

Es war mehr ein langsames Vordringen und Durchdringen als ein Kämpfen und Erobern, womit die fränkischen Germanen das Land in Besitz nahmen. Auch in Andernach lebten Römer neben Germanen. Die Grabsteine künden davon: Da ruht ein Agricilis neben einem Berchtefred, eine Familie Carinus hat ihr Grabmal neben dem des Gundoald. Die unteren Schichten, die Handwerker, Winzer, Händler blieben ohnedies. Die Töpferöfen und Glasschmelzen arbeiteten weiter. Und die Franken machten sich überdies die Verwaltungserfahrung der früheren römischen Beamten zunutze. Auch der Handel ging weiter, nur daß nun die guten Römerstraßen langsam in Unstand gerieten, da nicht mehr das strenge Auge der Militärverwaltung darüber wachte. Um so wichtiger wurde der Verkehr auf dem Rhein. Da waren es die seekundigen Friesen, die bald vorwiegend das Schiffsvolk stellten und sich neben Mainz und Worms auch in der Andernacher Vorstadt ansiedelten. Aus Friesland kamen Pelze und Bernstein, Honig und Wachs und vor allem die berühmten friesischen Tuche rheinauf. Die Zeit war und blieb recht friedlich und so konnte man getrost zusehen, wie allgemach Stadtmauer und Kastell verfielen.

Das eben änderte sich mit den Raubzügen der Wikinger.

Die Fernhandelskaufleute, die sich stolz und frei außerhalb der Stadt angebaut hatten, rückten wieder an den Mauerring heran, um dessen Wiederherstellung man sich bemühte. Auch der Markt suchte Schutz in der Nähe des Kastells.

Erst als die Kämpfe im Inneren des deutschen Kaiserreiches anfingen, mit Königen und Gegenkönigen, die sich bekriegten, und das war drei Jahrhunderte später, gewann Andernach eine wichtige strategische Bedeutung mit all den Nachteilen, die damit verbunden sind, von den Kosten für die nun aufwendigen Befestigungsanlagen bis zu den Drangsalen von Belagerungen und Schlachten in der Umgegend.

Vom Mäuseturm bei Bingen

Die gruselige Geschichte vom geizigen Erzbischof Hatto und vom Mäuseturm im Rhein bei Bingen soll just im Jahre 914 passiert sein, allerdings nur, wenn man dem Kosmographen Sebastian Münster aus Ingelheim Glauben schenkt. Im Jahre 914, zur Zeit des großen Kaisers Otto hätte der böse Hatto sich den Turm im Rhein erbauen lassen, um sich vor den Mäusen zu flüchten, die ihm das Brot vor dem Mund wegfraßen, weil er vorher den Armen das Brot verweigert hatte. – Sebastian Münster, der seine Geschichte 1550 schrieb, irrt in mehrfacher Hinsicht. Der große Kaiser Otto I. war im Jahre 914 erst zwei Jahre alt und noch lange kein Kaiser, und ein Bischof von Trier namens Hatto starb schon 913, paßt also auch nicht in die Zeitangabe, während der zweite Hatto von Mainz erst im Jahre 968 zur Regierung kam.

Immerhin ist die Sage so eindrucksvoll, daß noch der fleißige Balladenschreiber August Kopisch, von dem ja auch die berühmten »Heinzelmännchen von Köln« stammen, sich des Mäuseturms und des Bischofs Hatto angenommen hat. Das lange Gedicht schließt mit der Strophe:

»Schnell rudern die Schiffer um Mitternacht,
Wenn schwirrend dein irrender Geist erwacht.
Er flieht um die Zinnen im Höllenschein
Und glühende Mäuschen hinter ihm drein.«

Aber selbst die neugotischen Zinnen hat der Turm erst im Jahre 1855 bekommen, als man auf dem Höhepunkt romantischer Rhein- und Vergangenheitsschwärmerei war. Ehedem war er ein recht nüchterner Zweckbau,

der zur Burg Ehrenfels gehörte. Die Ruine dieser Burg ist heute noch zu sehen, rechtsrheinisch auf halber Berghöhe zwischen Binger-Loch und Niederwald. Sie ist um 1220 gebaut, und der Mäuseturm mit ihr. Die ganze Anlage gehörte tatsächlich dem Erzbischof und Kurfürsten von Mainz, und manchen Sommer hindurch war hier auch seine Residenz. Zu Kriegszeiten sind oft die Schätze des Erzbistums auf die feste Burg Ehrenfels gebracht worden, bis sie – wie die meisten Burgen und Schlösser am Rhein und im ganzen Westen – von den Franzosen zerstört wurde. Das war im schlimmsten Jahr der Reunionskriege Ludwigs XIV., im Jahre 1689.

Der Mäuseturm aber blieb stehen. Er war längst unentbehrlich. Man hat viel gerätselt, woher der Name komme, wenn schon die Sage von den Mäusen des Bischofs Hatto nicht der Wirklichkeit entspricht. Man hat überlegt, ob vielleicht das alte Wort für Zoll »Mauth« dahinterstecke. Man weiß ja, daß die Schiffer, die den Rhein befuhren, alle paar Meilen anhalten mußten, um Zoll an die vielen Herren am Strom zu zahlen. Fuhr ein Schiff von Worms nach Köln, dann hatte es unterwegs soviel Zoll zu entrichten, wie ⅔ seiner Ladung wert waren.

Aber das Wort »Mauth« ist ungebräuchlich am Mittelrhein, der Turm auf der Insel bei Bingen wäre auch ganz ungeeignet gewesen, um Zoll zu kassieren, denn kein Schiff hätte dort ohne Schwierigkeiten anlegen können.

Vielleicht steckt in der Maus des Turms das althochdeutsche »musen«, und das bedeutet auch »spähen«, »Ausschau halten«. – Und so ist denn wohl der Mäuseturm zu allen Zeiten ein Ausguck gewesen. Er steht ja auch recht genau dort, wo der Rhein fast rechtwinklig nach Norden biegt, man sieht von diesem Punkt aus rheinauf und rheinab, von Rüdesheim bis Aßmannshausen. Neben den Meldungen, die vom Mäuseturm an die Burg Ehrenfels gegeben wurden, ist sicher schon zu alten Zeiten von hier aus dem Schiffsverkehr nützliche Hilfe geleistet worden. Denn hier drängt der Strom sich zusammen, fließt er im Rheingau in gemächlicher Breite von 500 bis 900 Metern, so zwängt er sich nun ins Binger-Loch, wo er nur 240 Meter Platz hat und mit einer Geschwindigkeit von mehr als 10 Stundenkilometern um Untiefen und Felsenriffe strudelt. Früher bot sich den Schiffen eine Durchfahrt von knapp 30 Metern. Heute ist nach vielen Sprengungen das Fahrwasser mehr als 60 Meter breit, aber immer noch fährt sich manchmal ein Schiff auf dem Nahegrund fest, der weit in den Strom hineingeschoben ist, oder es bleibt am Felsenriff hängen, das dem Mäuseturm vorgelagert ist.

Hildegard von Bingen

Sie war im 82. Lebensjahr, als sie September 1179 starb, die Äbtissin Hildegard von Bingen.

Sie hatte manchen Kampf überstanden in ihrem Leben, manchen Widerstand überwunden, diese zerbrechliche, oft kränkliche, sensible Frau. – Den letzten Kampf hatte sie sogar gegen die Kirche geführt, gegen den Bischof von Mainz. Er hatte über das Kloster auf dem Rupertsberg das Interdikt verhängt, keine Glokken durften mehr läuten, keine Sakramente durften mehr gespendet werden, weder der Leib des Herrn für die Lebenden noch die letzte Ölung für die Sterbenden. Der Grund war: Auf dem Klosterfriedhof war ein Edelmann begraben worden, und dieser Edelmann sollte im Kirchenbann gewesen sein. »Der Leichnam muß aus der geweihten Erde wieder ausgegraben werden,« lautete der bischöfliche Befehl. Aber Äbtissin Hildegard widersetzte sich. Sie ließ die Grabstelle unkenntlich machen, so daß die vom Bischof gesandten Knechte sie nicht fanden. Sie wußte, der Edelmann hatte vor seinem Tode seinen Frieden mit der Kirche gemacht. – Nach anderthalb Jahren endlich hob der Bischof das Interdikt auf.

Hildegard wußte zeitlebens mit den Großen dieser Erde umzugehen. Sie war selber von hohem Adel. Als letztes und zehntes Kind war sie Gott geweiht worden. Schon mit acht Jahren kam sie in das Mönchskloster Disiboden-Berg bei Bingen, dem eine Nonnenklause angefügt war. Die Mutter der Nonnen, Jutta von Spanheim, unterrichtete die kleine Hildegard in der Regel des heiligen Benedikt, in der Liturgie und auch in den sogenannten Freien Künsten, den nichtreligiösen Wissenschaften.

38 Jahre war die Nonne Hildegard alt, als ihre Lehrerin starb. Und nun wählten die Mitschwestern sie zur Oberin. Gewiß war sie damals schon berühmt als Heilkundige, als große Kennerin der Natur. Gewiß hatte sie schon damals viele ihrer Lieder gedichtet, wozu sie auch die Musik angab; ihre religiösen Lehrstücke und Singspiele waren damals schon zum Teil niedergeschrieben.

Eine Gabe aber hatte Hildegard von Bingen vor der Welt verborgen. Sie schreibt in einem Brief: »Von meiner Kindheit an sehe ich Visionen in meiner Seele mit geöffneten Augen und zwar so, daß ich niemals in Ekstase falle, vielmehr wachend schaue ich dies bei Tag und Nacht...«. Und nun, im Jahre 1141 hörte sie die Stimme: »Schreibe nieder, was du siehst!« – Hildegard war tief erschrocken über diesen Auftrag. Sie folgte der Weisung. Sie schrieb ihr erstes Visionen-Werk in zehnjähriger Arbeit: »Wisse die Wege« nannte sie es. Aber sie suchte Hilfe, Zuspruch im Glauben an ihre Sendung bei Bernhard von Clairvaux, dem weitberühmten Kirchenlehrer, Mystiker, Begründer der Zisterzienser, Kreuzzugsprediger. Doch er antwortete ihr freundlich aber ausweichend.

Es ist der Bischof von Mainz, der die visionären Schriften der Hildegard von Bingen dem Papst Eugen III. unterbreitet. Der Papst schickt eine Kommission gelehrter Geistlicher zu Hildegard. Und als Eugen III. selbst zur Synode nach Trier kommt, da liest er den Bischöfen und Kardinälen aus den Schriften Hildegards vor und muntert diese in einem Brief auf, weiter niederzuschreiben, was ihr geoffenbart würde.

Auch der Platz, an dem Hildegard im Jahre 1147 ein eigenes Kloster gründete, war ihr in einer Vision gezeigt worden, der Rupertsberg bei Bingen, sechs Wegstunden vom bisherigen Kloster entfernt. Schon fünf Jahre nach dem Baubeginn konnte der Bischof von Mainz die dreischiffige Kirche beim Kloster einweihen. Die Klostergebäude selber waren nach den Angaben der Äbtissin Hildegard großzügig und praktisch gebaut. Die Arbeitsräume enthielten sogar eine Wasserleitung. Von all dem ist nichts geblieben. Die Schweden haben im Dreißigjährigen Krieg alles bis auf den Grund zerstört. – Von hier aus hat Hildegard von Bingen eine Wirksamkeit entfaltet, die wahrhaftig das ganze Abendland umfaßte, sie korrespondierte mit den Päpsten, mit dem Kaiser Friedrich Barbarossa, der ihr und ihrem Kloster seinen besonderen Schutz verbrieft hatte, mit dem sie auch einmal in der Pfalz Ingelheim zu langem Gespräch zusammen war. Dabei sagte Hildegard rücksichtslos, was sie dachte. Im Kampf des Kaisertums gegen den Papst nahm sie eindeutig Stellung und schrieb an Friedrich Barbarossa: »Der da ist spricht: Ich zerstöre den Widerspruch und vernichte die Halsstarrigkeit derer, die mich verachten…« – Sie wechselte auch Briefe mit dem König von England, der Kaiserin von Byzanz, mit vielen Bischöfen und Äbten. Daneben unternahm sie vier große Predigtreisen, für eine Frau damals im 12. Jahrhundert ein ganz unerhörtes Beginnen.

Ihr Werk, religiös, soziologisch, politisch, philosophisch, naturwissenschaftlich, medizinisch sieht den Menschen im Mittelpunkt des Kosmos, den Menschen auch als Verantwortlichen für Gottes Schöpfung und die Weiterentwicklung dieser Schöpfung bis zur Einigung in Gott.

Was kostete es, Erzbischof zu werden?

Alle reden vom Geld, hie und da auch der Historiker, und für ihn erhebt sich dabei die zusätzliche Schwierigkeit, daß es schwer ist anzugeben, was eine Mark, ein Schilling, ein Denar in diesem oder jenem fernen Jahrhundert nun eigentlich wert gewesen sind.

Nehmen wir uns eine gut belegte Frage vor: Die Frage: Was kostete es, Erzbischof von Trier zu werden? Die erste »Kostenrechnung« stammt aus dem Jahre 1190. Damals verpfändete der Erzbischof Johann I. von Trier seinem Metropolitankapitel die erzbischöflichen Höfe von Pfalzel, Ehrang und Cordel mit ihren Einkünften.

Das Metropolitankapitel war sozusagen die Mitregierung, der Rat des Erzbischofs, weitgehend aus Geistlichen bestehend. In Trier hieß dieser Rat nicht schlichtweg Domkapitel oder erzbischöfliches Kapitel, weil der Erzbischof von Trier gleichzeitig das höhere Amt des Metropoliten der Kirchenprovinz innehatte.

Dies Metropolitankapitel hatte im Jahre zuvor, also 1269, Johann zum Erzbischof gewählt, aber er mußte noch vom Papst ernannt und bestätigt werden. Auch mußte er das Pallium vom Papst erhalten, die weißwollene Schulterbinde mit den sechs eingestickten schwarzen Kreuzen, die als Würdezeichen nur dem Metropoliten und dem Papst zustand.

Pallium und Bestätigung mußten beim Papst in Rom abgeholt werden, und das erforderte damals, vor nahezu 8 Jahrhunderten, eine lange und gefährliche Reise, die zudem kostspielig war. Auch ließ der Papst sich die Verleihung gut bezahlen.

Es mußte also Geld her. Soviel Geld wie nötig gewesen wäre, hatte auch das Metropolitankapitel nicht in barer Münze. Es wurden deshalb zwei mit kunstvollen Reliefs geschmückte Goldplatten genommen, die bisher die Vorderseite des Hochaltars geschmückt hatten. Die Edelsteine wurden ausgebrochen und das Gold eingeschmolzen. Man erhielt an Gewicht 1 Lot Gold weniger als 11½ Mark.

Mark und Lot waren die damaligen Gewichtsbezeichnungen für Edelmetalle. Wenn man – wie es wahrscheinlich war – für Trier die Kölnische Mark als Gewichtseinheit nimmt, dann hatten die Kapitelherrn nun 2 Kilo und 675 Gramm Gold in Händen. Nach dem heutigen, sehr geringen Goldwert, wären das immerhin rund 26000 Dollar.

Das eingeschmolzene Gold wurde damals zu Münzen umgeprägt, und mit diesem stattlichen Betrag reiste der Abt des Klosters Himmerod aus der Eifel nach Rom. Er brachte denn auch die Ernennung Erzbischof Johanns samt dem Pallium mit zurück nach Trier.

Aber nach dem Grundsatz, daß die Zeiten allemal teurer werden, hatte hundert Jahre später ein Erzbischof von Trier schon erheblich mehr Geld aufzubringen, wenn er ordnungsgemäß ernannt werden wollte.

Nun ging es nicht ganz ordnungsgemäß zu bei Heinrich von Finstingen. Das Metropolitankapitel hatte sich im Jahre 1260 zwischen zwei Kandidaten für den Erzbischöflichen Stuhl nicht entscheiden können, und so spielte Heinrich – damals Domdechant in Metz – den lachenden Dritten und reiste von sich aus nach Rom zum Papst. Dort brachte er es fertig, daß Alexander IV. die unentschiedene Wahl des Trierer Kapitels für ungültig erklärte und dem Domdechant Heinrich Priester-

und Bischofsweihe gab. Die Urkunden melden, daß Heinrich von Finstingen bei den Bankiers in Rom für 1000 Mark Silber Kredit aufnahm. Die Summe war erheblich, denn aus einer Mark Silber wurden 1500 Silbermünzen geprägt. Damit hat Heinrich nicht nur die eigenen Unkosten bezahlt, sondern auch die Auslagen seiner beiden Mitbewerber, die er auf diese Weise offensichtlich ruhig stellen konnte.

Die Urkunden der nächsten Jahre, Mahnbriefe und Strafandrohungen der päpstlichen Kanzlei beweisen jedoch, daß Erzbischof Heinrich in Rom noch mehr Schulden gemachte hatte. Da ist die Rede von 2000 Mark Silber. Offenbar hat Heinrich damit die neugeschaffene Abgabe des »Servitium commune« beglichen, diese Gebühr konnten Papst und Kardinalskollegium sich teilen. In den folgenden Jahrhunderten wurden diese Bestätigungsgebühren noch erheblich drastischer.

Das Pallium aber hatte Erzbischof Heinrich immer noch nicht, und offenbar lasteten schon so schwere Schulden auf dem Erzbistum, daß er keinen weiteren Kredit aufnehmen konnte. Es kam zudem zu Streitigkeiten und Prozessen mit der päpstlichen Kurie, Heinrich war zeitweise seiner Ämter und Einkünfte entkleidet, bis endlich – nach 12 Jahren – Papst Gregor X. einen Schlußstrich unter den unerquicklichen Handel zog, und Erzbischof Heinrich das Pallium verlieh. – Man hat ausgerechnet, daß dieser Streit um Amt und Einkünfte den Heinrich von Finstingen insgesamt die ungeheure Summe von 33 000 Mark Silber gekostet hat.

Wie muß das Erzbistum Trier unter dieser Schuldenlast gestöhnt haben; der Nachfolger Heinrichs hat jedenfalls seine Regierung mit einer großen Anleihe beim Bankhaus Chiarenti in Rom beginnen müssen.

Graf Heinrich der Große

Von Kaisern und Königen ist man's ja gewohnt, daß sie gelegentlich von der Nachwelt den Namen »Der Große« bekommen. Aber auch Graf Heinrich III. von Sayn wird »der Große« genannt. Die Grabfigur dieses Grafen aus dem Sayntal bei Neuwied, die sich heute im Germanischen Museum befindet und auch innerhalb der Stauferausstellung in Stuttgart zu sehen war, erklärt das Rätsel. Mit dem überwölbenden Baldachin zusammen mißt diese Statue 2 Meter 93, Graf Heinrich selber muß um die 2 Meter groß gewesen sein. Das war zu seiner Zeit – er ist im Jahre 1190 geboren – um so auffälliger, als damals die Ritter und Recken recht kleine Leute waren, wie so manche erhaltene Rüstung und manches herrschaftliche Bettgestell beweist.

Man hat auch das Skelett des großen Grafen von Sayn aus seiner Grabstätte in der Prämonstratenserabtei zu Sayn exhumiert und nachgemessen, und das Kampfschwert Heinrich des III. Grafen zu Sayn war jahrhundertelang ein Schaustück auf der Festung Ehrenbreitstein und wog 25 Pfund. Ein Mordskerl muß er also gewesen sein.

Wer aber nach Köln kommt und dort im Brauhaus Sion zwei, drei Kölsch trinkt, der wird an eine andere Eigenschaft des großen Grafen erinnert – wenn er's weiß – an seine Frömmigkeit; denn »Sion«, das heißt nichts anderes als Sayn, und es war ehedem die Brauerei des Zistersienserinnenklosters Sion oder Sayn in der Reichsstadt Köln, eines jener Klöster, die Graf Heinrich und seine Frau Mechthildis gestiftet haben.

Sie residierten auch ab und an im Saynischen Hof zu

Köln, aber ihr Hauptsitz war die Stammburg des Geschlechts Sayn im Sayntal bei Bendorf, nahe Neuwied.

Die kleine gräfliche Herrschaft hatte sich sehr ausgedehnt, in den Westerwald bis Altenkirchen und Hachenburg, bis an die Sieg und an den Rhein bei Vallendar. Da gab es Besitz an der Mosel und in der Eifel. Und vieles hatte die Gräfin Mechthildis mit in die Ehe gebracht: Linz und Neustadt, Asbach, Windhagen, Waldbreitbach und mehr. Sie war eine geborene Gräfin von Landsberg. Und die Landsberger hatten große Besitzungen in direkter Nachbarschaft der Saynischen Gebiete, und das führte, wie so oft, zu Konflikten, Auseinandersetzungen, Streitereien und Kämpfen.

Und das muß so arg gewesen sein, daß sich gar der staatskluge und mächtige Papst Innozenz III. dieser Westerwaldraufereien angenommen hat. Zudem waren die beiden feindlichen Häuser auch politisch entgegengesetzten Parteien zugeneigt: die Landsberger verfochten allemal das Königtum der Staufer, die Sayner aber sahen lieber die Welfen auf dem Thron. Der Papst Innozenz hatte es anfangs selber mit den Welfen gehalten, aber als ihm dann der Sohn Heinrich des Löwen, König Otto IV. in seinem Interessengebiet Sizilien in die Quere kam, da schwenkte er um zu den Staufern und sorgte dafür, daß der allerbedeutendste von ihnen auf den Thron kam: Friedrich II.

Den Zwist der Landsberger mit den Saynern aber schlichtete der Papst, indem er die Heirat der beiden Häuser vermittelte, so kam die damals erst 11jährige Mechthildis unter die Haube und an die Seite des 25jährigen großen Grafen. Die beiden haben durch eine ganz ungewöhnliche Fülle von frommen Stiftungen für ihr Seelenheil gesorgt. Und als Kaiser Friedrich II. 1228 zu seinem Kreuzzug aufbrach, da hat ihn auch der große Graf Heinrich von Sayn mit seinem 25pfündigen Schlachtschwert begleitet. Der Vater der Mechthildis war beim Kreuzzug des Kaisers Barbarossa gefallen, und sie wird nicht ohne Sorgen den Gatten haben ziehen lassen. Aber er kam glücklich zurück; Kaiser Friedrich II. hatte als Kenner arabischer Mentalität nicht gekämpft, sondern verhandelt.

Zum Dank für die unbeschadete Heimkehr ließ Graf Heinrich die Kirche von Neustadt an der Wied bauen.

Zuviel Frömmigkeit aber konnte damals auch verdächtig machen. Aus Südfrankreich wirkte die Bewegung der Waldenser und Albigenser ins Rheinland, die Katharer, wie sie genannt wurden, die Reinen, die ernst machen wollten mit Christi Wort, auch sogar mit der Bergpredigt, sie wurden grimmig verfolgt. Auch Graf Heinrich kam vor der Tribunal der Inquisition. Aber er fand so viele Fürsprecher, vor allem auch den Kirchenlehrer und Dominikanerprovinzial Albertus Magnus, daß ihm nichts geschah.

Als Graf Heinrich der Große starb, wurde sein Besitz, ausgebreitet zwischen Rhein, Dill, Agger und Lahn, verteilt. Seine Gattin Mechthildis überlebte ihn um 40 Jahre. Auf einem der Gipfel des Siebengebirges, auf der Löwenburg, hatte sie ihren Witwensitz.

Die Landskrone

Schaut man vom Siebengebirge nach Süden, dann sieht man hinter dem Einschnitt, den der Rhein sich ins Schiefergebirge gegraben hat, einen Bergkegel vorschauen, unverkennbar in der Form, ein wenig abgeflacht oben. Auch von der Linzer Höhe sieht man diesen Gipfel und erkennt, daß er sich links der Ahrniederung erhebt. Und selbst noch vom Hammerstein bei Leutesdorf kann man den Berg erkennen, nun nach Norden blickend. Es ist die Landskrone, ein Basaltpfropf, der sich durch die Ablagerungsgesteine des Schiefers gebrochen hat.

Von fern ist keinerlei Rest einer Burg mehr zu erkennen, und doch ist die Landskrone eine Erhebung, die geradezu herausfordern mußte, dort oben eine Verteidigungsanlage zu bauen.

Und so ist es denn auch gewesen. Zu Anfang des 13. Jahrhunderts wurde dort oben sehr rasch eine große Burganlage errichtet. Man konnte damals soviel Arbeiter bekommen, wie man wollte. Das Jahr war trocken gewesen, die Feldfrucht war schlecht geraten, es herrschte Hungersnot, und die Leute drängten sich zur Fron, zum Steinekarren und Mörtelmischen, und sie verlangten dafür nur eine Mahlzeit. Im Jahre 1206 war die Burg auf der Landskrone schon vollendet.

Es ist wohl der König Philipp aus dem Haus der Stauffer gewesen, der Sohn des Friedrich Barbarossa, der den Bau der Burg angeordnet hat. Mit seinem Heer soll er in der Ebene von Sinzig gelagert haben, als er die »Landskrone« entdeckte – damals hieß die Bergkuppe noch »Der Gimmich« –. Er war viel unterwegs mit dem

Heer im eigenen Land, der König Philipp von Schwaben, denn einige der Kurfürsten hatten einen Gegenkönig aufgestellt, den Welfen Otto IV. – Und auch der Papst trat für diesen Gegenkönig ein; die Stauffer wurden ihm zu mächtig. Fast hätte König Philipp seinen Widersacher niedergerungen, aber da fiel er von Mörderhand. Das war im Jahre 1208, und die Burg auf der Landskrone war schon zwei Jahre fertig und in Verteidigungszustand.

Verteidigung gegen wen? Dicht im Norden verlief die Grenze des Erzbistums und Kurfürstentums Köln. Die Königsmacht im Reich war ja selten ganz unbestritten, und da war es nützlich, auf Reichsboden, und der war dort, wo die Landskrone sich erhebt, einen festen Platz zu haben gegen den möglichen Feind.

Der Erzbischof und Kurfürst von Köln hat denn auch bald eine Gegenburg errichtet auf dem Felsen über Godesberg, der Bergfried steht noch heute.

Selbst der mächtigste aller Staufferkaiser, Friedrich II., »das Wunder der Welt«, hat die Uneinigkeit und Eigenbrötlerei in Deutschland nie überwinden können. In seinen Diensten saß als Kaiserlicher Burggraf Gerhard I. auf der Landskron. In Köln aber herrschte als Kurfürst und Erzbischof Konrad von Hochstaden, derselbe, der den Bau des Doms begonnen hat, und der vertrat die Sache des Grafen von Holland, der von einem Teil der deutschen Kurfürsten zum deutschen König gewählt worden war: König Wilhelm von Holland. Und auch der Papst stand auf der Seite Wilhelms und gegen die Stauffer.

Bei den Kämpfen wurde der Burggraf von der Landskron gefangen, und erst nach langen Verhandlungen kam er frei. Die Burg aber blieb eine Reichsfeste. Und

der vierte Burggraf Gerhard hat die Tochter des Burgherrn von Hammerstein geheiratet, auch Hammerstein
war ja eine Burg, die immer zum Kaiser gehalten hat.
Die Burg Landskron hatte damals schon, Ende des 13.,
Anfang des 14. Jahrhunderts eine gewaltige Ausdeh-
nung mit Ober- und Niederburg. Sie ist erst Ende des
17. Jahrhunderts von den Franzosen zerstört worden,
aber so vollständig, daß nur noch wenige Reste auf dem
Bergplateau von der einstigen Stärke erzählen, und unterhalb die ehemals zur Niederburg gehörige Jungfern-
kapelle, die allerdings noch wohlerhalten ist.

Schon Gottfried Kinkel genoß im vorigen Jahrhundert auf dem Basaltkegel der Landskrone den herrlichen
Rundblick. Er beschreibt ihn voll Begeisterung: »Nach
Westen erschließt der Ausblick das fruchtbare Ahrtal,
rechts von köstlichen Weinlagen eingefaßt, die sich hin-
ziehen, bis wo fern die Berge von Walporzheim das Tal
sperren; links von einem mehr bewaldeten Höhenzug
abgeschlossen, der mit der Basaltkuppe des Neuenahr
herübergrüßt. Mitten inne aber in erweitertem Tal-
kessel die lustige Ahr, hie und dort im Gebüsch versteckt, meist aber aus bald breiterem, bald ganz schma-
lem Bette zu uns heraufblitzend.... Drüben eine Stunde
entfernt das alte Ahrweiler mit den grauen Türmen und
Toren, näher bei uns eine liebliche Reihe von Dörfern in
Obsthainen.... Dicht unter uns Heppingen mit des
Brunnens geschäftiger Regsamkeit, und am jähen Ab-
hang die arbeitenden Winzer. Rückwärts aber, über die
niedrigeren Waldhöhen hinblickend überschauen wir
das Rheintal, abwärts vom Siebengebirge, gradaus von
den Basaltkegeln über Linz, südlich von den Bergen der
vulkanischen Eifel abgeschlossen. Sinzigs drei dunkle
Kirchtürme heben sich in diesem Tal hervor; freund-

licher die Dörfer des rechten Rheinufers und Linz mit seiner hellen, an den düsteren Schieferfels gelehnten Kirche; ihm gegenüber, auf unserer Rheinseite, die Gebüsche, welche die Ahrmündung verdecken...«

Das Bild, das sich dem heutigen Wanderer, der die Landskrone erstiegen hat, bietet, unterscheidet sich wenig von der Schilderung, die Gottfried Kinkel vor anderthalb Jahrhunderten gab; nur ahraufwärts schneidet die Autobahnbrücke auf himmelhohen Pfeilern wie mit dem Lineal gezogen die abwechslungsreiche Landschaft, und die Basaltkegel über Linz sind nur noch Reste, beinah weggenagt von den Steinbrüchen.

Die Burg Landskrone, bis auf ein paar Mauerreste ganz vom Gipfel verschwunden, hat einen frühen Chronisten gehabt, den Verwalter und Rentmeister der Herren zu Landskron, Ehrenberg und Tomberg. Dieser Tobias Stiefell ist wahrscheinlich 1606 gestorben. Wenigstens existiert ein Schreiben seiner Witwe aus diesem Jahre 1606, in dem sie den Herrn der Burg bittet, sie nunmehr aus der Verwaltung des Landskroner Hauswesens zu entlassen.

Der Burgherr, unter dem Tobias Stiefell diente, war Dam Quad, der als junger Mann die Herrschaft übernommen hatte. Er war in Düsseldorf und Wittenberg ausgebildet worden und ein gelehrter Kopf, der auf der Burg mehrere hundert Bücher zusammengetragen hat, eine für die damalige Zeit aufsehenerregende Menge. Darunter waren auch die Schriften des Arztes und Alchimisten Paracelsus. Und nach ihnen hat Dam Quad sich zeitlebens in dem Laboratorium seines Kölner Stadthauses bemüht, Gold zu machen. Sein Ausgangsmaterial waren Mineralien, die er im Umkreis der Landskrone und weit in die Eifel hinein suchen ließ.

Auch der Verwalter und Rentmeister Tobias Stiefell hatte offenbar Universitäten besucht; denn er vertrat als gewandter Jurist manchesmal seinen Herrn in Erbstreitigkeiten. Und in seiner Chronik gibt er die alten lateinischen oder mittelhochdeutschen Urkunden in richtiger Übersetzung wieder. Er zeigt sich auch über die lokale Geschichte hinaus bewandert in den Thronstreitigkeiten der deutschen Könige, in denen die Landskrone eine bedeutende Rolle spielte, und in den Auseinandersetzungen der weltlichen Herrschaft mit dem Papst.

Tobias Stiefell hat uns in seiner Chronik ebenfalls eine Schilderung des Ahrtales gegeben. Er nennt das Gebiet vom Rhein bis Ahrweiler die »Goldene Meile«, eine Bezeichnung, die heute nur noch auf die Ebene von Sinzig bis Remagen und vom Rheinufer bis zu den Bergen, gebräuchlich ist.

Tobias Stiefell schreibt: »...ein fruchtbares Tal mit Land und Wiesen, so edel und gut wie nirgends an einem Ort des Rheinstromes, sodaß nicht allein allerhand köstliche Frucht und Getreide des Erdreichs, sondern auch das schönste, lieblichste Obst- und Baumgewächs und auch das allersüßeste Heu darin wächst... sodaß die Einwohner der Dörfer vieles in die Stadt zu Markte bringen können, wie Butter, Käse und Obst.«

– Über das Flüßchen selbst, die Ahr, berichtet er viel Lobendes: daß sie jährlich die Ufer überschwemmt und damit die Wiesen und Weiden fruchtbar macht, daß man dort viel Fische fängt, vor allem alljährlich den Lachs, wenn er vom Meer kommend durch den Rhein in die Nebenflüsse schwimmt, um dort zu laichen. Viele Wassermühlen klappern unten im Tal, gleich unter dem Berghang eine, eine weitere bei Heimersheim und die dritte oberhalb Ahrweiler.

Die das Land beherrschende Burg auf dem Gipfel hat Tobias Stiefells Loblied nicht lang überdauert. Der Herzog von Jülich, dem ein Drittel der Burg gehörte, hatte Soldaten dort stationiert. Und wahrscheinlich durch Unachtsamkeit sind die Gebäude im Jahre 1677 in Flammen aufgegangen. Die Reste hat dann der berühmte Jan Wellem, ebenfalls Herzog von Jülich, fünf Jahre später sprengen und niederreißen lassen.

Vom Kloster Sankt Katharinen

Diese Geschichten um das Kloster Sankt Katharinen auf der Westerwaldhöhe über Linz am Rhein hat mir Frau Ute Strauß zusammengestellt, die dort oben wohnt. Der Ort Sankt Katharinen hat sich vor einem dreiviertel Jahrhundert um das einst mächtige Zisterzienserkloster gebildet. Heute steht vom Kloster nur noch die alte, sehenswerte Kirche.

Wenn man Linz zur Autobahn Oberhausen-Frankfurt hochfährt, dann sieht man durch eine Waldlichtung hindurch auf einem Basaltkegel den Rundturm einer Burg aufragen, das letzte Überbleibsel der Burg Renneberg. Die Renneberger sind die Stifter des Klosters gewesen.

Kaiser Friedrich II., der große Stauffer, hatte sich lange gesträubt, seine Kräfte, die er viel nötiger in Italien brauchte, auf einem Kreuzzug ins Heilige Land zu verschleißen. Aber der Papst hatte gedrängt und hatte ihn schließlich sogar gebannt; und so war er denn losgezogen mit der Ritterschaft im Jahre 1228. Gerhard und Arnold von Renneberg sind damals mitgezogen.

Das Lied vom ›schönen Westerwald, wo der Wind so kalt weht‹, ist nicht ohne Grund entstanden. Und noch heute, wenn man am Turm der Burg auf dem Basaltfels steht, kann man sich vorstellen, wie die Rennebergs hier im 13. Jahrhundert gefroren haben müssen. Da war schon ein Zug nach Palästina verlockend, und wenn die Heiden auch noch so gefährlich werden konnten.

Nun hat der sogenannte 5. Kreuzzug des Staufferkaisers aber nicht viele Opfer gekostet; denn Friedrich II. war klug, und wie alle Klugen hat er nicht mit dem Säbel gerasselt, sondern verhandelt, und der Sultan hat ihm Jerusalem, Nazareth und Bethlehem freiwillig überlassen, ihm und der Christenheit.

Es ist nicht ganz einzusehen, in welcher Fährneß der Herr von Renneberg sich am Fuß des Berges Sinai befunden haben soll; jedenfalls berichtet die Sage, daß er dort das Gelübde tat, wenn er je wieder gesund in die Heimat käme, dann wolle er ein Kloster stiften.

Das hat er denn auch zusammen mit seiner Gemahlin Benedikta getan. Und da man nicht wußte, wo denn nun dem Herrn und der Heiligen Katharina das Kloster am liebsten stünde, hat man zwei Ochsen, weiß Gott unschuldige und gottgefällige Tiere, von Burg Renneberg laufen lassen, wohin sie mochten. Und die sind dann grasend dahingewandert, und gegen Mittag haben sie sich niedergetan, um wiederzukäuen, wie's beim Rindvieh so Sitte ist, und an die Stelle ist dann das Kloster Sankt Katharinen gebaut worden.

Es war wohl nicht nur Frömmigkeit und Dankbarkeit, die die Rennebergs zur Klosterstiftung getrieben haben. Sie hatten auch sechs Töchter, und fünf davon sind in das neue Kloster wohlversorgt und doch in der Nähe von Mama und Papa als adelige Stiftsfräuleins eingetreten.

Natürlich hat die Kirche auch in Sankt Katharinen ihren guten Magen bewiesen und hat manches Erbteil solcher adeligen Damen geschluckt und manche fromme Stiftung, so daß das Kloster auf der damals so ärmlichen Westerwaldhöhe mächtig reich wurde und seine Einkünfte bezog aus Ländereien von Königswinter bis Neuwied und von Maria Laach bis tief in den Westerwald.

Im 15. Jahrhundert ist die Wirtschaft den frommen Frauen allerdings über den Kopf gewachsen. Der Abt vom Eifelkloster Himmerod sprach sein Machtwort. Und mehr als ein halbes Jahrhundert haben Mönche im Kloster Sankt Katharinen gelebt.

Als die Nonnen dann wieder einziehen durften, haben die Äbtissin Gertrudis und der damalige Herr von Renneberg eine schöne Kreuzgruppe aus Basalttuff von einem Andernacher Steinmetz meißeln lassen. Der Zweite Weltkrieg hat das Kunstwerk arg mitgenommen. Vordem, im 30jährigen Krieg, ist der Himmel noch eifriger gewesen, die Seinen zu schützen; denn ein schwedischer Soldat, der auf die Kreuzgruppe seine Büchse abgefeuert hat, soll blind geworden sein, zudem fehlte ihm nachher der linke Daumen, was bei den damaligen Donnerbüchsen kein Wunder gewesen sein muß.

Und einmal ist das Kloster von einer Räuberbande bedroht worden. Der Beichtvater der Nonnen, Petrus Hoffmann, schickte die beiden großen Hunde los. Die aber kamen kurze Zeit später zurück und legten sich still unter den Tisch. Die Räuber aber waren wie ein Spuk davongeblasen. Das war im Jahre 1611. Im folgenden Jahr wurde die ganze Bande, siebzehn Strauchdiebe und Raubmörder an der Zahl gefangen und zu Mainz verhört. Und dabei erzählten die hartgesottenen Burschen eine seltsame Geschichte, die ihnen im Kloster Sankt Katharinen widerfahren war. Wie sie da über die Mauer stiegen, sprangen ihnen zwei Hunde entgegen. Sie lachten natürlich, mit denen würde man schnell fertig sein. Aber dann wichen die Hunde und im Mondlicht schritten zwei strahlende übermenschengroße Gestalten auf die Räuber zu, blanke Schwerter in der Hand.

74

Der hochwürdige Herr Beichtvater Petrus Hoff-
mann ist eigens nach Mainz gereist, um selber dies
Wunder aus dem Mund der zum Tod Verurteilten zu
hören. Und ihm wurde klar: Die Schutzpatrone des
Stiftes selber hatten die Banditen verjagt: der Heilige
Georg und die heilige Katharina.

Hie Isenburger, hie Von der Brücken!

Im März 1242 trat das Trierer Domkapitel zusammen, um einen neuen Erzbischof und Kurfürsten zu wählen. Der alte Graf von Wied, bis dahin auf dem Trierer Kurstuhl, war gestorben. Zum erstenmal gelang es den geistlichen Herren des Domkapitels, die Bürgerschaft aus dem Wahlakt herauszuhalten. Die Lage war nämlich gespannt. Der Staufferkaiser Friedrich II. – der »Mann aus Apulien« war wieder einmal mit dem Papst im Streit. Der kaiserliche Statthalter, Konrad, der Sohn des Kaisers, König in Deutschland, hielt zum Vater und gegen den Papst. Das Domkapitel war päpstlich gesinnt, die Bürgerschaft überall hielt mehr zu den Stauffern, zum Kaiser, zum König, weil man sich von daher Vorteile für die Städte versprach.

Gewählt wurde jedoch vom Domkapitel ein papsttreuer Herr, Arnold von Isenburg, ein Verwandter des Erzbischofs und Kurfürsten von Mainz, der aus dem Haus Epstein stammte. Und die Epsteiner hielten so gut wie die Isenburger zum Papst.

Gegen diese Wahl trat nun ein Stadtritter an, Rudolf Von der Brücken, ebenfalls Mitglied des Domkapitels und Propst von St. Paulin.

Das Geschlecht hatte seinen Namen, weil sich der Stadtsitz bei der alten Moselbrücke befand. Da hausten die Von der Brücken in den alten, noch von den Römern erbauten Befestigungen.

Rudolf Von der Brücken nutzte die Gelegenheit: König Konrad hielt sich gerade in Koblenz auf. Er reiste dorthin und der König bestätigte ihn als Erzbischof und Kurfürsten. Diese Ernennung galt es jetzt durchzusetzen: Die Von der Brücken sammelten ihre Anhänger und brachen in die unbefestigte Stadt Trier ein, drangen in die Häuser der Domherren, und das Volk nahm gern die Gelegenheit wahr, sich an Raub und Plünderung zu beteiligen, wie immer, wenn es galt, die Fetten, die Reichen, zu schröpfen.

Den alten, würdigen Oberchorbischof Theoderich von Hagen griffen die Knechte der Von der Brücken sogar in vollem Ornat beim Gottesdienst im Dom und schleppten ihn über den Markt in die Festung an der Moselbrücke. Den Dom hielten sie besetzt.

Der Streit weitete sich aus. Die Grafen von Sayn und Luxemburg und der Herzog von Lothringen traten auf die Seite des Von der Brücken. Und nun war Kriegszustand in Trier. Denn auch die Herrn vom Domkapitel waren nicht gesonnen, zurückzuweichen; die geistlichen Vertreter der Hauptkirchen schlossen sich zusammen und erklärten, sie würden zum rechtmäßig gewählten Kurfürsten Arnold stehen.

Der Erzbischöfliche Palast wurde in Belagerungszustand versetzt und widerstand allen Angriffen der Gegner. Auch rundum im Land vermochten die Anhänger des Rudolf Von der Brücken die kurfürstlichen Burgen und Schlösser nicht zu erobern. Der Hauptkampf aber tobte in Trier, wo die Verteidiger des erzbischöflichen Palastes noch rechtzeitig Mannschaften und Verpflegung hereingeholt hatten. Von dort machten die Anhänger Arnolds Ausfälle in die Stadt, eroberten die Häuser ihrer Gegner und standen schließlich sogar vor der türmebewehrten Festung an der Moselbrücke. Bei den dort entbrennenden Kämpfen wurden eine Reihe hochstehender Gefangener gemacht.

Nun eilte der Graf von Luxemburg mit seinen

Kriegsknechten den Rittern Von der Brücken zur Hilfe. Zwar warf er die Männer des Arnold von Isenburg zurück in den erzbischöflichen Palast; der aber war nicht zu erobern; an den starken Mauern scheiterten alle Stürme.

Man muß sich vorstellen, daß diese wochenlangen Kämpfe sich in einer enggebauten Stadt abspielten, wo die feindlichen Parteien nicht die geringste Rücksicht auf die Bürger nahmen, Wagen, Pferde, Vorräte und Werkzeuge wegnahmen, wo man sie brauchte, die Bewohner aus den Häusern trieben, wo man Quartier oder Verteidigungsstellungen einrichten wollte. Ganze Straßenzüge gingen in Flammen auf, es herrschte Mangel am Notwendigsten.

Schließlich mußte Rudolf Von der Brücken einsehen, daß er den Erfolg nicht erzwingen konnte. Er bot Verhandlungen an. Die Gegner trafen sich zwei Stunden vor der Stadt in Nievel. Arnold von Isenburgs Wahl wurde anerkannt, dafür bekam der Von der Brücken auf ein paar Jahre die Einkünfte aus der Stadt Saarburg. Dorthin hat er sich denn auch zurückgezogen und ist bald darauf gestorben.

Arnold von Isenburg aber wandte sich an Papst Innozenz IV. um eine offizielle Entscheidung. Und der Papst nahm die Gelegenheit nur zu gerne wahr, sein Bestätigungsrecht dem König und weltlichen Herrscher zum Trotz auszuüben. Er schickte aus Rom die Abzeichen der erzbischöflichen Würde, das Pallium, und verzichtete dabei sogar auf die sonst üblichen und nicht unerheblichen Abgaben.

Obwohl der neue Erzbischof und Kurfürst Arnold schon bei Jahren war, ging er doch mit Eifer daran, seine Stellung zu sichern. Er ließ die Burgen im Kurstaat besser befestigen und umgab auch die Stadt Trier mit einer Ringmauer.

Die aber wurde so angelegt, daß die Festung der Ritter Von der Brücken draußen blieb. Ihr gegenüber wurde ein mächtiger Torturm errichtet, der den Namen »die Neidpforte« bekommen hat.

Geschichte und Sage um die Wernerkapelle

Bacharach, ehedem wichtigste Stadt zwischen Koblenz und Mainz und Hauptumschlagort für die Weine aus dem Rheingau und vom Mittelrhein, war auch ein berühmter Wallfahrtsort, wohin Scharen von Pilgern strömten, das Grab des seligen Werner aufzusuchen, des »heiligen« Werner, sagte man, obwohl er nie heilig gesprochen worden ist. Heute sieht man über dem Städtchen in halber Höhe die Ruine der Wallfahrtskapelle, auch jetzt noch im zerfallenen Zustand ein Denkmal edelster, zierlichster Gotik. Ehemals war's ein stattlicher Bau mit kleeblattförmigem Grundriß nach rheinisch-kölnischer Bauweise.

Im heutigen Zustand ist die Ruine schon seit über 200 Jahren. Im Jahre 1787 mußten Dach und Gewölbe wegen Einsturzgefahr abgerissen werden; und von da an hat man sich nur noch bemüht, wenigstens die Ruine zu erhalten. Ihren Todesstoß bekam die Wernerkapelle, als die Franzosen im Jahre 1689 die Burg Stahleck sprengten. Herabfliegende Felsbrocken und Mauertrümmer durchbrachen die Gewölbe, und da immer nur die Mittel zu notdürftiger Ausbesserung zusammenkamen, schritt die Zerstörung fort; der Nordflügel mußte wegen Bergrutschgefahr abgerissen werden, die bleiverglasten Fenster waren längst verschwunden, der Dachstuhl vermodert.

Die Gebeine des seligen Werner lagen schon lange nicht mehr in dem Bauwerk in ihrem Sarkophag aus Eichenbohlen. Die hatte im Dreißigjährigen Krieg der spanische Feldherr Spinola mitgenommen, und niemand weiß, wo sie hingekommen sind.

Das hat natürlich den Strom der Wallfahrer versiegen lassen, der ungeheuer gewesen sein muß. Der Pfarrer Winand von Steeg, der in der ersten Hälfte des 15. Jahrhunderts in Bacharach amtierte, schreibt von 300000 Besuchern in fünfzig Jahren. Vor allem die Slawen und Ungarn auf ihrer Pilgerfahrt nach Aachen machten Station in Bacharach, schöpften Wasser von der wundertätigen Quelle und hielten ihre Andacht am Grab Werners. Im Jahre 1428 melden die Urkunden, wurden 5000 aus Wachs nachgebildete menschliche Gliedmaßen, die von Gelähmten und Bresthaften am Wernergrab niedergelegt worden waren, eingeschmolzen, und man erhielt 12 Zentner Wachs.

Der Pfarrer Winand, ein gelehrter Mann mit weitreichenden Verbindungen, hat sich zu seiner Zeit sehr für die Heiligsprechung Werners eingesetzt und dafür gesorgt, daß der damals noch unvollendete Kapellenbau wieder in Gang kam.

Der Grundstein war schon wenige Jahre nach dem Tod Werners gelegt worden, der 1287 erfolgt ist, und es waren eine Reihe von Ablässen erteilt worden für die, die zum Bau spendeten oder das neue Heiligtum besuchten.

Trotzdem hemmte Geldmangel den Bau, und weil dies eigentlich unverständlich ist, hat sich eine Legende um diese Tatsache gebildet.

Es heißt: im Jahre 1337 hätte der Trierer Erzbischof mit Bacharach im Streit gelegen, weil die Stadt – sie war dem Erzbischof verpfändet – ihre Abgaben nicht bezahlte. Da erschien eines Tages ein Trupp von Knechten des Erzbischofs und beschlagnahmte, was an Geldern zu fassen war, vor allem die für den Kapellenbau angesammelten Mittel. Als nun das Schiff mit den erzbischöflichen »Räubern« auf dem Rhein davonfährt, da schaut die steinerne Madonnenstatue am Portal der Kapelle ihm zornig nach. Bisher hatte sie liebevoll den Jesusknaben auf ihren Armen angeblickt. Das Schiff versank augenblicklich in den Fluten, die Statue aber behielt den Ausdruck bei: »Die zornige Madonna«. Und so stand sie noch im 15. Jahrhundert am Portal der Kapelle. Später ist das seltsame Bildwerk verschwunden, und heute gibt es nur noch eine barocke Nachbildung aus dem Anfang des 18. Jahrhunderts bei der Pfarrkirche von Bacharach.

Pfarrer Winand hatte in seinem Bemühen um die Heiligsprechung Werners auch den Eichensarkophag öffnen lassen, denn es gingen Gerüchte, die Gebeine des Volksheiligen seien längst nicht mehr darin. Man fand aber in einem Sarg aus Zedernholz, der schon arg wurmzerfressen war, den fast unversehrten Leichnam. – Als dann wenige Wochen später der päpstliche Kardinallegat Orsini in Bacharach weilte, wurden ihm die Reliquien gezeigt, und er ordnete den Weiterbau der Kapelle an, stiftete auch erneut Ablässe und befahl, daß der Leichnam in einen neuen Sarg umgebettet werden sollte, der mit Fenstern versehen, an verschiedenen Festtagen dem Volk gezeigt werden könnte. Auch die Unterlagen für den Heiligsprechungsprozeß nahm er mit, z. B. die Aufzählung der über 90 Wunder, die auf einer Votivtafel verzeichnet waren.

Aber aus der Kanonisierung des seligen Werners ist dann doch nichts geworden.

Die Kapelle allerdings wurde vollendet, ein Stich von Merian aus dem 17. Jahrhundert zeigt sie in ihrer ganzen Schönheit auf der Anhöhe über Bacharach.

Die tapfere Sponheimerin

Wer die große Geschichte des Mittelalters verfolgt mit den Romzügen und den Streitereien zwischen Kaiser und Papst, mit den Kämpfen im Reich zwischen den Bewerbern um den Königstitel, mit den Wahlverhandlungen der Kurfürsten, dem tritt schon ein verwirrend bewegtes Bild entgegen. Daß aber im Heiligen Römischen Reich Deutscher Nation Kampf, Streit und Unordnung bis hinunter in die kleinen Herrschaftsbereiche gingen, das wird einem erst bewußt, wenn man die große Geschichte verläßt und sich um die kleinen Auseinandersetzungen kümmert, wie sie typisch sind für jene Zeit, die eigentlich immer am Rande der Anarchie einherging.

Da waren die Grafen von Sponheim, ein fränkisches Geschlecht, das im Hunsrück und an der Nahe seine Güter hatte. Vom Kaiser war ein Graf von Sponheim zum Vogt der Gerichte Traben und Enkirch bestellt worden. Das war keine große Machtstellung, aber der Sponheimer wußte sein kleines Amt zu nutzen. Im Laufe der Jahrzehnte machte er sich zum Herren des Gebietes, das eigentlich kaiserlicher Besitz war, dem Kurfürsten von Trier zu Lehen gegeben. Der Kaiser, dem diese Eigenmächtigkeit des Sponheimers gemeldet wurde, mochte nichts unternehmen, denn er dachte an den nächsten Römerzug und daran, daß er dann auf das Wohlwollen und die Kampfgenossenschaft der Herren angewiesen sei.

Und so nisteten sich die Sponheimer mit einer Seitenlinie in der sogenannten Hintergrafschaft Sponheim ein, zunächst noch als Lehnsnehmer des Kurfürsten von Trier. Aber es wurde rasch merklich, daß sie sich mitten im Trierer Gebiet selbständig zu machen gedachten; denn Graf Heinrich I. von Sponheim baute auf der Höhe über Traben-Trarbach eine mächtige Burganlage, die Starkenburg.

Heute ist von Burg, Nebengebäuden, Kapelle und Umfassungsmauer nichts mehr übrig. Wo einst die Starkenburg stand, da breiten sich Felder und Weiden.

Damals jedoch war die Starkenburg ein beständiger Hohn auf den Kurfürsten und zwischen Sponheimer Grafen und Trierer Kurfürsten gab es beständig Auseinandersetzungen. Das ging so hin ohne größere Kämpfe doch mit gelegentlichen Prügeleien mehr als ein Jahrhundert.

Dann aber kam auf den Kurfürsten- und Bischofsstuhl zu Trier ein starker Mann, Balduin, der Bruder des deutschen Kaisers Heinrichs VII. Der meinte nun, es sei an der Zeit, die leidige Nachbarschaft zum Sponheimischen Geschlecht zu beenden.

Die Gelegenheit war günstig. Der Graf von Sponheim war früh verstorben, seine Gattin, Lauretta aus dem Hause Salm regierte die Grafschaft.

Balduin ging bedächtig vor, und zwar im Stammland der Sponheimer, im Hunsrück ließ er eine trierische Trutzburg errichten und versuchte so, das Land an der oberen Nahe unter seine Herrschaft zu zwingen. Das geschah im Jahre 1325.

Bischof Balduin hatte damit gerechnet, eine Frau würde ihm kaum Widerstand leisten. Er hatte sich geirrt: Gräfin Lauretta verteidigte den Besitz ihrer drei unmündigen Kinder, zog Kriegsknechte zusammen und vertrieb die Leute des Kurfürsten aus ihrem Gebiet an der Nahe.

Der Kurfürst war aufs grimmigste erbost und ging nun mit seinen Trierer Truppen gegen die Starkenburg über der Moselschleife von Trarbach vor. Daß hier der Widerstand sinnlos war, erkannte Gräfin Lauretta. Sie gab nach.

Da, im Spätsommer 1325, gelangte zur Starkenburg die Nachricht, daß Kurfürst Balduin von Trier per Schiff moselabwärts reise. Und nun faßte die Gräfin einen unglaublichen Entschluß: Am Fuß der Starkenburg bei der Portswiese, wurde die Mosel mit einer Eisenkette gesperrt. Und als Kurfürst Balduin nichtsahnend mit dem Schiff moselabwärts fuhr, wurde er hier festgehalten. Kriegsknechte der Gräfin nahmen ihn gefangen und führten ihn hinauf zur Starkenburg.

Die Geistlichkeit im Trierischen Kurfürstentum, ja im ganzen Reich empörte sich. Man rüstete gegen die Sponheimer, der Papst tat die Gräfin in den Bann. Balduin war ja nicht aus kleinem Adelsgeschlecht, sondern Bruder des inzwischen verstorbenen Kaisers, Freund des regierenden Kaisers, Neffe des Königs von Böhmen.

Die Haft war ehrenvoll; aber mit sich handeln ließ die Gräfin Lauretta nicht. Und sie wartete, verschanzt in der Starkenburg, bis Kurfürst Balduin sich beugte: Er zahlte ein beträchtliches Lösegeld, er erklärte, er würde sich aus dem Birkenfelder Gebiet zurückziehen. Er gab der Gräfin die Schlösser und Güter von Cochem, Bernkastel und Manderscheid, und er schrieb selber dem Papst, damit der den Bann von der mutigen Sponheimerin nehme.

Der Königsstuhl zu Rhens

1349: Endlich war wieder Ordnung im Heiligen Römischen Reich Deutscher Nation. Der letzte einer ganzen Reihe von Gegenkönigen war gestorben, und Karl IV. war nun im ganzen Reiche anerkannt als König und Kaiser.

Schon drei Jahre zuvor waren sich die Kurfürsten einig geworden, die geistlichen Herren von Mainz, Trier und Köln, König Johann von Böhmen und der Kurfürst von Sachsen. Nur der Bayer war gegen Karl gewesen. – Und die Versammlung war mit dieser einen Gegenstimme auseinandergegangen. Sie hatte in Rhens am Rhein stattgefunden, wie es damals seit 40 Jahren schon der Brauch war. Das Dorf Rhens lag hübsch bequem erreichbar von Köln, von Trier, von Mainzer Gebiet.

Man hatte sich jeweils getroffen in einem Garten am Rhein, ein Grasgarten mit Nußbäumen bestanden. Und als ein Vorzeichen für den dreijährigen Zwist war damals betrachtet worden, daß das Reichsbanner, zu nah am Strom in den Ufersand gesteckt, vom Wind umgeworfen und von den Wellen weggetragen wurde. Gewiß ist ein Knappe nachgesprungen und hat es zurück an Land geholt.

Aber eins beweist die Geschichte: der berühmte Königsstuhl zu Rhens stand da noch nicht.

Und im Nußgarten am Rhein zu Rhens trafen sich die Kurfürsten eine Generation, 30 Jahre, später, als Kaiser Karl IV. seinem Sohn Wenzel die Nachfolge sichern wollte.

Aber damals faßte der Kaiser den Beschluß, es soll ein

Bauwerk errichtet werden in jenem Garten. Und den Einwohnern von Rhens wurde dafür die Gnade der Zollfreiheit gewährt auf ewige Zeiten.

Doch so eilig haben es die Rhenser dann nicht gehabt. Bis in das letzte Jahrzehnt des 14. Jahrhunderts hat es gedauert, ehe sie an den Bau gingen.

Inzwischen hatte der faule König Wenzel schon Zeit genug gehabt, sich unbeliebt zu machen. Die Kurfürsten setzten ihn ab. Und der erste König, der dann wirklich auf dem Stuhl zu Rhens gewählt wurde, war Ruprecht von der Pfalz.

Doch die Sitte blieb nun kaum noch ein Jahrhundert bestehen. Maximilian, der »letzte Ritter«, wie er genannt wurde, war auch der letzte König und Kaiser, der sich nach seiner Wahl auf den Rhenser Königstuhl setzte. Er war ohnedies rheinab auf der Fahrt nach Aachen begriffen und machte in Rhens Station.

Danach aber geriet die hohe Bestimmung des Bauwerkes beim Volk in Vergessenheit. Ja, man fabelte, daß dies Gemäuer im Garten am Rhein dazu diene, Hexen und Teufeln ein geschützter Versammlungsort zu sein. Und so verfiel das Bauwerk.

Allerdings war's dann im 18. Jahrhundert, in der zweiten Hälfte, mehr heiter-ironische Sitte, daß die neugewählten Bürgermeister von Koblenz auf einer Yacht mitsamt dem Stadtrat und den Honoratioren nach Rhens fuhren und beim Königstuhl ein Festessen abhielten. Zum letzten Mal fand diese übermütige Festivität im Jahre 1794 statt. Es war dasselbe Jahr, in dem die Franzosen kamen und so mancher alter Sitte am Rhein ein Ende machten.

Das Basaltgestein des Königstuhls ward in den folgenden Jahrzehnten Stück um Stück davongetragen, wurde zu Treppenstufen und Türschwellen, zu Fensturz und Eckstein an manchem Rhenser Haus. Und schließlich war dort, wo sich einst das Schicksal des Reiches entschieden hatte, ein Gemüsegarten.

Bis dann im vorigen Jahrhundert neues Nationalbewußtsein den Gedanken an die alte Geschichte belebte, und die Sehnsucht nach der deutschen Einheit die Erinnerung an des alten Reiches Herrlichkeit verklärte.

Es war ja das Jahr 1840 am Rhein ein Jahr besonderer nationaler Aufgeregtheit, als die Franzosen wieder einmal den Strom als Grenze forderten.

Damals bildete sich in Koblenz ein Verein, der Mittel sammelte zum Wiederaufbau des Königsstuhl von Rhens. Doch die Zeiten waren schlecht, und es war leichter ein Dutzend vaterländischer Lieder zu schmettern, als einen Taler in die Sammelbüchse klappern zu lassen. So kamen nur knapp 1000 Taler zusammen. Und der König von Preußen mußte – und er tat es als romantischer Träumer gern – die nahezu 2000 Taler zuschießen, die noch fehlten. – Drei Jahre später stand ein neuer Königstuhl zu Rhens. – Aber es ist nicht mehr viel dort gefeiert und sich erinnert worden. Er blieb ein wenig abseits liegen. Und nur einmal noch – im Jahre 1848 – als in Frankfurt die Deutsche Nationalversammlung eröffnet wurde, haben sich die Einwohner der Umgegend hier versammelt und in Reden und Liedern ihrer Hoffnung auf den Beginn eines neuen Deutschen Reiches Ausdruck gegeben.

Steuern und Zölle zu Cochem

Ganz ungeschmälert hat der Bürger nie den Ertrag seiner Arbeit genießen können, Steuern und Zölle gab es überall und immer, wo es eine Obrigkeit gab.

Zoll- und Steuerordnungen haben sich aus der Mitte des 14. Jahrhunderts für die Stadt Cochem erhalten. Solche städtischen Abgaben waren genehmigungspflichtig durch den Landesherren, und das war im Falle von Cochem der Trierer Kurfürst und Erzbischof. Es war üblich, daß der Landesherr an solche Genehmigungen Bedingungen knüpfte, zum Beispiel, daß die Stadt mit einem Teil des Ertrages die Stadtbefestigungen ausbaute. In Boppard mußten ⅔ der aufkommenden Steuern für diesen Zweck verwendet werden, in Kobern sogar die gesamten Einnahmen, für Cochem hatte der Kurfürst die Hälfte der Steuereinnahmen festgesetzt.

Diese Steuern wurden als Verkaufsabgaben auf alle möglichen Güter gelegt und stellten also eine Art von Umsatz- oder Verbrauchssteuer dar. In Boppard hat es darüberhinaus noch das Marktstandgeld gegeben, sowie eine Abgabe auf Karren, Pferde und Fischernachen.

Die Liste der besteuerten Waren für Cochem war lang. Aufgeführt sind allein 38 Nahrungsmittel von Getreide über Erbsen, Kastanien, Nüsse – damals wichtige Lebensmittel – Honig und Eier bis zu Heringen, Wild, Käse, Wein, Bier und Essig. Es läßt sich kaum eine Mahlzeit denken, bei der der Bürger nicht zum Steueraufkommen der Stadt beigetragen hätte.

Aber auch auf gewerblichen Gütern lagen Steuern: Kalk und Steine zum Bauen waren besteuert, Eisen und Kohle, die der Schmied brauchte, die für Weinerzeugung und Weinhandel wichtigen Fässer, Faßdauben und Faßreifen waren mit Abgaben belastet, ebenso Tuche ob aus Wolle oder Leinen.

Vergleicht man Steuer- und Zolltarife, dann wird deutlich, daß im Städtchen Cochem damals, in der Mitte des 14. Jahrhunderts, offenbar innerhalb der Gemarkung genügend Erbsen, Kastanien, Nüsse, Eier, Käse und Essig erzeugt wurden; denn diese Artikel fehlen in der Zollverordnung. Hingegen wurde Vieh, Getreide, Öl, Schmalz, Fluß- und natürlich Seefische und Salz durch den Handel bezogen und mit Zoll belegt.

Auch das Bier steht auf der Liste der zollpflichtigen Waren, obwohl die Cochemer, wie das allenthalben üblich war, auch selber in den Haushaltungen Bier brauten. Wozu wäre sonst die Gerste, die nun wieder in der Steuerliste aufgeführt ist, sonst verwendet worden?

Allerdings hatte die Weinproduktion seit dem 13. Jahrhundert stark zugenommen, sodaß inzwischen das Bier als täglicher Trunk gegen den Wein bereits zurücktrat. Anders ist das in den Hunsrück- und Eifeldörfern und Städtchen gewesen. Dort hat sich das Bier als Haustrunk erhalten. Wasser galt ja im Mittelalter und bis in die moderne Zeit hinein als ungesund, mit Recht, wenn man den Zustand der öffentlichen Brunnen bedenkt und ihre Lage im Sickerbereich von Abwassergruben.

Die Cochemer Steuerordnung zeigt uns, daß damals, Mitte des 14. Jahrhunderts, Wein in die Umgegend verkauft wurde. Mit Pferdewagen wurden die Fässer in Hunsrück und Eifel transportiert, zu Schiff auf Mosel und Rhein zu weiter gelegenen Abnehmern.

Demgemäß war offenbar das heimische Böttchergewerbe schon gut entwickelt: Denn Dauben und Faßreifen wurden besteuert, die Fertigwaren, wie Fässer und Wannen unterlagen dem Zoll. Damit sollten die städtischen Handwerker geschützt werden.

Solche Schutzzölle begünstigten auch die Woll- und Tuchweber in der Stadt, indem man für eingeführte Fertigwaren, Wolltuche und Leinenerzeugnisse, Zölle erhob.

Daß auch damals die Steuergesetze nicht gerade einfach waren und das Beamtendeutsch nicht eben leicht zu verstehen, daß möge tröstlich durch ein Zitat aus jener Cochemer Steuervorschrift des 14. Jahrhundert klar werden, das ich noch zum Schluß zitiere:

> »Welcher Mann Korn, Weizen oder Gerste verkauft, der gebe von jedem Malter zwei Heller, und wer solche Frucht kauft, der gebe auch vom Malter zwei Heller, ausgenommen der Bürger von Cochem, der Frucht kauft und nach Hause trägt, dieser braucht nicht zu zahlen, wohl aber der, der sie ihm verkauft vom Malter zwei Heller; ist die Frucht aber erworben, um vom Haus weiterverkauft zu werden, so soll der, der sie dann kauft vom Malter zwei Heller zahlen.«

Warum die Linzer und die Andernacher
sich nicht mochten

In Andernach an dem Stadttor, das Kornpfordte genannt wird, tragen zwei steinerne Figuren das vorra-
gende Mauerwerk. Seit alters heißt es, diese seien ein
Denkmal, das die dankbare Stadt zwei Bäckerjungen
gesetzt habe.

Die Andernacher sollen im Mittelalter die vernünf-
tige Konsequenz aus ihrem Wohlstand gezogen haben,
nämlich lang im Bett zu bleiben. »Andernacher Sieben-
schläfer« riefen die ärmeren und fleißigeren Bewohner
der anderen Dörfer und Städte höhnisch, wenn einer
von den Faulenzern sich bei ihnen blicken ließ.

Doch blieb es nicht bei Hohn und Neid. Die Sage
berichtet von Schlimmerem. Eines Morgens waren, wie
üblich, in ganz Andernach nur zwei Bäckerjungen auf
den Beinen, die Brötchen austrugen. Sie kamen auch
zur Kornpfordte und wunderten sich nicht, daß der
Wächter in seiner Wachstube schlief, auch das war üblich.

Als die beiden aber über die Stadtmauer schauten, sahen sie, daß Nachen am Rheinufer gelandet waren, daß
Bewaffnete über die Bleichwiesen vorrückten, daß ein
Dutzend Männer einen Sturmbalken trugen. Und all
das strebte zur Kornpfordte. Schon erkannten die beiden Jungen auf dem Fähnlein und am Umhang des An-
führers das Wappen von Linz. Und nun zogen die Männer die Schwerter blank, senkten die Lanzen, und die
mit dem Rammbock nahmen Anlauf, um ihren Balken
gegen das hölzerne Tor zu donnern. Da war's zu spät,

um Alarm zu schlagen, da konnte kein Hilfe- und Kriegsgeschrei die Verteidiger herbeirufen, die nichtsahnend schliefen.

Irgendwie mußten die beiden Bäckerjungen selber handeln, oder die reiche Stadt Andernach war verloren. In dieser Not fiel ihr Blick auf die Bienenkörbe, die der Torwächter längs des Wehrganges aufgebaut hatte. Und sie packten die Körbe, in denen sich eben die fleißigen Immen zum ersten Flug fertigmachten und warfen sie hinunter auf die Linzer. Im Handumdrehn standen und strampelten die in einer brausenden Wolke von wütenden Insekten. Polternd entfiel den starken Männern ihr Sturmbalken, umsonst hieben die Krieger mit den Schwertern um sich, schon wandte sich die Schar zur Flucht, schon hüpften die ersten in den Rhein, um Linderung von den Bienenstichen zu finden und den fliegenden Verteidigern der Stadt zu entkommen.

Und nun endlich läutete auch die Sturmglocke vom Rathaus. Da aber war die Gefahr schon vorbei, die Linzer ruderten hastig rheinab und heimwärts und kühlten die verschwollenen Gesichter mit Rheinwasser.

Natürlich ist das nur eine Sage. Aber urkundlich belegbar ist, daß, soweit die Aufzeichnungen reichen, kaum je Andernacher und Linzer sich zur Ehe zusammengetan hätten. Erst im ausgehenden 18. Jahrhundert fand eine Eheschließung zwischen einem Andernacher Mädchen und einem Linzer Jungen statt, und es wurde damals in der Heiratsurkunde eigens darauf hingewiesen, daß offenbar endlich der alte Streit zwischen den beiden Rheinstädtchen begraben sei.

Der wahre Grund für die Feindschaft liegt weit zurück. Ehemals waren die Andernacher reichsunmittelbar gewesen, dann aber unter die Herrschaft des Erzbischofs und Kurfürsten von Köln gekommen. Im Jahre 1359 versuchten sie ihre Unmittelbarkeit und Selbständigkeit wiederzuerringen, und sie erstürmten die Kurkölnische Burg in der Stadt. Aber sie schafften es nicht. Ein starkes Aufgebot von kurfürstlich-kölnischem Kriegsvolk brachte die Andernacher rasch wieder zur Ruhe und unter den Krummstab.

Als Strafe für diesen Aufstand nahm der Kurfürst und Erzbischof den Andernachern das Recht, von den rheinauf und rheinab fahrenden Schiffen Zoll zu erheben und verlieh diese reiche Einnahmequelle den Linzern.

Runde hundert Jahre später hat der Kaiser des Heiligen-Römischen Reiches Deutscher Nation selber in Andernach dafür gesorgt, daß die Zollrechte dorthin zurückkamen. Denn damals, im Krieg des Reiches gegen Burgund und gegen Karl den Kühnen, hatten die Andernacher mit 150 Mann dem Kaiser beigestanden und schwere Verluste erlitten.

Die Feindschaft zwischen Linz und Andernach aber blieb nun erst recht bestehen.

Burg Wernerseck

Der Erzbischof Balduin von Trier war als weltlicher Fürst darauf bedacht, sein Herrschaftsgebiet abzurunden und zu erweitern. Im fruchtbaren Maifeld, nordwestlich von Koblenz, gab es komplizierte Besitzverhältnisse. Der Pfalzgraf hatte dem Grafen von Sponheim Teile zu Lehen gegeben, dieser wieder hatte den Grafen von Virneburg mit Teilen seines Besitzes belehnt. Erzbischof Balduin brachte durch Pfandverträge einige Gebiete an sich. Der Erwerb blieb aber umstritten.

Und so sah sich der Nachfolger Balduins Werner von Falkenstein genötigt, die Neuerwerbungen zu sichern. Ein Bergrücken an der Grenze zwischen den Gemarkungen von Ochtendung und Plaid erschien geeignet, eine Burg dort zu bauen. Von drei Seiten wird dieser Bergrücken vom Flüßchen Nette umströmt, die vierte, offene Stelle, ließ sich leicht befestigen.

Im Frühjahr 1402 begann der Bau der Burg, die nach dem Vornamen des Falkensteiners den Namen Wernerseck erhielt. Der Graf von Virneburg erhob zunächst Einspruch, verzichtete dann aber auf den Berg, nachdem er die Zusicherung erhalten hatte, daß seine ringsum wohnenden Untertanen keine zusätzlichen Frondienste auferlegt bekämen. Natürlich wurde die Burg von den erzbischöflich-trierischen Untertanen im Frondienst gebaut.

Aber auch die Bauern auf dem Gebiet des Andernacher Frauenklosters wurden zum Burgbau herangezogen, und sie galten als Untertanen des Kölner Erzbischofs, dessen Gebiet mit der Gemarkung Saffig unmittelbar an den Burgbezirk grenzte.

Dies führte zu einer Beschwerde des Kölners, der sich zudem durch diese Burg des Trierer Nachbarn bedroht sah. Der Erzbischof von Köln war, als der Burgbau begann, eben mit König Ruprecht auf einem Zug in die Lombardei, sein Stellvertreter unternahm gerade eine Wallfahrt. Jedenfalls, als das Unternehmen des Trierers in Köln bekannt wurde, erhob man dort Einspruch und forderte als Schadensersatz 150 000 Gulden.

Doch der Trierer wußte sich durchzusetzen. Die Burg wurde weitergebaut: Ein gotischer Wohnturm mit vier Erkertürmchen und eine rundum aufgeführte Wehrmauer. Das alles ist heute noch gut zu erkennen.

In diese Burg an der Grenze ihres Gebietes setzten die Trierer Erzbischöfe und Kurfürsten wie üblich einen Amtmann aus adeligem Geschlecht. Und es ist recht interessant aus den erhaltenen Akten zu erfahren, unter welchen Bedingungen – jeweils wechselnden Bedingungen – diese kurfürstlichen »Beamten« ihren Posten versahen.

In dem Vertrag, der 1412 mit dem Amtmann Konrad Kolbe von Boppard geschlossen wurde, verpflichtet dieser sich, einen bewaffneten Mann und drei taugliche Pferde auf der Burg zu halten und bei Bedarf für die Instandsetzung der Gebäude zu sorgen. Dafür erhielt er jährlich 100 Gulden. Für die Besatzung der Burg hatte der Erzbischof selbst zu sorgen. Die Ochtendunger Bauern standen dem Amtmann als Frondienstpflichtige zur Verfügung, ebenso Bauholz aus den Ochtendunger Wäldern.

Manchmal wird auch ein Amtmann auf die Burg gesetzt, der dem Kurfürsten Geld geliehen hat. Die Rückzahlung erfolgt dann durch die Einnahmen aus dem Amt. Manchmal gelang es nicht, solche Rückzahlungen innerhalb einer Generation zu leisten, dann wurde das Amt des Burggrafen erblich, so geschah es auf Balduinstein an der Lahn und auf Burg Wellmich am Rhein. Auf Wernerseck ist dies nie eingetreten, obwohl die Schulden, die der Kurfürst und Erzbischof gegenüber dem Amtmann hatte, oft erheblich waren.

Überraschend gering sind die Aufwendungen für die Burgknechte. Sie betragen nach einer Akte noch aus dem 15. Jahrhundert insgesamt nur 20 Gulden jährlich und ein Fuder Wein.

Die Einkünfte der Amtmänner hingegen werden nicht unbedeutend gewesen sein, bezogen diese doch neben dem Jahrgeld des Kurfürsten noch die kleinen Gerichtsstrafen, die den Untertanen von Ochtendung auferlegt wurden, und die Hälfte der größeren Geldbußen.

Im 16. Jahrhundert hatte die Burg Wernerseck ihre Schutzfunktion verloren; jetzt gehörte alles Gebiet rundum zum Kurfürstentum Trier. Das Interesse der Kurfürsten an der Burg schwand, und schließlich wurde Wernerseck für 1000 Gulden an den Amtmann von Pfalzel, Georg von Eltz, verpfändet. Während des 30jährigen Krieges wurde dann der Besitz der Burg dem Geschlecht von Eltz verbrieft, allerdings mit der Auflage, 2000 Gulden für ihre Instandsetzung auszugeben.

Doch dazu ist es nicht mehr gekommen; denn die Fronpflichten der Ochtendunger Bauern bestanden nun nicht mehr, und die waren ehedem bedeutend gewesen: hatten sie doch Brenn- und Bauholz liefern müssen, waren verpflichtet Heu zu machen und einzufahren, ebenso die Feldfrüchte, auch den Mist des Burgvogtes aus seinen Ställen auf die Felder und in die Weingärten zu bringen. Auch Transporte nach Münstermaifeld, nach Koblenz und Andernach hatten sie mit ihren Pferden und Wagen auszuführen. Nun war auch die Pflicht der Ochtendunger erloschen, wenn fremdes Kriegsvolk in der Nähe war, die Burg zu bewachen.

Die von Eltz-Rübenach haben ihr Gebiet um die Burg Wernerseck noch abgerundet. Nach Ende der napoleonischen Zeit wurde der Besitz dann verkauft, der allein 10 Hektar Ackerland umfaßte.

Die Burg verfiel, aber es trat nicht das ein, was andere Burgen erst zu kläglichen Ruinen machte: Die umwohnenden Bauern haben die Gebäude nicht als Steinbruch benutzt. So ist die Burg Wernerseck als ein schönes Beispiel spätmittelalterlicher Wehrbauten in den Grundzügen erhalten geblieben.

Der Marktzoll in Trier

Daß die Zeiten selten besser aber gewöhnlich immer schlechter werden, läßt sich sehr schön an den ständig wachsenden Steuern beweisen. So auch in der Stadt Trier. Als diese Stadt noch unter erzbischöflich-kurfürstlicher Verwaltung stand – das sehen wir aus den Steuerlisten von 1190 – hatten die Bürger – hier geht es um die Kaufleute – sage und schreibe, nur halb soviel Marktzoll zu entrichten, wie dann, zwei Jahrhunderte später, in den Listen von 1413 verzeichnet steht. Jetzt, am Ende des Mittelalters, erhob der städtische Fiskus von allen Waren die auf dem Trierer Markt verkauft wurden $\frac{1}{30}$ des Wertes und von den eingekauften Waren $\frac{1}{25}$, eine erkleckliche Umsatzsteuer also. Das »Markteuter wurde kräftig gemolken« wie man damals sagte. Und trotz stetig steigender Einnahmen geriet die Stadt Trier dennoch in die roten Zahlen, aus denen sie für Jahrhunderte nicht mehr herauskam.

Das Register des Marktzolls von 1413 nennt nur 93 in Trier ansässige Kaufleute, gegenüber 243 Kaufleuten, die von auswärts kamen. Dafür machten aber die Trierer den weitaus größeren Umsatz und zahlten an den Stadtsäckel den weitaus größten Teil der Abgaben.

Von den fremden Kaufleuten stehen an der Spitze ein Händler aus Kues, einer aus Metz, einer aus Kleve und einer aus dem Luxemburgischen. Auch von Merzig an der Saar und von Kettwig am Niederrhein, von Hochheim bei Koblenz, aus Bacharach, aus Lothringen werden Kaufleute aufgeführt, die erkleckliche Umsätze in Trier machten. Einer wird kurz als Gallicus benamst, war also offenbar aus Frankreich.

Dies zeigt uns, wie weit der Handelsraum Triers, damals zu Anfang des 15. Jahrhunderts reichte: am Mittelrhein von Andernach bis Bingen, das Herzogtum Luxemburg schloß er ein sowie das Fürstentum Nassau-Saarbrücken und Teile Lothringens. Mosel und Saar waren die Hauptwege, auf denen Waren in die Stadt gelangten.

Ein Fernhandelszentrum, wie zur römischen Zeit, war also Trier nicht mehr. 75 Kilometer im Umkreis sind fast alle Kaufleute angesiedelt, die Waren auf den Trierer Markt bringen. Ausnahmen waren je ein Kaufmann aus Kleve und einer aus Kettwig, die allerdings jeder erheblich mehr umsetzten als die 13 Händler aus Luxemburg. Die ausgedehntesten Geschäfte machten Kaufleute aus Metz, wie die Liste von 1413 zeigt. Allgemein war der Handel Triers mehr nach dem Westen als ins Innere des Reiches gerichtet, Frankfurter Kaufleute fehlen ganz und aus Köln werden nur zwei genannt.

Die Listen vermerken nicht exakt, was da nun auf dem Trierer Markt gehandelt wurde. Sehr oft werden Heringe und Stockfische erwähnt, für die Trier offenbar Zwischenhandelsstation gewesen ist. Die Fasten wurden damals sehr streng gehalten, und dafür langten die heimischen Flußfische nicht aus.

Aus Bitburg ist die Einfuhr von Fellen gemeldet, aus Echternach kommt Wachs, Merziger Kaufleute bringen Harz, Weizen, Salz und Schmalz. Aus Lothringen, Luxemburg und der Umgebung von Bitburg kommen Schweine und Rinder sowie Salz und Getreide auf den Markt in Trier. Metz liefert Kramwaren, Hanf und Sicheln, aus Malmedy kommen Heringe, Stockfische und Handkäse.

Die Trierer Ausfuhr besteht im Wesentlichen aus Wolle und Eisen neben den Zwischenhandelsartikeln.

Es gab zwei Wochenmärkte in Trier und zunächst drei, dann fünf, später sieben Jahrmärkte: In der Karwoche, Ende Mai, Ende Juni und Ende August, dazu zwei Jahrmärkte im Dezember. Einmal zeigten die Trierer Ratsherren sich heroisch dickköpfig. Als nämlich Kurfürst und Erzbischof Balduin ihnen einen zusätzlichen Markttag bewilligte, der überdies sehr günstig gleich nach der Frankfurter Messe lag, da sagten sie »nein«. Der streitbare Kurfürst hatte ihre städtischen Rechte arg beschnitten, und die Ratsherren wollten auch durch die Annahme von Vergünstigungen nicht zugeben, daß er ein Recht hätte, in ihre Belange hineinzuregieren.

Wenn die Herren sich streiten
hat das Volk den Schaden

Es ist schon schwierig genug, einen groben Ablauf der geschichtlichen Ereignisse im Gedächtnis zu behalten. Warum dann noch entlegene Einzelheiten? Weil diese, auch wenn man sie sich nicht im einzelnen merkt, doch allein geeignet sind, ein Bild der Zeit entstehen zu lassen.

In der ersten Hälfte des 15. Jahrhunderts hat der Kardinal Nikolaus von Kues geschrieben: »Dahin ist die Sorge um den Staat und ungestraft übertritt ein jeder die Gesetze. Alle wachen nur noch über ihren persönlichen Vorteil.«

Wie reformbedürftig Kirche und Staat damals wirklich waren, das zeigt der Kampf um Kurfürsten- und Erzbischofwürde im Kurfürstentum Trier, der mit dem Tod des alten Kurfürsten und Erzbischof Otto im Jahre 1430 anhebt.

Die wahlberechtigten Herren des Domkapitels, 13 an der Zahl, wählten damals den Dompropst Jakob von Sirck zum Nachfolger. Nur der Propst Friedrich von Cröw gab seine Stimme dem Grafen Ulrich von Manderscheid,. Domdechant von Köln und Archidiakon von Sankt Mauritius in Tholey, ein Mann, der bis dahin als fromm und gütig galt. Man hatte sich in ihm getäuscht.

Denn ohne allen Rechtsanspruch ließ nun der unterlegene Kandidat Graf Ulrich durch seine Anhängerschaft unter den Rittern gleich nach der Wahl Schlösser und Burgen des Kurfürstentums besetzen und beanspruchte Kurfürsten- und Erzbischofsstuhl. Jakob von Sirck, der rechtmäßig gewählte, hatte dem wenig entgegenzusetzen.

Beide Kontrahenten reisten nach Rom, um vom Papst die Entscheidung zu fordern. Und Papst Martin V., ein weiser aber schon kränklicher Herr, suchte den Ausweg, indem er seinerseits einen Dritten zum Kurfürsten und Erzbischof bestimmte, den Bischof von Speier, Raban von Helmstadt. Er tat es sicher, um dem sehr eigenmächtigen Trierer Domkapitel seine päpstliche Macht zu demonstrieren.

Aber nur Jakob von Sirck beugte sich dem Schiedsspruch. Und das Domkapitel dachte nicht daran, sich vom Papst in seine Befugnisse hineinreden zu lassen, sondern entschied sich nun bei neuer Wahl in Koblenz für den rabiaten Grafen Ulrich von Manderscheid.

Der Papst antwortete mit der Exkommunikation des ganzen Domkapitels und des Grafen Ulrich, und er bat den Kurfürsten und Erzbischof von Mainz, für die Einsetzung des Raban von Speier Sorge zu tragen. Der Mainzer aber stand, wie viele Mächtige, eher auf der Seite des Grafen Ulrich. Und so kam es, daß die Einwohner des Trierer Kurfürstentums diesem als Landesfürsten die Treue geloben mußten.

Der Papst wiederum stellte das ganze Kurfürstentum unter Interdikt, das heißt: es durften dort fortan keine kirchlichen Handlungen mehr vorgenommen werden, keine Messe, keine Sakramentserteilung.

Einzig die Stadt Trier glaubte sich aus dem Streit heraushalten zu können. Deshalb hatte Graf Ulrich ihr mit seinen Kriegsleuten allen Verkehr auf der Mosel und zu Land abgeschnitten. Dennoch wurde im Jahre 1432 das päpstliche Interdikt auch in Trier öffentlich angeschlagen. Nun verlangte aber der angemaßte Erzbischof Graf Ulrich, daß – wie überall im Land – das Gebot des Papstes mißachtet werde, daß man weiter Messen lesen solle.

Der Rat von Trier jedoch fühlte sich an das päpstliche Verbot gebunden. Darauf zog Graf Ulrich mit seinen Kriegsknechten vor die Stadt. Eine Wahrsagerin hatte ihm verkündet, es werde eine leichte Eroberung sein. Doch die Stadt verteidigte sich. Derweil verwüsteten die Kriegsknechte Ulrichs ringsum das Land, bis endlich der stets von Geldsorgen bedrängte Raban von Speier mit einer angeworbenen Truppenmacht heranrückte, auch nach Trier hineinkam, sodaß die Bürger ihm huldigen konnten, aber bald abzog nach Metz. Daraufhin nun rückte wieder Graf Ulrich mit größerer Kriegsmacht vor die Stadt und beschoß diese vom Petriberg aus eine ganze Woche lang bei Tag und Nacht. Allzu schlimm darf man sich das nicht vorstellen: 333 Steinkugeln fielen insgesamt in Häuser und Kirchen, und es wurde nur ein Hund getötet.

Graf Ulrich mußte schließlich abziehen, aber seine Knechte zogen weiter plündernd und brandschatzend durch das Kurfürstentum.

Inzwischen war der Streit vor das damals tagende Konzil nach Basel und auch vor den Kaiser Sigismund gebracht worden, und nach langen Beratungen entschied man dort, Raban von Speier sei der rechtmäßige Kurfürst und Erzbischof, und Kaiser Sigismund verlieh ihm auch die kurfürstlichen Würden und erklärte den Ulrich von Manderscheid in die Reichsacht.

Der aber verwüstete inzwischen die Gegend um Engers, brannte Lützelkoblenz nieder, und als schließlich das ganze Trierer Kurfürstentum in Chaos und Elend zu versinken drohte, taten sich die Kurfürsten von Köln und Mainz zusammen und setzten in Sankt Goar ein Gremium nieder, das erneut nach 2½ Monaten Beratung den Raban von Speier als rechtmäßigen Kurfürsten und Erzbischof anerkannte.

Noch einmal versuchte Graf Ulrich sein angemaßtes Recht zu erzwingen, indem er nach Rom reiste, aber auf dieser Reise starb er in der Schweiz.

Seine Bundesgenossen, die Grafen von Virneburg und Güntersdorf aber fuhren fort, das Land auszuplündern, bis man sie mit viel Geld und Vorteilen zum Frieden bewegte.

Der Streit hatte acht Jahre gedauert. Das Trierer Kurfürstentum war verelendet, ausgeplündert und verpfändet. Raban von Speier fühlte sich viel zu alt, diese Erbschaft anzutreten. Er verzichtete. Und nun wurde endlich der vor so langer Zeit gewählte Jakob von Sirck Kurfürst und Erzbischof von Trier.

Kampf um die Mainzer Kurwürde

Die Domherren von Mainz hatten im Jahre 1459 den kriegerischen Dieter von Isenburg zum Erzbischof und Kurfürsten gewählt. Gewiß haben sie nicht geahnt, wieviel Streit und Not sie damit heraufbeschworen. Die erste Unverschämtheit, die der neue Kurfürst sich leistete, war, seinem Nachbarn, dem Kurfürsten von der Pfalz die Zahlung einer Schuld, die noch von seinem Vorgänger stammte, abzuschlagen. Darüber kam es zum Kampf und der von Isenburg erlitt eine völlige Niederlage. Die Folge war, daß er nun diese alte Schuld, vermehrt um das vielfache an Kriegskosten, dem siegreichen Pfälzer Kurfürsten erstatten mußte.

Vielleicht war das der Grund, weshalb seine Abgesandten, die nach Rom gereist waren, die Bestätigung der Wahl beim Papst einzuholen, bei weitem zu wenig Geld bei sich führten, um die hohen Gebühren dafür aufzubringen. Sie mußten bei römischen Bankiers die Summe leihen: 20000 Gulden. Die römische Kurie bot den Geldverleihern bei solchen Gelegenheiten eine eigenartige Sicherheit: Kam der Schuldner seiner Verpflichtung nicht nach, dann wurde der Kirchenbann über ihn ausgesprochen.

Dieter von Isenburg erkannte prompt die Schuld nicht an und wehrte sich gegen den Bannspruch des Papstes, indem er Bundesgenossen suchte und fand, sogar den einstigen Widersacher Friedrich von der Pfalz.

Er berief eine Versammlung nach Mainz ein, in der seine Verbündeten alle Beschwerden gegen die päpstlichen Maßnahmen vorbringen sollten. – Aber damit war er nun zu weit vorgeprescht, denn der Papst schickte einen Bevollmächtigten, der den Mainzer Domherren nahelegte, einen anderen Erzbischof und Kurfürsten zu wählen. Die Verurteilung des Dieter von Isenburg war umfassend, da hieß es: »Er hat ohne vom Bann losgesprochen zu sein, Gottesdienst gehalten, hat die priesterlichen und bischöflichen Weihen nicht genommen, seine Gläubiger nicht bezahlt, Unruhe gegen den Papst erregt, blutige Kriege geführt, seinen Untertanen die schwersten Lasten auferlegt«, und noch einiges mehr an Vorwürfen.

Der neue Erzbischof und Kurfürst hieß Adolf von Nassau. Und weil er mächtige Verbündete hatte, mußte Dieter von Isenburg aus Mainz weichen.

Aber er gab nicht auf. Gegen Abtretung von Dörfern und Gebieten an der Bergstraße kam sein ehemaliger Feind, der Kurfürst Friedrich von der Pfalz ihm zur Hilfe, ebenso der Graf von Katzenellenbogen. Die Herren brachten immerhin 16 000 Kriegsleute auf die Beine. Einer solchen Streitmacht hatte Adolf von Nassau nicht genug entgegenzusetzen. Und also zog Dieter von Isenburg wieder in die Residenz Mainz ein. Die Dörfer rundum hatten zu leiden unter den Kriegshorden: Schierstein, Biebrich, Mosbach, Erbenheim, Kloppenheim, Wickert wurden niedergebrannt; Kastel, Kostheim, Hochheim, Flörsheim wurden umkämpft, erobert und entsprechend verwüstet.

Der Vormarsch der Verbündeten hatte erst ein Ende an der Rheingauer Landwehr, einer Befestigungslinie bei Walluf, hinter der sich Adolf von Nassau verschanzte.

Auch er hatte inzwischen Zuzug bekommen vom Markgrafen von Baden, von Ludwig von Veldenz, sogar vom Herzog von Burgund. Und so konnte der rechtmäßige Erzbischof und Kurfürst Adolf zum Gegenangriff übergehen.

In einer Nacht rückten sie mit 5000 Mann auf Mainz vor. Ein verlorener Haufen kämpfte sich durch die gestrüppüberwucherten Wälle, die der Stadtbefestigung vorgelagert waren. Die äußere Mauer wurde mit Leitern erstiegen, und drinnen im Vorgelände zur eigentlichen Stadtbefestigung fanden sich Helfer, die das Gautor öffneten. Die Wache war rasch überwältigt, die Hauptmacht konnte in die Stadt eindringen. Dieter von Isenburg flüchtete Hals über Kopf, ließ sich an der Rheinseite mit einem Strick über die Mauer herunter und entkam in einem Fischernachen, nicht ohne die Bürger vorher zur Gegenwehr aufgerufen zu haben. Und wirklich, die Mainzer verteidigten Straße um Straße. Gegen Mittag kam von der anderen Stadtseite Dieter von Isenburg mit rasch zusammengerafften Truppen durch's Tor. Und nun wendete sich das Blatt: Die Angreifer wurden zum Gautor zurückgedrängt. Aber im Zurückweichen warfen sie Feuer in die Häuser und bald stand ein großer Teil der Stadt in Flammen.

Da gaben die Bürger von Mainz den Kampf verloren. Und mit dieser Niederlage beginnt der Abstieg der Residenzstadt Mainz zugunsten von Frankfurt.

Adolf von Nassau hat sein Amt angetreten. Aber als er 13 Jahre später starb, da hat er genug Größe gehabt, seinen Gegner von einst zum Nachfolger vorzuschlagen, Dieter von Isenburg hatte sich inzwischen mit dem Papst versöhnt. Er regierte noch sieben Jahre ehe er starb, und es wird versichert, er habe zuletzt tatsächlich die priesterlichen und bischöflichen Weihen empfangen.

Die Schiffergilde von Mainz

Die Kurstadt Mainz war im Mittelalter ein Schiffahrts-
zentrum, denn der Rhein war die Hauptverkehrsader
Europas, nirgendwo gab es so dichten Schiffsverkehr,
und die Stadt Mainz lag in der Mitte des Rheinlaufes
und dazu an der Mündung eines so wichtigen schiffba-
ren Nebenflusses, wie es der Main ist.

Das alles änderte sich, als der Seeverkehr nach Amerika begann, damit sank die Bedeutung der Schiffahrts-
straße Rhein allmählich. Auch zogen die Holländer immer mehr den Schiffsverkehr an sich.

Vorher zu Ende des 15. Jahrhunderts aber sind 37
Meister und Gesellen in der Rolle der Mainzer Schiffs-
zunft eingetragen. Wenn man mal vergleicht: Bäcker
gab es nur 28 in Mainz. Im Jahre 1631 ist die Schiffer-
zunft sogar auf 106 Mitglieder angewachsen. Aber dann
brechen die Plagen des 30jährigen Krieges über das
Mittelrheingebiet und Mainz herein, und 1637 bereits
werden nur noch 47 Schiffer gezählt.

Die Mainzer Schiffer aber konnten nicht untergehen,
denn Mainz hatte das alte, verbriefte, kaiserliche Recht,
Umschlaghafen zu sein. Das hieß nicht mehr und nicht
weniger als daß hier alle Güter auf Mainzer Schiffe um-
geladen werden mußten. Die etwas fadenscheinige Begründung dafür lautete, daß die Mainzer Schiffe für die
spezielle Rheinstrecke geeignet und die Mainzer Steuer-
leute fahrwasserkundig seien.

In der dreijährigen Lehrzeit mußten die Schiffsjun-
gen eine Menge lernen, denn die Fahrt, vor allem
durch's Binger Loch mit seinen damals noch sehr zahlreichen Klippen, war gefährlich. Es wurde gesegelt

oder man ließ sich vom Strom treiben, wobei allerdings das Steuerruder auf besondere Weise gehandhabt werden mußte; oder aber es wurde getreidelt. Das heißt, ein, zwei oder drei Pferde zogen die Schiffe gegen die Strömung rheinauf. Nach der Bespannung unterschied man ein-, zwei- und dreispännige Schiffe.

Die Pferdehalter und Fuhrknechte längs des Stromes bildeten eine eigene Zunft, nach Streckenabschnitten unterteilt. Ein Pferd konnte soviel ziehen wie sieben bis acht Menschen, heißt es, denn überall dort, wo die Leinpfade für Pferde nicht mehr passierbar waren oder an den Mündungsniederungen der Nebenflüsse oder dort, wo die Ufer sumpfig waren, treidelte man mit Menschen-Vorspann, wobei diese Schwerstarbeiter oft bis zum Bauch im Wasser wateten.

Die Leinpfade waren teils schon von den Römern angelegt worden, dann aber im Mittelalter in Verfall geraten. Erst im 16. Jahrhundert taten sich die rheinischen Kurfürsten zusammen und ordneten die Instandhaltung der Leinpfade durch die Zollstationen und die Ufergemeinden. Wenn hoher Wasserstand die Leinpfade überschwemmte, kam der Güterverkehr rheinauf ganz zum Erliegen. Auch rheinab – man brauchte normalerweise von Mainz nach Koblenz einen Tag – konnten widrige Winde und schlechtes Wetter die Fahrt verzögern oder unmöglich machen.

Auf dem Rhein gab es schon frühzeitig regelmäßige Schiffsverbindungen, die z. B. auf der Elbe noch im 18. Jahrhundert fehlten: Die Marktschiffe. Zwischen Mainz und Frankfurt wurde die erste ständige Verbindung für Personen, Briefe und Güter eingerichtet. Von Mainz nach Oppenheim fuhr das Marktschiff alle Freitage, um dann am Samstag zurückzukehren, eine andere Verbindung war zwischen Mainz und Bingen geschaffen worden.

Hauptgut für den Transport rheinab in die Niederlande war der Wein. Und in der Zunftordnung der Schiffer ist eigens das Gebot verankert, daß die Weinfässer unterwegs nicht angestochen werden dürften. Man transportierte aber auch Brotgetreide und Hafer sowie in erheblichem Maß Mineralwasser, das aus den Quellen des Rheingaus kam und per Fuhrwerk bis Mainz gelangte.

Mainz war auch der Ort, wo die Stämme, die vom Main und vom Oberrhein herunterkamen, zu großen Flößen zusammengestellt wurden. Darüberhinaus profitierte die Mainzer Schiffergilde erheblich von den alle sieben Jahre stattfindenden Wallfahrten nach Aachen. Sie brachten die Pilger schiffsweise bis nach Köln.

Die Fischergilde hat oft die Feindschaft der Schiffer hervorgerufen, weil die Fischer mit ihren Nachen den Schiffern mancherlei Konkurrenz machten, bis der Kurfürst schließlich die beiden Zünfte zusammenlegte.

Jeder Streit sollte fortan vermieden werden. Und das führte dahin, daß seither bei der Fronleichnamsprozession die Schiffer ihr Wahrzeichen, den heiligen Nikolaus, daheim ließen, während die Fischer auf das Mittragen ihres Patrons, des heiligen Petrus, verzichteten.

Die Koblenzer Bürger als Kriegshelden

Die Koblenzer Mannschaft kehrte heim, rheinaufwärts kamen sie mit den Schiffen, bewimpelt und beflaggt von Andernach her, wo ihre letzte Station gewesen war. Und die Boten hatten schon seit Tagen gemeldet: Jetzt sind sie in Köln, jetzt in Bonn, jetzt in Linz. Und nun also tauchten die Schiffe auf unter'm Ehrenbreitstein. Das war ein Geschrei auf den Schiffen, und sie knallten mit den schweren Büchsen, die sie mithatten, daß es im Rheintal widerhallte. Es war ein strahlender Junitag.

Und natürlich antwortete das Geschütz auf den Mauern von Koblenz, flatterten die Fahnen mit dem Wappen der Stadt und dem Wappen von Kurtrier von den Türmen, und die Glocken läuteten: Die Mannschaft kam zurück aus dem Krieg, und sie hatte den Krieg gewonnen.

Am Rheinufer warteten die Frauen und die Kinder, alle waren aus der Stadt geströmt. Und unter ihnen nur noch ganze 41 Männer, Alte und Lahme, die inzwischen die Tore bewacht hatten. Mehr Männer waren nicht zurückgeblieben, alles andere war mit beim großen Feldzug gewesen. Es war ein Tag Mitte Juni im Jahre 1475. – Gegen wen waren sie ausgezogen, die Koblenzer? Gegen den gefährlichsten Fürsten Europas, gegen den Herzog von Burgund, Karl den Kühnen.

Burgund war im Lauf des 14. und 15. Jahrhunderts zu einem mächtigen Zwischenreich geworden, halb französisch, halb deutsch; sein Gebiet erstreckte sich vom Oberrhein, Elsaß und Pfalz durch das östliche Frankreich bis Holland, Flandern und Seeland. Und der ehrgeizige Herzog Karl wollte auch den Mittelrhein seinem Reich einverleiben, der Rhein sollte ein burgundischer Strom werden. Die Städte und Länder am Rhein zitterten vor dem, was bevorstand.

Einmal war der Kaiser Friedrich III. nach Trier gereist und hatte sich dort mit dem wilden Herzog von Burgund getroffen; Friedrich III., den sie des Reiches Schlafmütze nannten, und Karl der Kühne, welch ein Gegensatz. Bei den Verhandlungen war denn auch nichts anderes herausgekommen, als daß der Kaiser seinen Gegner auch noch mit den Herzogtum Geldern belehnt hatte. Dann war der Herr des Heiligen Römischen Reiches Deutscher Nation abgereist, sehr hastig die Mosel abwärts, fast sah es aus wie eine Flucht. Und man wußte: Karl der Kühne von Burgund wartete nur auf die Gelegenheit, am Mittelrhein anzugreifen.

Der Kurfürst von Trier sandte Schreiben an seine Städte: »Liebe Getreuen... Wir erfahren, daß viele Bürger mit Harnisch und Waffen gar ungeschickt sind, was wir nicht gerne hören...«. Und er fordert sie auf, sich auf Krieg und Verteidigung zu rüsten.

Die Koblenzer hatten sich schon einen Büchsenmeister kommen lassen, der für die Geschütze und Gewehre zu sorgen hatte. Nun teilten sie die Bürger ein in Kriegsmannschaften. 505 kriegspflichtige Bürger waren in Koblenz, 303 Mann in der Oberstadt, 202 Mann in der Unterstadt. Und das Übereinkommen lautete: »Wann der Herr Kurfürst zum Kriegsdienst ruft, sind die Bürger von Koblenz verpflichtet zu dienen mit der halben Stadt 14 Tage, und nach 14 Tagen soll man die halbe Stadt ersetzen durch die andere Hälfte.«

Aber jetzt war's die ganze Mannschaft, die heimkehrte. Sie kamen vom Niederrhein. Sie kamen von Neuß.

Karl der Kühne hatte einen Streit im Erzbistum und Kurfürstentum Köln genutzt, sich einzumischen. Er hatte das gut befestigte Neuß belagert mit 18 000 Mann. Die Neußer hatten Widerstand geleistet, insgesamt 11 Monate. Und endlich hatte der Kaiser zum Reichskrieg aufgerufen. Die halbe Koblenzer Mannschaft war ausgefahren bis Köln und dann weiter zum kaiserlichen Lager bei Zons. Da trafen sie ein mit den Schiffen aus Wesel und Boppard. Auch Triers Erzbischof war beim Heer.

Der Brandenburger Kurfürst Albrecht Achilles war Reichsfeldherr und Oberbefehlshaber.

Und langsam rückte das kaiserliche Heer nach Neuß vor, langsam, denn voraus gingen Trupps mit Werkzeugen; die hatten die Straßen befahrbar zu machen. Dann folgten endlos in vier Reihen nebeneinander die schweren Wagen, Hunderte besetzt mit Schützen, die rechts und links ausspähten und sicherten. Zwischen den Wagen marschierten die Bürger von überallher, Handwerker, Kaufleute, kriegsunerfahren, aber so wenigstens ein wenig geschützt vor plötzlichen Angriffen.

Vor Neuß, im Angesicht des Feindes, wurde ein Lager bezogen. Aber es kam zu keinen Kriegshandlungen mehr. Am Oberrhein waren die Städte gegen die Vögte Karls des Kühnen aufgestanden, in den schweizer Gebieten hatten sich die Landleute erhoben, der französische König rüstete. Da schloß Karl der Kühne am 28. Mai einen Waffenstillstand. Die Stadt Neuß hatte seine Macht gebrochen durch ihr heldenhaftes Ausharren.

Drei Tage nach dem Waffenstillstand traf die zweite Koblenzer Mannschaft im Lager ein. – Und so kam es, daß beide Mannschaften nach vielen Siegesfeiern und Gottesdiensten nach Koblenz heimkehrten, Kriegshelden, die keine Schramme davongetragen hatten.

Kloster Ehrenstein

Im Westerwald, unweit von Neustadt, in einem abgelegenen Seitental der Wied, zwischen Felshängen und Wald liegen Kloster und Kirche Ehrenstein. Die Ruinen einer Burg überragen links auf der Felshöhe die wohlgepflegten Gebäude im Talgrund.

Um die Weihnachtszeit kommen viele Besucher hierher, die ihren Kindern die Krippe im Stall zeigen, weil ein richtiger Esel und richtige Schafe die Heilige Familie umgeben.

Im Januar 1477 hat der Burgherr von Ehrenstein, Bertram von Nesselrode, die Urkunden für die Stiftung der Kirche ausfertigen lassen. Die Nesselrodes waren ein im Bergischen begütertes und berühmtes Geschlecht. – Wilhelm von Nesselrode, der Vater Bertrams, hatte in zweiter Ehe eine Eva von Uetgenbach geheiratet. Durch sie war Burg Ehrenstein an die Nesselrodes gekommen.

Im Mittelfenster der Kirche Ehrenstein kann man die Bilder der Familie sehen: Wilhelm von Nesselrode im Harnisch und seine beiden Frauen. Schon Wilhelm hatte eine bescheidene Kapelle am Fuß der Burg errichten lassen. Der ebenfalls abgebildete Bertram von Nesselrode ist auch als Kriegsmann dargestellt, und man weiß von ihm, daß er manche Fehde in eigener Sache und in Belangen seines Herzogs von Berg ausgefochten hat. – Seine Stiftung von 1477 sollte das Tal zu einer Stätte des Gottesdienstes machen, sie sollte ausreichen, vier Priester und einen Küster zu unterhalten.

Aber es zeigte sich, daß es auch schon damals nicht leicht war, Menschen in diese Waldeinsamkeit zu locken. Die Kirche in gotischem Stil war vollendet, die Stiftung bestand an die zehn Jahre, da lebten dort im Tal unter der Burg nur zwei Kleriker: Dieter von Bielefeld und Vikar Arnold von Honnef.

Das hat offenbar dem Bertram von Nesselrode nicht genügt. Er ist ein frommer Mann gewesen, und es mag auch sein, daß er Gelübde getan hatte, denn seine Frau Margarethe schenkte ihm, solange auch die Ehe schon dauerte, keine Kinder. Vielleicht ist die Krippe mit dem Jesuskind im linken Chorfenster der Kirche eine Bild gewordene Bitte des Ehepaares. Vor der Krippe aber knien die Heiligen Drei Könige, und das ist sicher ein Hinweis darauf, daß der Burgherr von Ehrenstein ein Vasall des Kölner Erzbischofs war, in dessen Dom ja die Reliquien der Könige aus dem Morgenland aufbewahrt werden.

Bei aller Frömmigkeit, der Bertram von Nesselrode war doch ein Ritter und ein Mann seiner Zeit: er hatte zwei uneheliche Kinder; man weiß nicht, wer die Mütter gewesen sind, vielleicht Bauernmädchen aus der Umgegend. Der Sohn ist zum Kleriker bestimmt worden und schon vor dem Vater gestorben, die Tochter wird noch im Testament des Bertram von Nesselrode erwähnt.

Um nun den Sinn seiner Stiftung zu retten, beschloß Bertram, neben die Kirche ein Kloster zu setzen. Das Tal des kleinen Mehrbach ist nicht weit, der Platz beschränkt wie es die Mittel des Burgherrn waren. Gewiß kam keiner der großen Orden in Frage, keine Benediktiner, Prämonstratenser, Zisterzienserniederlassung hätte hier entstehen können.

Aber im Augustinerorden gibt es einen Zweig, der bescheidenere Ansprüche stellt, dessen Ideal kleine

Klostergemeinschaften sind, oft von einem Prior und zwölf Priestern, das sind die Kreuzherren.

Alemannische Kleriker, die am unglücklichen Kreuzzug des Kaisers Barbarossa teilgenommen hatten, haben diesen Orden der »Brüder vom Heiligen Kreuz« begründet. Ihre ersten Klöster entstanden in den Niederlanden, bald breiteten sie sich nach Frankreich und sogar England aus.

Bertram von Nesselrode, der ja Erbmarschall des Herzogs von Berg war, hat sicher die beiden Kreuzherrenklöster im Bergischen, in Düsseldorf und Beyenburg kennengelernt. Er wandte sich an den Generalprior des Ordens in den Niederlanden. Dies war damals der vom Niederrhein stammende Everardus von Orsoy, der viel für die Festigung und Ausbreitung seines Ordens getan hat.

Aber auch damals galt es, rechtliche Abklärungen zu treffen, ehe ein frommes Werk wie eine Klosterstiftung Wirklichkeit werden durfte. Der Erzbischof von Köln setzt eigens einen rechtskundigen Kleriker ein, die Ansprüche des Pfarrers von Asbach zu prüfen. Zu Pfarrer Hermann Scheffers Gebiet gehörten das Tal und die Burg, und da sie nun aus seinem Pfarrsprengel herausgelöst wurden, verlangte er als Entschädigung eine Jahresrente von 4 rheinischen Gulden und 4 Marken. Die sind ihm auch zugesprochen worden.

Und so beschlossen denn die Kreuzherrn auf ihrem Generalkapitel im Jahre 1487 die Stiftung des Bertram von Nesselrode anzunehmen.

Die Burg Ehrenstein ist längst verfallen, aber im Tal des Mehrbachs darunter, das längst wie das Kloster »Liebfrauental« heißt, leben noch immer die »Brüder vom heiligen Kreuz«.

Die gescheiterte Reformation
des Hermann von Wied

Das Gebiet der drei Rheinischen Kurfürstentümer Mainz, Trier und Köln, die Länder des alten deutschen Reiches also, in denen nicht erbliche Fürsten regierten, sondern von den Domkapiteln gewählte Geistliche, stand natürlich am stärksten unter dem Einfluß der Kirche und Roms. Hier waren die Regierenden ja zugleich Erzbischöfe, also geistliche Oberhäupter, und Kurfürsten, also weltliche Herrscher, die zudem demjenigen Gremium angehörten, das über die Kaiserwahl entschied. Und im 16. Jahrhundert war es schon Tradition geworden, daß die Kaiserkrone beim Hause Habsburg blieb, einem ebenfalls fest im katholischen Glauben verankerten Herrschergeschlecht.

Den Rhein nannte man deshalb auch »Die Pfaffengasse«. Hier konnte eigentlich die neue Lehre Luthers am wenigsten Boden finden. Zwar war man sich auch in Klerikerkreisen, seit den Konzilen von Konstanz und Basel, darüber klargeworden, daß eine Erneuerung der alten Kirche nötig sei, daß viele Mißstände abgeschafft werden müßten, zwar gab es auch hier am Rhein die gelehrte Bewegung des Humanismus, aber an eine Trennung von Rom dachte man keinesfalls.

Der Humanist Erasmus von Rotterdam hatte allerdings warnend geschrieben: »Weigern die Fürsten eine gerechte Reformation, so gibt sich das Volk ans Ändern.« Aber das rheinische Volk war so fest in der alten, zugleich weltlichen wie geistlichen Ordnung verwurzelt, daß solche Gefahr von ihm kaum drohte; waren doch die umstürzlerischen Schriften Luthers hier kaum beachtet worden.

Nun war aber am Niederrhein der Herzog Johann-Wilhelm von Jülich, Kleve und Berg mit gemäßigten Reformen hervorgetreten, die die kirchliche Verwaltung verbessern sollten, die sittliche Haltung der Geistlichen heben und ihre Ausbildung wirksamer gestalten wollten, von einer Loslösung vom alten Glauben und von Rom war jedoch keine Rede.

Diese niederrheinischen Herzogtümer gehörten zum geistlichen Aufsichtsbereich des Erzbischofs von Köln. Dies war damals Graf Hermann von Wied. Herzog und Erzbischof-Kurfürst trafen und besprachen sich in Freundschaft, und es zeigte sich, daß Hermann von Wied durchaus der Ansicht des Herzogs Johann-Wilhelm war, Reformen seien notwendig; an eine umfassende Reformation aber dachte man nicht.

Und doch ist dann im weiteren Verlauf dieser Erzbischof und Kurfürst Hermann von Wied zum Anhänger der Reformation geworden, und fast wären durch sein Umschwenken die Dinge im deutschen Reich anders verlaufen, die neue Lehre hätte sich – wäre er erfolgreich gewesen – möglicherweise in ganz Deutschland durchgesetzt.

Und da dieser Hermann von Wied aus einem Geschlecht unseres Landes stammte, da auch sein Erzbistum bis weit an den Mittelrhein reichte, ist hier wohl der Platz, über ihn zu sprechen.

Hermann von Wied wurde 1477 geboren. Er kam schon, als er sechs Jahre alt war, nach Köln und wurde zum Domherrn ernannt, damals durchaus nichts Ungewöhnliches für ein Kind aus hochadeligem Geschlecht. Er besuchte die Domschule und war später bei der juristischen Fakultät der Universität Köln eingeschrieben. Er ist sicher kein Geistlicher mit Leib und Seele gewesen, war er doch in die kirchliche Laufbahn hineingezwungen. Seine kurfürstliche Würde, seine landesfürstlichen Aufgaben waren ihm wichtiger als die Pflichten, die ihm das Amt eines erzbischöflichen Oberhirten auferlegte. Er war – genau wie die weltlichen Fürsten rundum und auch die allermeisten geistlichen Kurfürsten, die die Geschichte kennt – ein lebenszugewandter Mann, ein Liebhaber der Jagd und fröhlicher Geselligkeit.

Aber er war auch ein Mann, der sich ungern in seine Entscheidungen hineinreden ließ, und so geriet er nicht selten mit der römischen Kurie in Konflikt, vor allem, wenn es darum ging, einträgliche kirchliche Stellen zu besetzen. Zur Reformation aber stand er – obwohl er die Humanisten schätzte – eindeutig ablehnend, verbot die Schriften Luthers, ließ sie sogar in Köln öffentlich verbrennen und traf sich mit den Kurfürsten von Mainz und Trier, um Maßnahmen gegen das Umsichgreifen der evangelischen Lehre zu beraten.

Hermann von Wied bekam den Anstoß, sich selber mit Reformgedanken zu beschäftigen, als in Münster die Wiedertäuferbewegung die Menschen ergriff. Hier drohte die gewaltsame Reformation von unten, und zwar nicht nur in kirchlicher Hinsicht, sondern auch in der Form einer sozialen Revolution.

Im Dom zu Köln trat, auf seine Initiative hin, eine Provinzialsynode zusammen, die beraten sollte, wie die Kirche in »Leben und Lehre« zu reformieren sei.

Das Ergebnis dieser Versammlung von Geistlichen aus dem Erzbistum Köln war ein umfangreiches Werk, ein 500 Seiten starkes Handbuch. Es wurde darin die

Verkündigung des reinen Gotteswortes gefordert, also, ganz gemäß der evangelischen Ansicht sollte die Bibel Grundlage der kirchlichen Lehre sein. Eine Loslösung von der alten Kirche, von Rom, ein Anzweifeln der obersten Gewalt des Papstes, wurde nicht in Betracht gezogen. Hingegen wandten sich die Vorschriften des Handbuches gegen vielerlei Mißstände in der unteren Kirchenverwaltung.

Reform war das Ziel des Erzbischof und Kurfürsten Hermann von Wied. Seine Sorge: Das Reich könne über dem Streit der Konfessionen auseinanderfallen. Und so war er bemüht, die streitenden Parteien zu versöhnen. Dazu sollten die Beschlüsse jener Provinzialsynode dienen. Daß die Versöhnung der Religionsparteien nicht von oben her zu befehlen sei, war ihm durchaus klar. Und so sah er im Augsburger Religionsfrieden von 1541 nur die Basis, auf der eine gemäßigte Reform und damit die Wiederherstellung eines wirklichen Friedens möglich gemacht werden müßte.

Deshalb holte er, um sich beraten zu lassen, aus Straßburg den gemäßigten Reformator Martin Buzer, einen ehemaligen Dominikaner. Buzer durfte in der Bonner Münsterkirche predigen und im Minoritenkloster Bibelstunde halten. Einer von Buzers Begleitern schreibt damals: »Geistliche, Doktoren und andere gelehrte Leute waren in großer Zahl erschienen. Das Volk hier scheint etwas ungebildeter zu sein als in unseren Landen und ist dem Laster des Trinkens zugetan. Doch hören alle mit Eifer das Wort Gottes.«

Für die hohe Geistlichkeit vor allem in Köln aber war diese tolerante Haltung ihres Erzbischofs nun doch zu weitgehend. Eine heftige Opposition gegen Hermann von Wied bildete sich.

Denn die Predigten des Martin Buzer hatten auch in anderen Städten des Erzbistums den Gedanken an Reformen, wenn nicht an Reformation wach werden lassen: in Linz, Andernach, Kempen und Neuß hatten sich evangelische Gemeinden gebildet.

Der Kurkölnische Landtag hingegen – vor allem die Vertreter der Städte – sprachen sich dahin aus, den Kurfürsten in seinem Reformbestreben zu unterstützen.

Der Kampf, den der Kurfürst nicht gewollt hatte, tobte jahrelang in Druckschriften für und wider. In Bonn fanden sich deutsche Gelehrte und Theologen zu einer protestantischen Akademie zusammen. Ein Reformentwurf wurde erarbeitet, der Papsttum und kirchliche Ordnung nicht berührte. Allerdings wurde nun im Kurfürstentum der Gottesdienst in deutscher Sprache gehalten, das Abendmahl in beiderlei Gestalt, also Brot und Wein, gereicht, und Martin Buzer war zu einer Art von evangelischem Bischof geworden. Der Kölner Minoritenorden hatte sich diesem Reformentwurf angeschlossen und predigte weiterum im Lande.

Vielleicht wäre es nicht zum Konflikt mit dem Kaiser gekommen, der sich als Hüter des katholischen Glaubens verstand, vielleicht hätte sich diese gemäßigte Reformation am Rhein durchgesetzt. Aber die Politik führte zum Zusammenprall der Gegensätze. Der Herzog von Jülich-Kleve-Berg, der längst der Reformation zuneigte, hatte das Herzogtum Geldern geerbt. Und dieses – weit in die habsburgischen, also Kaiser Karl V. gehörenden Niederlande hinragend – hätte leicht ein Sprungbrett für die evangelische Lehre werden können.

So focht Kaiser Karl V. die Berechtigung dieser Erbschaft an und zog mit einem für damalige Verhältnisse sehr starken Heer rheinabwärts.

Die Bonner ließen die Truppen nicht in die Stadt und schlossen die Tore. Aber dafür lagerte der Heerhaufen nun weit verstreut im Land und richtete schreckliche Verwüstungen an. – Im August 1538 kam Kaiser Karl V. selber nach Bonn, und nun mußte die Stadt sich öffnen. Dem Kurfürsten und Erzbischof Hermann von Wied hatte der Kaiser versichern lassen, er käme als Freund. Aber der starrsinnige über 60jährige Kurfürst erschien nicht zum Empfang. Und so mußte der Kaiser ihn selber aufsuchen. Er beschwor Hermann von Wied nicht zum ersten Bischof des Reiches zu werden, der die Reformation einführe. Der Kurfürst und Erzbischof antwortete, ihm ginge es nur darum, die kirchlichen Einrichtungen, wie notwenig sei, zu erneuern und so zu gestalten, daß sie mit der wirklichen katholischen Lehre übereinstimmten. Der Kaiser konnte ihn nur anweisen, die protestantischen Prediger zu entlassen. Und obwohl der Kaiser beim Abschied freundlich durch Ziehen des Hutes den Kurfürsten grüßte, so hatte er doch erkannt, hier konnte nur die Gewalt der Waffen helfen. Den Kurfürsten selber, der aus Gewissensüberzeugung handelte, konnte er nicht beugen.

Der Herzog von Jülich-Kleve und Berg wurde denn auch in wenigen Wochen besiegt. Für die rheinischen Protestanten war dies eine eindrucksvolle Demonstration kaiserlich-katholischer Macht, und sie kehrten scharenweise zum alten Glauben zurück.

Kurfürst Hermann von Wied, allem politischen Kalkül verschlossen, setzte jedoch seine Reformbestrebungen fort. Die Opposition gegen ihn im eigenen Land wuchs. Domkapitel und Universität von Köln hatten sich bereits mit Beschwerden an Papst Paul III. gewandt. Der Kaiser selbst kam 1545 nochmals nach

Bonn und drohte, den Kurfürsten und Erzbischof abzusetzen. Die Städte Bonn, Linz und Kempen wurden aufgefordert, die kirchlichen Neuerungen abzustellen. Vom Papst traf ein Schreiben ein, das den Kurfürsten nach Rom lud.

Nur der kurfürstliche Landtag und adelige Mitglieder des Domkapitels hielten noch zu ihrem Kurfürsten und traten in Bonn in der Remigiuskirche zu einer Generalsynode zusammen.

Dann aber traf aus Rom das Urteil ein: Der Papst exkommunizierte Hermann von Wied und entsetzte ihn seines Amtes als Erzbischof. Und der Kaiser befahl, den bisherigen Coadjutor zum neuen Erzbischof zu wählen.

1547 verzichtete Hermann von Wied auf seine Ämter als Kurfürst und Erzbischof und zog sich in seine Stammheimat nach Wied zurück. Er ist fünf Jahre später gestorben und in der Pfarrkirche von Niederbieber beigesetzt worden.

Er war ein aufrechter Mann, der seinem Gewissen folgte, ohne dabei an die politischen Konsequenzen zu denken, und der deshalb scheitern mußte.

Die Reformation in der Pfalz

Durchweg liest man, die Reformation sei in der Pfalz erst nach dem Tode des Kurfürsten Friedrich, dem Zweiten seines Namens, im Jahre 1556 eingeführt worden. Solche Zahlenangaben verführen dazu, die Entwicklung zu einfach zu sehen. Die Reformation hat in Deutschland und in der Pfalz nicht durch fürstliche Dekrete begonnen, sondern von unten im Volk, das sich der neuen Lehre zuwandte. – Schon der Vorgänger Friedrichs II., Ludwig, hatte die Reformation toleriert. Friedrich selber war zwar dem Luthertum zugeneigt, wurde aber ein alter Mann, ehe er sich endgültig für den neuen Glauben entschied.

Dieser Kurfürst Friedrich II. ist im gleichen Jahr wie Luther, 1483, geboren worden. Er hatte lange das Leben eines Kavaliers geführt und halb Europa bereist. Da er beständig, ehe er Kurfürst wurde, in Geldschwierigkeiten steckte, als Kaiserlicher Statthalter in Deutschland auch nur Ausgaben hatte und als Reichsfeldherr keine Erfolge errang, sann er auf eine einflußbringende Heirat und ging zweimal den befreundeten Kaiser Karl V. an, ihm eine seiner Schwestern zur Frau zu geben; beidesmal wurde er vom Kaiser mit verstecktem Hohn abschlägig beschieden.

Er war darüber schon 50 Jahre alt geworden, als er endlich im Jahre 1535 die Tochter des Dänenkönigs heiratete. Dieser König Christian aber war just aus seinem Land vertrieben. Vielleicht hat sich Friedrich II. von der Pfalz deshalb an die protestantisch gewordenen Fürsten in Deutschland gehängt, weil er hoffte, mit ihrer Hilfe den dänischen Königsthron zu erkämpfen.

Aber es vergingen zunächst noch neun Jahre, ehe er Kurfürst wurde. Sein Vorgänger, Ludwig V., war ein toleranter Fürst gewesen und hatte jedem in seinem Land die Freiheit des Bekenntnisses gestattet; daß er gegen aufständische Ritter und Bauern und gegen die Wiedertäufer mit Waffengewalt hatte vorgehen müssen, das war ihm ärgerlich genug gewesen.

Friedrich II. jedenfalls, als er mit über sechzig Jahren die Kurfürstenwürde erlangte, fand bereits viele Gemeinden seines Landes zum reformierten Glauben hingewendet.

Nach außen suchte er lange zwischen den protestantischen Fürsten und dem die katholische Sache vertretenden Kaiser zu vermitteln. Dem kriegerisch gesinnten Zusammenschluß der protestantischen Fürsten, dem Schmalkaldischen Bund, trat er nicht bei, er hatte ihre Uneinigkeit und ihren Egoismus erkannt.

Er traf sich allerdings mit dem Kurfürsten von Köln, dem Grafen Hermann von Wied, in Bacharach. Der Kölner war zur Reformation übergegangen. – Und Ostern 1545 – und das war ein entscheidender Schritt und ein Signal – nahm Kurfürst Friedrich II. das Abendmahl unter beiderlei Gestalt.

Es waren die Domkapitel im Lande, die der Reformation noch Widerstand boten. So führte das von Speyer Klage: Priester gingen regelmäßig von Ubstadt nach Unter-Öwisheim, um dort das Abendmahl mit Hostie und Kelch auszuteilen. Das Wormser Domkapitel wurde vorstellig, weil die Bewohner von Osthofen ihren Pfarrer mit Prügeln bedroht hätten, weil er sich geweigert habe, Brot und Wein zum Abendmahl zu reichen. Der zuständige Burggraf von Alzey nahm die Bauern von Osthofen deshalb in eine Strafe von 90 Gulden. Die Osthofener protestierten dagegen beim Hofgericht in Heidelberg; und dort wurde salomonisch entschieden: »Es ist weder verstattet noch verboten, das Abendmahl in beiderlei Gestalt zu nahmen.«

Von der Kanzel in Heidelberg wurde unterdessen bereits öffentlich verkündet, wer das Abendmahl »sub utraque spezie« nehmen wolle, der solle ins Augustinerkloster gehen.

Und im Herbst 1545 erließ Kurfürst Friedrich II. die Weisung, alle Pfarrer Heidelbergs sollten das Abendmahl in beiderlei Gestalt reichen. Auch wandte er sich gegen das – wie es hieß »unsaubere Zölibat« der Priester im Lande, und verlangte, sie sollten entweder enthaltsam leben oder heiraten. An die Amtsleute überall ging der Befehl, sich nach neugläubigen Predigern umzusehen.

Auch an die Heidelberger Universität kamen die ersten protestantischen Gelehrten, vom Kurfürsten berufen.

Den Kaiser ließ Kurfürst Friedrich II. wissen, er sei auf seine alten Tage von Gott erleuchtet worden. Bis dahin hatte er oft die Ausrede gebraucht, er habe nur dem drohenden Drängen seiner Pfälzer nachgeben müssen.

Schon im Januar 1546 erließ Friedrich II. eine umfangreiche reformierte Kirchenordnung.

Andererseits aber war er immer ein Parteigänger des Kaiserhauses der Habsburger gewesen, mit diesem verschwägert und auch finanziell abhängig.

Er war jedoch ein Gegner jeder gewaltsamen Einflußnahme auf die religiöse Gesinnung. Und nachdem Papst und Kaiser sich zur Niederschlagung der reformatorischen Bewegung in Deutschland entschlossen zeigten, mußte Kurfürst Friedrich zwangsläufig denjenigen deutschen Fürsten nahekommen, die den neuen Glauben ebenfalls mit Gewalt zu verteidigen entschlossen waren.

Unter Führung des Kurfürsten Johann von Sachsen und des Landgrafen Philipp von Hessen hatte sich ein Bund dieser protestantischen Fürsten zusammengeschlossen: Der Schmalkaldische Bund. Mit diesen Fürsten verhandelte Kurfürst Friedrich von der Pfalz nun 1546 in Frankfurt, ohne sich allerdings dem Bund offiziell anzuschließen.

Noch bestand die Hoffnung, daß der neue Mainzer Erzbischof und Kurfürst, Sebastian von Heusenstamm, Kaiser Karl V. für die Gedanken der Reformation gewinnen könne. Der aber trat stattdessen entschieden auf die Seite der katholischen Partei; ihn hatte wohl vor allem abgeschreckt, wie es seinem Kölner Kollegen Hermann von Wied, der zum lutherischen Bekenntnis übergetreten war, erging, indem dieser durch aus den Niederlanden herbeieilende kaiserliche Truppen zur Aufgabe seiner Reformbemühungen und zur Abdankung gezwungen worden war.

Im Sommer des Jahres 1546 traf sich Kurfürst Friedrich nochmals in Speyer mit dem Kaiser und war bemüht, Karl V. zum Einlenken zu bewegen. Aber er mußte erkennen, daß der Krieg gegen die Vereinigung der protestantischen Fürsten und Städte beschlossene Sache war. – Adel und Ritterschaft von Kurpfalz drängten ihren Kurfürsten denn auch, die Reformation im Lande durchzuführen und eine neue Kirchenordnung im Sinne Luthers zu erlassen.

Gleichzeitig begann der Kurfürst mit Rüstungen, für die allerdings wenig Geld vorhanden war; sodaß er einen erneuten Versuch unternahm, Gewalttätigkeiten abzuwenden, und sich aus diesem Grunde in Maulbronn mit dem Herzog von Württemberg traf, der dem Schmalkaldischen Bund angehörte. – Der Herzog vermochte den wankelmütigen Kurfürsten rasch umzustimmen. Der fand sich nun sogar bereit, den Schmalkaldenern 3 Fähnlein Fußtruppen und ein Fähnlein Reiter zur Hilfe zu schicken, nicht eben viel, wenn man das Fähnlein knapp 300 Mann stark schätzt.

Aber für Kaiser Karl V. genügte dies, Kurfürst Friedrich jetzt mit massiven Drohungen zur Änderung seiner Haltung aufzufordern.

Der schwankte erneut, wenn er auch seine Pfälzer Truppen nicht zurückrief; denn von den Niederlanden her zog ein starkes Heer dem Kaiser zur Hilfe heran, und es wäre vordringlich gewesen, die Vereinigung dieser Truppen mit denen des Kaisers in Oberdeutschland zu verhindern. Doch es geschah nichts; im Gegenteil, als die Kaiserlichen durch pfälzer Gebiet nach Süden marschierten, wurden sie sogar verpflegt. Die kleine pfälzer Hilfstruppe hatte währenddessen bei Ingolstadt ein unbedeutendes Scharmützel mit den Kaiserlichen zu bestehen.

Die Zeit arbeitete für Kaiser Karl V. Mit seinen nun zusammengezogenen spanischen und italienischen Hilfstruppen konnte er zur Offensive übergehen. Die pfälzische Enklave Neuburg an der Donau war sein erstes Ziel. Hier regierte der Neffe Kurfürst Friedrich II., sein später so berühmter Nachfolger Ottheinrich. Die schmalkaldischen Truppen verteidigten die Stadt nicht. Die Kaiserlichen zogen ein und vor allem die Spanier hausten dort grausam.

Karl V. rückte langsam und fast kampflos weiter

voran. Die protestantischen Fürsten waren bereits am Ende ihrer Geldmittel und uneins, Kurfürst Friedrich erkrankte schwer. Seine Gesandten waren während der ganzen Zeit im kaiserlichen Lager und hörten nicht auf, um Frieden zu verhandeln.

Doch auch der Kaiser geriet langsam in schwierige Lage: die südländischen Hilfstruppen litten unter der Witterung, Krankheiten grassierten im Heer. Der Papst wollte die von ihm gesandten Truppen abziehen. Denn wieder einmal drohte Franz I. von Frankreich mit einem Einfall in Oberitalien. Die niederländischen Kaufleute sperrten ihre Hilfsgelder für den Kaiser, denn sie sahen ihren Handel mit Oberdeutschland durch die lange Dauer des Krieges gefährdet.

Ende 1546 konnte Kurfürst Friedrich II. hoffen, vom Kaiser verzeihend aufgenommen zu werden, und er machte sich von Heidelberg aus auf den Weg nach Schwäbisch-Hall, wo Karl V. sein Lager hatte. Währenddem zogen die niederländischen Truppen auf ihrem Heimweg nicht eben schonungsvoll durch die Pfalz.

Der alte Kurfürst beugte mit Tränen in den Augen sein Knie vor dem viel jüngeren Kaiser, aber der ließ ihn so hart an, daß selbst die kaiserlichen Räte später meinten, er sei doch zu weit gegangen. Erst bei der zweiten Begegnung wurde Kurfürst Friedrich II. wieder halbwegs in Gnaden aufgenommen. Aufatmend soll er gesagt haben: »Jetzt fühle ich mich um zehn Jahre verjüngt.«

Die Reformation in der Pfalz war zwar nicht mehr rückgängig zu machen, dafür war sie zu tief ins Volk eingedrungen, aber sie verlor bis zum Tode Kurfürst Friedrichs jede offizielle Unterstützung.

Das dauerte an, bis Kurfürst Friedrich II. starb und sein Nachfolger Ottheinrich die Regierung im Jahre 1556 antrat.

Nun war allerdings das religiöse Leben in der Pfalz in schlechtem Zustand. Die Bevölkerung war vertraut mit der protestantischen Lehre, ohne sie ausüben zu dürfen. Kurfürst Ottheinrich erkannte als erste Notwendigkeit die Einführung einer neuen Kirchenordnung. Sie richtete sich nach dem Württembergischen Vorbild, das Johann Brenz ausgearbeitet hatte, einer der Lehrer, die aus Heidelberg hatten abziehen müssen. Es war nun eine Reformation von oben, die in der Pfalz erfolgte, eine Reformation ohne Stürme und Auseinandersetzungen. Kurfürst Ottheinrich hing der gemäßigten Lehre an, wie sie von Melanchthon, dem Freund Luthers, entwickelt worden war. Wir kennen diesen Kurfürsten als großzügigen, prachtliebenden Herrn. Der Ottheinrich-Bau im Heidelberger Schloß kündet noch von seinem fürstlichen Selbstgefühl.

Ottheinrich starb schon nach dreijähriger Regierung, und sein Nachfolger, Friedrich III. war ein ganz anderer Mann, streng und nüchtern. Er las täglich in der Heiligen Schrift. Er schrieb: »Der Mensch muß sich allein durch Gottes Wort führen und regieren lassen. Und man muß fleißig zusehen, was Gottes Wort lehrt und nicht lehrt; und den Gegnern muß man mit Gottes Wort den Bart wischen.«

Er hatte aus eigener Anschauung die Lebensart und Glaubenstreue der verfolgten Protestanten in den Niederlanden und in Frankreich kennengelernt, und er machte manchesmal den deutschen Fürsten, die sich zum neuen Glauben bekannten, den Vorwurf, daß sie in den alten Fehlern und Lastern verharrten.

Damals bewegten lebhafte Auseinandersetzungen die verschiedenen Richtungen des evangelischen Glaubens. Auch in der Pfalz entstand ein erster Streit um die Abendmahlslehre. Kurfürst Friedrich III. wurde stark durch seinen Leibarzt beeinflußt, einem aus der Schweiz eingewanderten Anhänger Zwinglis und Calvins. Eine gewisse Radikalisierung der Lehre wurde auch dadurch bewirkt, daß sich die Katholische Kirche in der zweiten Hälfte des 16. Jahrhunderts allmählich vom Schock der Spaltung erholte und ihrerseits wieder aktiv wurde.

Die strengere, die reformierte Lehre wurde infolgedessen in der Pfalz zur Staatsreligion, lutherische Pfarrer wurden entlassen, die Altäre in den Kirchen durch Tische ersetzt, statt des Abendmahlkelches wurde der Becher eingeführt, statt der Oblaten gab man Weißbrot, die Orgeln verstummten, die noch vorhandenen Bilder wurden aus den Kirchen entfernt, die Fresken an den Wänden überstrichen. In der Oberpfalz wehrte sich die Bevölkerung gegen diese Maßnahmen, und Friedrich III. war immerhin tolerant genug, keine Gewalt anzuwenden. Die Lehre Zwinglis und Calvins wurde auch nie offizielles Glaubensbekenntnis in der Pfalz, dies wohl mehr aus Rücksicht auf die anderen protestantischen Fürsten in Deutschland. Vielmehr ließ Friedrich III. einen eigenen Katechismus ausarbeiten.

Der aus Trier stammende Kaspar Olevianus ist einer der Hauptverfasser dieses Glaubensbüchleins für das Volk gewesen. Er hatte im französischen Bourges Jura studiert und sich der evangelischen Gemeinde dort angeschlossen. Danach hatte er bei Calvin in Genf Theologie gehört, später in Zürich, und er hatte das Gelübde getan, seine Vaterstadt Trier zur Reformation zu führen. Dies mißlang ihm allerdings, und so ging er nach Heidelberg, wo er Professor, Kirchenrat und Prediger wurde.

Der zweite Vollender der »vollkommenen« Reformation in der Pfalz war Zacharias Ursinus. Er stammte aus Breslau, hatte sieben Jahre bei Melanchthon in Wittenberg dessen gemäßigte Lehre studiert, kam dann aber nach Zürich, wo er sich dem Calvinismus zuwandte.

Viele Protestanten sind übrigens damals aus dem noch österreichischen Schlesien in die Pfalz wegen ihres Glaubens ausgewandert und dort in den Schul- und Kirchendienst eingetreten. – Ursinus hat wohl die Hauptarbeit am Pfälzer Katechismus geleistet, und obwohl er bestrebt war, damit eine »Summa theologiae« der evangelischen Lehre zu schaffen, ist es ihm doch gelungen, leichtfaßlich und volksnah zu formulieren. – Der Kurfürst Friedrich III., auch der Fromme genannt, starb, nachdem er noch selber den Heidelberger Katechismus mit Erläuterungen versehen hatte.

Vom Rhenser »Sauerbrunnen«

Im Jahre 1584 erschien zu Frankfurt am Main ein Buch, das von einem Arzt aus Worms geschrieben worden war. Es behandelte Heilwasser-Vorkommen: »Neuw Wasserschatz« heißt der Titel. Und der Autor stammte wahrscheinlich aus dem Städtchen Bergzabern im Kreis Landau, denn er nennt sich Jakobus Theodorus Tabernaemontanus. – In diesem Buch ist auch die Mineralquelle von Rhens erwähnt, und es heißt dort, daß sie nahe dem Rhein gelegen habe.

Schon zehn Jahre früher hatte der Großkaufmann Welser aus Nürnberg eine Reise den Rhein hinab gemacht und war von Boppard aus über die Berge nach Rhens geritten. Oben auf dem Berg, so schreibt Welser, stand damals ein Kirchlein. Man sah hinunter ins Tal des Rheinstromes. Da lag Rhens, eigentlich kurkölnischer Besitz aber zu der Zeit – und weiter noch bis 1629 – an den Landgrafen von Hessen verpfändet, dem die gegenüber aufragende Marksburg gehörte.

In Rhens rastete die Gesellschaft bei Antonio, ein Gasthof. Der sorgsame Kaufherr aus Nürnberg notiert exakt: »Wir haben für 3 Taler zu 18 Batzen weniger 8 Weißpfennig verzehrt.« Und er schildert in seinem Tagebuch, daß beiderseits des Rheins die Berghänge mit Reben bestellt sind, auf dem rechten Ufer jedoch mehr.

Vor dem Städtchen Rhens aber, rechts der Straße, befindet sich – schreibt Welser – ein altes Häuschen, darin ist der Sauerbrunnen. Und die Bäder- und Wasserkundigen meinen, er sei nach Zusammensetzung und Wirkung dem Sauerbrunnen von Göppingen in Württemberg ähnlich.

Rechts der Straße von Boppard her, also nahe am Rheinufer, war die Quelle. Und heute noch gibt es dort in der Rhenser Gemarkung die Flurnamen »Am Heilborn« und »Im Heilborn«.

Diese Lage wurde der Rhenser Quelle im Jahre 1784 zum Schicksal. Damals trat ein ungeheures Hochwasser, verbunden mit Eisgang, ein. Das Quellhäuschen wurde weggerissen, die Quelle verschüttet.

Es gingen mehr als 70 Jahre ins Land. Fast hätte man vergessen, daß Rhens je eine Mineralquelle hatte.

Da gab es, im Sommer 1857, einen ungewöhnlich niedrigen Rheinwasserstand. Die alten Fundamente traten ans Licht, man konnte nachgraben und die Rhenser Quelle begann wieder zu fließen. Damals fängt denn auch die kommerzielle Nutzung des Quellwassers an. Ein Baumeister der Rheinischen Eisenbahngesellschaft kaufte dem Preußischen Staat die Quelle für ganze 275 Taler ab. Er mußte sich allerdings im Kaufvertrag auch noch verpflichten, den Leinpfad in seinem Bereich in Ordnung zu halten und zwar in der gehörigen Breite von rund 4 Metern.

Nicht weit von der Quelle lag damals ein Rasthof für die Treidelknechte und ihre Pferde, die die Schiffe rheinauf zogen. »Zur Kripp« hieß das Haus.

Im Jahre 1870 wurden 30 000 Gefäße von dem Rhenser Quellwasser abgefüllt und verkauft. Das waren damals noch keine Flaschen, sondern verkorkte Tonkrüge. Bis in unser Jahrhundert hinein ist die Herstellung dieser Tonkrüge auch für andere Mineralquellen ein sicherer Einnahmeposten der Kannenbäcker aus der Gegend um Höhr-Grenzhausen gewesen. Im Jahre 1880 war die Jahresproduktion in Rhens schon auf 500 000 Krüge gestiegen.

Man dachte damals an die Katastrophe von 1784. Und um ähnliches Unglück für die Zukunft zu vermeiden, bohrte man mehr landeinwärts. Und so ist man im Jahre 1892 in rund 350 Meter Tiefe auf zwei weitere Quellen gestoßen, die seither munter sprudeln und mit einer Temperatur von 23 Grad an die Oberfläche treten.

Ein Pfälzer als Sklave
im Osmanischen Reich

Es war das Jahr 1585, da stand der Michael Heberer aus der Pfalz vor den ägyptischen Pyramiden und staunte. Er hatte nicht mehr am Leib als ein zerrissenes Hemd und an den Füßen und Armen Eisenbänder angeschmiedet, daran Ketten hingen. Da waren noch zwei, drei Gestalten, die ebenso elend aussahen und da war ein Mann in türkischer Tracht, ein Aufseher, aber ein gutmütiger Mensch, der am arbeitsfreien Tag den Sklaven aus dem fernen Europa diese Besichtigungsreise ermöglicht hatte.

Ja, ein Sklave in türkischer Hand war damals der Michael Heberer. Er hatte in Heidelberg studiert, die alten Sprachen, ein Humanist also. Das Fernweh hatte ihn davongetrieben nach Burgund zuerst, wo er in Diensten eines Adeligen stand und Reisen mit ihm unternahm. Dann war's ihm in Frankreich zu gefährlich geworden. Michael Heberer war Protestant, und in Burgund und der Provence fingen eben die Verfolgungen der hugenottischen »Ketzer« an In Marseille erlebte er, wie Männer, Frauen und Kinder aus den Häusern geschleppt und erschlagen und erstochen wurden, und er war froh, als sein Schiff nach Malta abging.

Malta gehörte damals den Johannitern, einem Ritterorden aus der Zeit der Kreuzzüge. Man kämpfte immer noch gegen die Muselmanen, die Türken, und teilweise ist dieser Kampf auch ein recht gewinnbringendes Geschäft gewesen. Man ging auf Kaperfahrt.

Auch Michael Heberer tritt in den Dienst eines Johanniterritters und gleich auf der ersten Fahrt werden 2 türkische Galeeren erbeutet mit 400 schwarzen Sklaven und 30 Europäern in türkischen Diensten. Ein Zehntel der Beute gehört dem Ordensmeister. – Aber schon auf der zweiten Fahrt wird Heberer vom Schicksal ereilt und selber Gefangener der Türken. Kahlgeschoren und in Eisen geschmiedet verrichten die Gefangenen in Alexandria allerlei Arbeiten. Im Herbst des Jahres 1585 müssen sie ein Schiff beladen, eine Galeere, und als das geschehen ist, kommt der Befehl, an Bord zu gehen. Der Schmied und seine Knechte erscheinen, und nun werden sie an die Ruderbänke geschmiedet. Da ist viel Weinen und Wehklagen. Michael Heberer sitzt mit einem anderen Deutschen und zwei türkischen Straßenräubern an einem Ruder. Ehe die Fahrt losgeht, müssen alle ihre zerlumpten Hemden ausziehen, damit der Aufseher mit seiner Peitsche sie besser prügeln kann. Ein anderer Aufseher hat Mitleid mit den frierenden Galeerensklaven – schon sind die Nächte kalt – er kauft wollene Decken, sodaß jeweils zwei eine bekommen.

Die Fahrt geht nach Konstantinopel und wieder zurück nach Alexandria. Die Verpflegung besteht in nichts anderem als verschimmeltem Brot und fauligem Wasser.

Im Winter ruht die Schiffahrt. Da wird wieder in Alexandrien gearbeitet. Vor Ostern schreibt Michael Heberer ein Gedicht in französischer Sprache, das die Auferstehung verherrlicht. Das kann er einem französischen Kaufmann geben, der ihm dafür soviel Geld zusteckt, daß sie im Gefängnis ein Festmahl halten.

Sobald die Winterstürme vorbei sind, fahren die Galeeren wieder aus. Aber ein ungünstiger Wind weht auf der nächsten Reise, und der Kapitän sieht, daß die Rudersklaven am Ende ihrer Kräfte sind. Vergebens bittet er um Schonung der Leute. Jetzt schwingt der Schiffseigner selber die Peitsche.

Die Hoffnung Heberers ist es, jedesmal, wenn das Schiff im Hafen von Konstantinopel liegt, mit einem Gesandten der europäischen Mächte Verbindung aufzunehmen. Die Türken haben nichts dagegen; denn freikommen kann ein Gefangener nur gegen Lösegeld.

Eine besondere Reise von Alexandrien nach Konstantinopel ist es, als die Sultanin, die Lieblingsfrau des Herrschers der Osmanen, mit einer ganzen Schar von Eunuchen und Dienerinnen an Bord kommt. Sie war in Mekka zur Pilgerfahrt. Sie kann die Sklaven nicht so entsetzlich leiden sehen und sorgt dafür, daß sie aus ihren Vorräten bessere Nahrung bekommen. – Auch nach Jerusalem kommt Michael Heberer einmal. Ein hoher türkischer Beamter war von Konstantinopel nach dort versetzt worden, und die Galeere transportiert sein Umzugsgut. Aber Heberer meint, die heilige Stadt böte eher Grund zum Weinen als zur Freude in ihrem jetzigen Zustand.

Und dann wieder in Konstantinopel gelingt es dem Pfälzer den Kaiserlichen Gesandten Dr. Bartholomäus Betz zu sprechen und ihn zu bitten, ihn freizukaufen. Aber der sagt, er könne sich nicht um jeden hergelaufenen Buben kümmern. Allerdings war er betrunken, als er so unbarmherzig den Sklaven Heberer von seiner Tür wies. – Viel später, als Botschafter des Kurfürsten von der Pfalz hat Michael Heberer in Prag den Dr. Betz wiedergetroffen, und hat ihn vor all den Herren zur Rede gestellt über seine Unmenschlichkeit. Aber da hat sich der Kaiserliche Gesandte an nichts mehr erinnern können.

Der französische Gesandte hat den armen Pfälzer schließlich losgekauft. Bei ihm hat er die Kaufsumme dann abgedient und sich auf die Heimreise gemacht.

Im Jahre 1610 gab dann Michael Heberer das Buch mit seinen Erlebnisse heraus: »Ägytiaca Servitus: Das ist wahrhaftige Beschreibung einer dreijährigen Dienstbarkeit...« – Ein Bericht, 666 Seiten lang. – Michael Heberer war damals schon ein hochgestellter Beamter des Kurfürsten von der Pfalz und hat in dessen Diensten noch manche Reise unternommen.

Die Veldenzer Erzgruben und die Anfänge der Industriellenfamilie Stumm

Von der Mosel über den Hunsrück bis zum Rhein ziehen sich Erzlagerstätten, die früher, als Handel und Wandel noch nicht großräumig waren, für den Bedarf des Landes ringsum ausgebeutet wurden. Und so ganz unergiebig waren sie nicht, zudem war der Herr des Gebietes, der Herzog von Pfalz-Simmern, bergbautechnisch interessiert. So ließ dieser Herzog Georg-Gustav im Jahre 1601 einmal eine Rentabilitätsanalyse durchführen. Danach ergab sich: Aus einem Zentner Bleierz wurden 38 Pfund Blei und ein Lot Silber ausgeschmolzen – ein Lot, das war ⅕ bis ⅓ Pfund immerhin; und ein Zentner Kupfererz ergab 28 Pfund reines Kupfer. – Damals förderte man bei Bernkastel und Monzelfeld, bei Altlay, Weiden und Peterswald, um nur ein paar Gruben zu nennen. Und die Herzöge von Pfalz-Simmern prägten aus dem gewonnenen Metall sogar eigene Münzen: Ganze und halbe Taler, Ortsgulden und Dreibatzenstücke und Weißpfennige. Ihre Münze, wo diese Geldstücke geschlagen wurden, stand in einem Seitental der Mosel, bei Veldenz.

Die meisten dieser Bergwerke und Hüttenwerke sind im Dreißigjährigen Krieg verlassen worden und sind verfallen, auch die Gruben und Verhüttungseinrichtungen bei Veldenz. Den Rest besorgten die Franzosen in ihren Eroberungskriegen gegen Ende des 17. Jahrhunderts. Sie zerstörten ja damals auch die Burg Veldenz.

Dort hat es lange gedauert, ehe die Betriebe wieder in Gang kamen, bis weit in das 18. Jahrhundert hinein, als die Zeiten wieder ruhiger wurden. Die Veldenzer Anlagen pachtete damals vom Pfalzgrafen ein Goswin Winterroth für billiges Geld.

Dann aber taucht dort ein Name auf, der in der deutschen Industriegeschichte, bis auf unsere Tage, eine bedeutsame Rolle spielen sollte, der Name der Familie Stumm.

Im Jahre 1701 wurde in Rhaumen-Sulzbach Johann Nikolaus Stumm geboren. Sein Vater war Schmied und hatte bei Birkenfeld im Hunsrück ein Hammerwerk errichtet. Er ließ seinem Sohn eine gute Ausbildung zuteil werden; der lernte nicht nur das Hüttenwesen, sondern studierte auch Jura und wurde kaufmännisch geschult. Schon als jungen Mann finden wir diesen Stumm, der, wie sein Vater, Johann Nikolaus hieß, in Enkirch an der Mosel als Amtsverwalter. Da hat er ein Anwesen bewohnt, das dem Grafen Cratz von Scharffenstein gehörte und noch heute die Cratzenburg genannt wird. Die Familie Stumm war schon damals dem Handwerkerstand entwachsen, das zeigt sich an der Tatsache, daß der junge Amtsverwalter Stumm die Tochter eines badischen Hofrates heiratete, womit sicher Geld ins Haus kam. Johann Nikolaus Stumm erwarb denn auch bald mit seinem Bruder zusammen den Stahlhammer bei Sensheim, darauf die Eisenhütte von Asbach.

Dann trat der Schwager Franz König mit ins Geschäft ein. Er war der Sohn eines Kirchspiellehrers zu Hattenbach. Der Vater hatte ihn das Messerschmiedehandwerk lernen lassen. Es gab damals viele Messer-, Nagel- und Hufschmiede auf den Dörfern, die neben der kargen Landwirtschaft ihr Handwerk trieben und das Eisen aus den nahgelegenen Bergwerken und Hüttenbetrieben verarbeiteten. Beim Einhandeln des Rohmaterials wird die Bekanntschaft des Franz König mit der Familie Stumm zustandegekommen sein, in die er einheiratete. Der vielseitige Messerschmied war zunächst Lehrer und Organist in Enkirch, ein Pöstchen, das ihm Schwager Johann Nikolaus, der Amtsverwalter, beschafft hatte; er befaßte sich aber natürlich mehr und mehr mit dem einträglicheren Hüttengeschäft der Familie und wurde Verwalter der Stromberger Hütte. Als die Stumms 1746 die Veldenzer Berg- und Hüttenwerke kauften, war er technisch und kaufmännisch schon so versiert, daß er diese Betriebe leiten konnte. Bis dahin waren bei Veldenz Blei- und Kupfererze gefördert worden, die auch etwas Zink und Silber enthielten. Nun ging die Firma Stumm & Co. daran, auch Eisenerz abzubauen. Dies ergiebige Roteisenstein-Vorkommen ist noch bis 1850 ausgebeutet worden.

Die erwerbstüchtige Familie Stumm dehnte ihre Tätigkeit immer mehr aus: die Bergwerke von Altlay und Peterswald wurden erworben; dort sind immerhin noch 1952 jährlich an die 20000 Tonnen Blei- und Zinkerze gefördert worden.

Johann Nikolaus Stumm trat auch schon in Verbindung mit dem Unternehmer Wilhelm Remy, dessen Nachkommen wir später in Neuwied als Besitzer eines bedeutenden Eisenwerks wiederfinden. Die Firma Remy lieferte die Eisenbahnschienen für die erste deutsche Dampfbahn von Nürnberg nach Fürth. – Schon damals aber, in der zweiten Hälfte des 18. Jahrhunderts, bemühten sich die Stumms und Remys gemeinsam um den Erwerb der Neunkirchner Eisenwerke an der Saar, von wo aus später die Industriellenfamilie Stumm zu ihrer beherrschenden Stellung aufstieg.

Von Heilwässern und Kurpfuschern

Fünfzehn Jahre bevor der schlimme Dreißigjährige Krieg ausbrach, im Jahre 1603, war der kleine Ort Schweich an der Mosel ganz plötzlich in aller Munde bis weithin zum Rhein, Main zur Nahe und Lahn. Der Schweicher Brunnen wirke Wunder, hieß es.

Ein Mann aus Schweich – so hatte das angefangen – der, wie es in den Berichten heißt – »räudige Hände« – hatte, war nach dem Waschen mit dem Schweicher Brunnenwasser miteins gesund geworden. Er erzählte von seiner Heilung, er gab einem anderen Kranken von dem Wasser. Der wurde auch gesund. Ein Lahmer, mit Namen Peter, kam, trank von dem Schweicher Wasser und fühlte sich wohl danach.

Und nun strömten die Bresthaften und Leidenden nach Schweich. Das Dörfchen vermochte die Massen nicht zu beherbergen, die Lebensmittel wurden teuer, vor allem der Brotpreis stieg bis nach Trier hin.

Auch der Johannes Mechtel aus Camberg, der an einem Bruch litt, machte sich auf die lange Reise zum Schweicher Brunnen. Er hat aufgeschrieben, was er erlebte, und er berichtet: »Gleich als ich nach Schweich gekommen bin, war zu merken, daß hier nichts denn Aberglaube und Eitelkeit wirken. Aber man mußte sich wohl hüten, das Maul aufzumachen, denn das Volk hielt den Brunnen für heilig, und jeder, der dagegen gesprochen hätte, wäre aus dem Dorf hinausgestäupt worden.«

Der Johannes Mechtel hatte die weite Reise umsonst unternommen.

Die Trierer Mediziner nahmen sich schließlich des

Schweicher Wassers an. Sie schrieben in ihrem Gutachten: »Es hat eine zusammenziehende Wirkung, allerdings nur ganz schwach, welches auf eine geringe Menge Alaun zurückzuführen ist. Zudem ist dem Schweicher Wasser infolgen vielen Abzapfens und Gebrauchs inzwischen alle Wirksamkeit benommen.« Ein weises Gutachten fürwahr!

Das Volk war nur zu gern geneigt, an wunderbare Heilmittel und wundermächtige Ärzte zu glauben, denn was die medizinische Wissenschaft wirklich vermochte, das war sehr wenig. Und so hatten denn auch die Kurpfuscher oder – wie man sie nannte – die »Landbeschisser« auf den Jahrmärkten allemal Zulauf. An ihrer Bude hatten sie eindrucksvolle Diplome angeschlagen und Dankschreiben gekrönter Häupter, alles gefälscht, versteht sich. Und sie zogen nicht nur Zähne, das wäre ja nicht weiter schlimm gewesen, sie unternahmen auch Operationen, an die sich die ansässigen Chirurgen nicht heranwagten. Sie waren allerdings immer bedacht, vorher zu kassieren, und wenn, wie oftmals, der Eingriff böse ausging, dann waren die Kurpfuscher längst über alle Berge. Harmloser war es schon, wenn sie mit Beschwörungs- und Segensformeln zu wirken versuchten. Und sie hatten nicht selten sogar Erfolg. Denn zu Zeiten, in denen man noch glaubte, Krankheiten entstünden durch das Wirken von Dämonen oder gar des Teufels selbst, konnte sich ein Kranker höchst wirkungsvoll suggerieren, durch die geheimnisvollen Sprüche sei er geheilt, und Einbildung und tatsächliche Wirkung wurden eines.

Kein Verbot hat jemals etwas gegen das Wirken der Kurpfuscher ausrichten können. Wir wissen von einem Erlaß des Kurfürsten Balduin von Trier aus dem Jahre

1310, in dem sogar bei Strafe der großen Exkommunikation verboten wurde, ohne Erlaubnis und Prüfung Medizin und Chirurgie auszuüben.

Aber noch bei der großen Untersuchung der medizinischen Zustände in seinem Erzbistum, das der letzte Kurfürst von Trier im Jahre 1788 anstellen ließ, werden eine große Zahl von Kurpfuschern angezeigt und vernommen, wie zum Beispiel der Nachrichter Reich, der nicht nur Brüche einrichtete, sondern auch die Fallsucht und die Gelbsucht mit destilliertem Hundefett behandelte.

Und 1783 fand eine Untersuchung gegen den Franziskanerpater Adam Knörzer aus dem Kloster zu Beurich statt. Er heilte durch pures Handauflegen und Gebet, und die Kranken kamen scharenweise. Ja, manche brachten eine Bescheinigung ihrer Ortsbehörde mit, ihr Fall sei dringend, und Pater Knörzer möge sie gleich drannehmen. – Der aufgeklärte und modern eingestellte Kurfürst Clemens Wenzelaus ließ den Fall untersuchen. Der Trierer Stiftskanonikus Oehmbs, dem die Untersuchung aufgetragen war, schrieb: »Alle unsere Krankheiten, soweit vom Teufel herrühren, können mit keinem anderen Mittel geheilt werden als mit solchen, mit denen die Macht des Teufels gebändigt wird.«

Doch der kluge Kurfürst und Erzbischof von Trier verbot dem Pater Adam Knörzer seine Tätigkeit und er entließ den abergläubischen Kanonikus Oehmbs aus seinen Diensten.

Mainzer Ordnung
für das Medizinal- und Apothekenwesen

Mit dem Beginn der Neuzeit, mit dem 16. Jahrhundert, beginnen auch die Naturwissenschaften zu blühen, allerdings ist noch manche Scheinblüte und manches Nachtschattengewächs darunter, vor allem was Medizin und Arzneiwesen angeht. Wer denkt da nicht an die Marktschreier und Kurpfuscher, die ihr Heilmittel anbieten, indem sie zwei Gläser mit der gleichen klaren Flüssigkeit, mit Wasser angeblich, auf ihren Verkaufstisch stellen. In einem, in dem wirklich Wasser ist, schwimmt vergnügt ein Frosch, in das andere streuen die angeblichen Heilkundigen ein wenig von ihrer Wundermedizin, werfen das arme Fröschlein dort hinein, und das – oh Wunder – verendet nach ein paar Sekunden gräßlichen Zappels; Beweis: Mein Mittel vernichtet alles Ungeziefer und alle Krankheit. So ähnlich nachzulesen in dem Roman vom Simplizius Simplizissimus.

Daß viel Unheil angerichtet wurde mit derlei Quacksalberei, das nimmt nicht Wunder, und daß die Landesherren sich mit Gesetz, Verordnung und Kontrolle gegen dies Unwesen stellten, war nur in ihrem eigenen Interesse.

So hat im Sommer 1618 der Erzbischof und Kurfürst von Mainz, Erzkanzler des Reiches Johann Schweikart von Kronenberg eine Ordnung für das gesamte Medizinal- und Apothekenwesen in seinem Herrschaftsbereich erlassen.

Grundsätzlich werden die Aufgaben des Arztes und

des Apothekers getrennt. Der Arzt darf keine Mittel mehr selber herstellen. Allerdings gibt es Ausnahmen, etwa, wenn er Geheimmittel hat, deren Zubereitung er dem Apotheker nicht offenlegen möchte, oder wenn es sich um sehr schwer zusammensetzbare Mittel handelt.

Auch die Wurzelgräber und die Kräutersammler werden mit in die neue Verordnung einbezogen. Sie sollen fortan ihre Waren nur noch an den Apotheker verkaufen dürfen.

Außer den Ärzten ist es nur noch den Hebammen gestattet, Medikamente den Kindern und den Kindsbetterinnen zu verabreichen. Allerdings müssen sie die vom Apotheker beziehen, und der darf ihnen nur ungefährliche Präparate verkaufen.

Die Zahl der Apotheken wird obrigkeitlich festgesetzt. Das galt ja noch bis in unser Jahrhundert hinein. So waren für die Stadt Mainz nur drei Apotheken zugelassen. Und richtig modern erscheint uns die Vorschrift, daß Gift im abgeschlossenen Schrank aufzubewahren sei und daß es nur ausgegeben werden darf, wenn Name und Vorname des Käufers, Anwendung und Rezept schriftlich notiert sind. – Und auf ein Rezept darf nur mit ausdrücklicher Erlaubnis des Arztes zweimal Arznei ausgegeben werden. Das alles schon im Jahre 1618.

Allerdings heißt es auch in der umfangreichen Verordnung des Erzbischofs und Kurfürsten, daß Juden an der Apothekentür abzufertigen seien, und daß man ihnen die Rezepte nicht zu lesen geben dürfe.

Dem Apotheker war es erlaubt, äußerliche Medikamente selber beim Kunden anzuwenden, zu »applizieren«, wie es heißt, das ging vom Salbenverband bis zum Klistier.

Eigentlich sollten die Apotheken jährlich einmal visitiert werden, aber in Wahrheit geschah das viel seltener, weil Ärzte, medizinische Fakultät, Domkapitel und noch ein paar andere Instanzen sich darum stritten, wer diese Kontrolle auszuführen habe. – Es sind eine Reihe von Protokollen erhalten über solche Visitationen: Die am häufigsten wiederkehrenden Beanstandungen beziehen sich auf überhöhte Preise, dann aber auch auf Verwechslung von Drogen bei der Herstellung der Medikamente, zum Beispiel Kamillensaft statt Mannasaft und undeutlich geschriebene Signaturen. Oder es heißt: »Der Schlüssel steckte im Giftfach!« Den Schlüssel hatte aber der Apotheker oder sein Provisor stehts bei sich zu tragen.

Drei Jahre nach Erlaß dieser ausführlichen Medizinalordnung des Mainzer Kurfürsten vom Sommer 1618 brach in Mainz die Pest aus, und die neue Ordnung hatte Gelegenheit, sich zu bewähren.

Drangsale des Dreißigjährigen Krieges

Mit der Mittelrheingegend war der Dreißigjährige Krieg in seinem ersten Jahrzehnt glimpflich umgegangen. Das wurde anders als die Schweden kamen. Ihr König Gustav-Adolf hatte sie nach Deutschland geführt, um die Freiheit der Protestanten dort zu schützen. Aber es wurde ein entsetzliches Morden, Brennen, Plündern und Verwüsten aus der guten Absicht. Und die Franzosen ihrerseits nutzten nun den Vorwand, der katholischen Partei »beizustehen«, und fielen ebenfalls in die Rheinischen Lande ein. Daß die Religion tatsächlich nur noch vorgeschoben wurde, um Eroberungssucht und Raubgier zu verhüllen, das wird aus der Tatsache deutlich, daß sich die katholischen Franzosen mit den protestantischen Schweden schließlich 1634 gegen den Kaiser verbündeten.

Im Jahre 1631 waren die schwedischen Truppen am Rhein erschienen und hatten Mainz erobert. Der Kurfürst von Trier hatte in seiner Not den Franzosen sein Land und die Festung Ehrenbreitstein geöffnet, damit sie ihn gegen die Schweden verteidigten. Da aber zogen kaiserliche Truppen nach Trier, warfen die Franzosen aus der Stadt und führten den Kurfürsten gefangen fort.

Der französische Kommandant auf dem Ehrenbreitstein faßte darauf den Entschluß, aus den Bauerndörfern, Höfen und Klöstern rundum die Vorräte in seiner Festung zu sammeln; so war er einerseits mit seinen Truppen selber versorgt, andererseits konnten durchziehende feindliche Truppen keine Nahrung finden. An die Einwohner wurde wöchentlich Mehl und Fleisch ausgegeben, wenig genug.

Die Franziskanerinnen vom Kloster Besselich bei Vallendar fielen unter diese Maßnahme, und wie alle Bewohner rundum hatten sie versucht, möglichst viel Vorräte und Futtermittel zu verheimlichen. Aber dann kamen die Schweden. – Es war Anfang 1636, da stiegen schwedische Trupps zum erstenmal, über die Klostermauern, und die Schwester Maria, die gerade Wache hatte, kam in den Schlafsaal gestürzt und rief: »Steht auf, Kinder, der Schwede ist im Kloster!« – Alles drängte in die Kirche, während die Schweden im Kloster zusammenraubten, was sie finden konnten. Die Mutter Vorsteherin lag krank in ihrer Zelle. Sie wurde aus dem Bett geworfen, weil man Geld suchte. Ein paar Gulden fanden sich vom Weinverkauf. Einer der Soldaten wollte die alte Vorsteherin mit dem Gewehrkolben schlagen, aber die Schwestern hielten ihn mutig zurück. Der Ehrenbreitsteiner Kommandanten hatte einen französischen Wachsoldaten ins Kloster gelegt. Doch der ließ sich nicht blicken, er blieb in seiner Kammer, vor deren Tür ein großes Ölbild gehängt worden war, sodaß die Schweden vorbeiliefen, ohne die Tür zu bemerken.

Nun, als die Schweden fort waren, fehlte es völlig an Nahrungsmitteln. Immerhin, man war zu 26 Schwestern im Kloster, dazu der Pater und ein Bruder, der Wachsoldat und fünf Knechte und Mägde. Heimlich wurde eine regelrechte Schwarzschlachtung unternommen. Vier Schweine wurden aus dem Versteck geholt und so vor den Kopf geschlagen, daß sie nicht quiekten, sonst hätte der Wachsoldat es dem Kommandanten gemeldet, und der hätte das Fleisch wegholen lassen.

Die Schweden aber kamen in den nächsten Nächten immer und immer wieder und schleppten alles fort, was sie tragen konnten, verwüsteten und zerstörten im Kloster Besselich jeden Raum.

Da entschlossen sich die Schwestern fortzuziehen. Sie mußten drei Tage und vier Nächte auf der Halbinsel Niederwerth in Kälte und Schneefall ausharren, ehe sich ein Nachen fand, der sie weiterbringen konnte. Denn auch die Dörfer rundum waren entvölkert.

Endlich wurden sie truppweise nach Andernach rheinab gebracht. Doch da fand sich kein Unterkommen für sie. Gegenüber in Leutesdorf konnten sie ein Haus mieten. Und nun blieb nichts anderes, als weit ins Land hinein betteln zu gehen. Der Hunger war nicht zu bannen, denn überall herrschte Teuerung. Die Vorsteherin und zwei Schwestern sind in Leutesdorf gestorben, andere haben sich nach Köln und Boppard aufgemacht.

Die Not dauerte, bis im Jahr darauf der kaiserliche General Jan von Werth mit seinen Truppen die Franzosen und die Schweden vom Rhein vertrieb. Allerdings haben die Kaiserlichen bei ihrem Durchzug dann zerstört, was noch heil geblieben war.

Im Kloster Besselich konnte man, als die Schwestern endlich zurückkehrten, vom Keller durch alle Stockwerke bis in den Himmel sehen. Überall waren die Holzbohlen und Dachsparren herausgerissen und verheizt worden.

Schwester Maria Jakobe aus Trier, die später Vorsteherin des Klosters Besselich wurde, hat alle Nöte der Zeit aufgeschrieben, und sie schließt mit den Worten: »...damit unsere Nachkommen erkennen, daß wir nicht mit Singen unser Brot gegessen haben, und damit sie sich trösten können, wenn auch sie Widrigkeiten auszustehen haben.«

Friedrich von Spee

Im Jahre 1784 wurde durch Dekret des Kurfürsten Klemens-Wenzeslaus ein alter Brauch im Trierer Land abgeschafft, der manchem schon lange lästig geworden war. Es begann nämlich jeden Maienabend um 9 Uhr die große Glocke des Doms zu läuten, und das Geläute ging alle Nächte durch, bis morgens früh die kleine Glocke Gervasius an der Reihe war; und so geschah's rundum im Land den ganzen Mai. Doch als nun endlich die Maiglocken verstummten, da hagelte es Proteste vor allem von den Bauern, die fürchteten, nun könnten die Hexen ungestört in den Maiennächten ihren Zauber ausüben, das Weidegras verderben, die junge Saat schädigen. So tief war der Glaube an Hexen noch Ende des 18. Jahrhunderts im Volk verwurzelt.

Zu einem furchtbaren Wahn aber waren Hexenfurcht und Hexenverfolgung im 16. und 17. Jahrhundert angewachsen. Man rechnet, daß in diesen zwei Jahrhunderten in Europa rund eine Million, vor allem Frauen, als Hexen verurteilt und hingerichtet worden sind. Hexenverfolgungen wurden von katholischer Seite so gut betrieben wie von den Protestanten. Nur wer die ausführlichen Protokolle liest, die während der oft monatelang andauernden Verhöre, die mit schrecklichen Foltern verbunden waren, niedergeschrieben wurden, kann sich eine Vorstellung davon machen, welchen fürchterlichen seelischen und körperlichen Qualen die armen Frauen ausgesetzt waren, die das Unglück hatten, in den Verdacht der Hexerei zu kommen; und das konnte daran liegen, daß sie zu schön oder zu häßlich, besonders arm oder auch besonders reich waren.

Im Jahre 1627 wurde ein Priester zum Beichtvater der verurteilten Hexen in Würzburg, der bis dahin Domprediger in Paderborn, Lehrer der Grammatik und Philosophie in Köln gewesen war, der 36jährige Friedrich von Spee. Er gehörte dem Jesuitenorden an. Würzburg war damals ein Zentrum des Hexenwahns. Friedrich von Spee hat während der zwei Jahre, in denen er sein schreckliches Amt ausüben mußte, an 200 Hexen und Hexer zum Scheiterhaufen geleitet. Es waren unter den Verurteilten drei Domherren, 14 Priester, Ratsherren, die Witwe eines Kanzlers, ein Doktor der Theologie, Edelleute, ein blindes Mädchen, zwei Kinder von weniger als neun Jahren.

Friedrich von Spees Haare wurden grau in diesen beiden Jahren. Und er schrieb sich seine Empörung und Not vom Herzen in einem Buch gegen den Wahnsinn der Hexenverfolgung. Darin heißt es: »Unter einem Eide gebe ich die Erklärung ab, daß ich bis jetzt keine Hexe zum Holzstoß führte, von der ich nach reiflicher Überlegung vernünftigerweise hätte behaupten können, sie sei schuldig gewesen...« – Und es klingt wie die schmerzlichste Ironie, wenn er den armen Verfolgten dies rät: »O, du törichtes Weib, warum hast du nicht, sobald du das Gefängnis betreten hast, gesagt, du wärest der Hexerei schuldig? Warum willst du soviel Tode durch die Folter erleiden, da du ohnedies mit einem Tod wirst bezahlen müssen? Folge meinem Rat, und sage sofort, du seiest eine Hexe und stirb; denn vergebens hoffst du, frei zu werden. Solches läßt der Eifer der Gerechtigkeit bei uns Deutschen nicht zu.« – Dies Buch gegen die Hexenverfolgung, die »Cautio criminalis« wurde von einem Unbekannten, wohl gegen den Willen Friedrich von Spees, einem Drucker in Rinteln gegeben, der es dann herausbrachte. Und es geschah, was Friedrich von Spee befürchtet hatte: er wurde heftig angefeindet, sogar vom eigenen Orden. Aber das aufrüttelnde Buch hatte auch eine gute Wirkung: Philipp von Schönborn, Kurfürst von Mainz, verbot damals als erster die Hexenverfolgung in seinem Erzbistum.

Friedrich von Spee war dann in der Gegend von Hildesheim als Prediger tätig. Es galt, protestantisch gewordene Gebiete dem katholischen Glauben zurückzugewinnen. Die Religionsgegensätze wurden nicht nur mit Worten ausgetragen. Der erfolgreiche Jesuit wurde aus dem Hinterhalt beschossen. Er lag lange zwischen Leben und Tod und mußte danach eine ausgedehnte Erholungszeit durchmachen. Damals hat er wohl die meisten seiner Gedichte geschrieben, mit denen er zu einem der bedeutendsten deutschen Barockdichter wurde. Und diese Lieder und Gedichte, die später unter dem Titel »Trutznachtigall« gedruckt worden sind, hat er dann in Trier vollendet. Nach Trier kam Friedrich von Spee als Professor im Jahre 1633. Erst in neuester Zeit konnte bewiesen werden, daß auch einige heute noch bekannte und vielgesungene Lieder von ihm stammen, so »O Heiland reiß die Himmel auf...« und das schöne Weihnachtslied: »Zu Bethlehem geboren ist uns ein Kindelein...«

Ruhe fand Graf von Spee nicht im Kurstaat Trier. Der Kurfürst hatte sein Land den Franzosen geöffnet, sogar den Kardinal Richelieu zu seinem Nachfolger erkoren. Dagegen aber standen die Geistlichkeit und vorab die kaiser- und reichstreuen Jesuiten. Und Ende März 1635 brachen kaiserliche Truppen in Trier ein. Die Franzosen wurden verjagt und erschlagen. Friedrich von Spee,

der Priester und Professor, pflegte die Verwundeten.
Dann brach die Pest aus in der Stadt. Und von ihr ist
auch der große Dichter und tapfere Menschenfreund
Friedrich von Spee hinweggerafft worden, am 7 August
1635. 44 Jahre war er alt, und er hatte den Tod manchesmal ersehnt:

>>Ach, wann doch wird erscheinen
der schöne, weiße Tag,
daß ich nach soviel Weinen
einmal ausruhen mag...<<

Im Dreißigjährigen Krieg an der Mosel

Im Jahre 1637 kaufte der Pfarrer von Irmenach im Oberamt Trarbach eine junge Kuh, und die kostete ihn 18 Reichstaler oder umgerechnet 41 Gulden und 12 Alben. Wir wissen das so genau, weil dieser Diener Gottes, als er 1615 aus der Würzburger Gegend kommend ein Trarbacher Mädchen heiratete, das nicht unvermögend war, anfing, ein ausführliches Haushaltsbuch zu führen, das sich erhalten hat. Caspar Streccius, so der latinisierte Name, war zunächst in Trarbach Schullehrer gewesen, bekam dann die Pfarrstelle in Lößbeuren, später die in Irmenach und endete als Pfarrherr von Enkirch.

Der Teil der Mosel und des Hunsrück, in dem die genannten Ortschaften liegen, gehörte damals zur hinteren Grafschaft Sponheim, regiert vom weisen Fürsten Georg Wilhelm von Birkenfeld. Das Fürstenhaus war protestantisch und also waren's auch die Untertanen, mitten im katholischen kurfürstlich Trierischen Gebiet. Das Ländchen hatte sich jahrzehntelangen Friedens erfreut und man lebte gut dort, das heißt, die Preise für das Lebensnotwendige waren gering. Man bekam einen Malter Korn, das sind mehr als 3 Zentner, für 3 Gulden.

Doch dann brach der Krieg aus, der unselige Dreißigjährige Krieg. Zunächst erschienen spanische Truppen vor Trarbach, beschossen und eroberten die Stadt und hausten schlimm. Allen Wein ließ der spanische Feldherr Spinola aus den Kellern von Trarbach wegführen, die Soldaten nahmen den Bauern, was nicht sehr gut versteckt war, und zwei Jahre später lesen wir im Haushaltsbuch des Caspar Streccius, daß der Kornpreis um das Vierfache gestiegen ist.

Dann waren es die Franzosen, die Trarbach besetzten und rings im Land marodierten. Als der Pfarrer Streccius einst von Lößbeuren nach Trarbach heimreitet, wird er von den Söldnern im Wald überfallen; sie rauben im Pferd, Zaumzeug und Sattel. Und seiner kleinen Tochter Ursula, die er vor sich auf dem Pferd hat, nehmen sie den schönen neuen Rock weg, und der Vater schreibt ingrimmig ins Rechnungsbuch, der hätte fünf Gulden gekostet. Er suchte zu seinem Recht zu kommen, reiste umher bei den französischen Kommandanten; vergebens: die Reisen kostete ihn nur Geld. Wenig später wird ihm aus der Herde eine Ziege gestohlen, dann wird er erneut auf der Straße ausgeplündert: die Franzosen nehmen ihm sein Geld und seine Handschuhe.

Was ein Gulden damals wert war, können wir aus den Haushaltsnotizen des Pfarrers ablesen. Die Mäher und Drescher, wahre Schwerarbeiter, verdienten in der Woche einen knappen Gulden, und die Magd des Caspar Streccius bekam für zwei Jahre Dienst 18 Gulden.

Die Heimsuchungen durch den großen Krieg gingen weiter. Erneut kamen die Spanier an die Mosel und brachten eine Krankheit mit, an der viele starben. Im Jahr darauf bricht gar die Pest aus. Und Caspar Streccius schreibt in sein Buch. er habe sich in Merl ein Amulett gegen die Krankheit für 1¼ Gulden gekauft.

Dann vertreiben die Schweden die Spanier und lagern rund um Trarbach, weil die Stadt von nur 800 Einwohnern all die Regimenter nicht beherbergen kann. Sie fressen das Land kahl, und dennoch ist man froh, darf doch jetzt wieder öffentlich der protestantische Gottesdienst gehalten werden. Das dauert bis zum Jahr 1635. Da aber beginnt die schrecklichste Belagerung Trarbachs. Die katholischen Reichstruppen unter dem Markgrafen von Baden, samt herbeigezogenen spanischen Söldnern, brauchen zwei Monate, ehe sie das Städtchen nehmen können. Viele Flüchtlinge sind dort, Flüchtlinge von der Nahe, aus der Pfalz und dem Elsaß, und mehr als 400 Leute bekommen in der Kirche täglich ihr Armenbrot.

Ein Quart Weizenmehl, das ist etwas mehr als 1 Kilo, kostet jetzt einen halben Gulden, und für 8 Eier muß man einen ganzen Gulden bezahlen.

Danach werden die Zeitläufe endlich ruhiger. Auf der Grewenburg oberhalb Trarbach liegt nur noch eine Kompanie Badischer Söldner. Und als der Pfarrer Streccius in Enkirch amtiert, findet dort ein Pfarrkonvent statt, Lehrer und Pfarrer des Oberamtes kommen zusammen, 17 bis 20 Personen. Der Gastgeber verzeichnet genau, was verzehrt wurde: 2 Hasen, 9 Kilo Rindfleisch, 5 Kilo Hammelfleisch, drei große Stücke Schweinefleisch, 7 Kilo Fische, 2 Feldhühner, 6 Bratwürste, 1 Kilo Speck, 1½ Faß Mehl für Brot, ½ Faß Weißmehl für Pasteten; und getrunken wurden dazu 139 Liter Wein. Wieviel Tage der Konvent dauerte, wissen wir allerdings nicht.

Noch einmal kamen die Franzosen nach Trarbach, ehe endlich 1648 der Friede zu Münster und Osnabrück geschlossen wurde. – Von 1650 an hat der Pfarrer Caspar Streccius kein Rechnungsbuch mehr geführt. Er merkt an, daß ihm die Hände zu sehr beim Schreiben zitterten. Ob das nun von den endlosen Schrecken des Krieges kam oder vom Moselwein, das hat er nicht erwähnt.

Das Weinbuch des Pfarrers Hellbach

Der Pfarrer Friedrich von Hellbach hat um 1600 gelebt und zwar im Hunsrück und an der Nahe. Und er ist deshalb interessant, weil er einige Bücher geschrieben hat, die nicht sein Fach, die Theologie, betreffen.

Schon der Student in Marburg hätte viel lieber, wie er sagt, die »erfreuliche« Wissenschaft der Medizin studiert. Aber sein Vater – der auch lutherischer Pfarrer war – starb früh, und es gab wohl nur für das Studium der Theologie die nötigen Stipendien. Friedrich von Hellbach hat zeitlebens medizinische Rezepte gesammelt und selber in seiner Alchimistenküche Heiltränke gebraut, denn es war damals üblich, daß der Geistliche nicht nur für die Nöte der Seelen, sondern auch für die Gebrechen des Leibes zuständig war.

Seine erste Stelle bekam Friedrich von Hellbach vom Wild- und Rheingrafen Otto in Kirn. Da wurde er Schulmeister an der Lateinschule. Das war eine durchaus gebräuchliche Art, einen Theologen zu beschäftigen, bis eine Pfarrstelle frei wurde.

Reichtümer waren nicht zu erwerben im Schuldienst, aber Friedrich von Hellbach heiratete keine arme Bürgerin von Kirn mit der Eva, der Tochter des Müllers und Unterschultheißen Emmerich Hennen. Überdies nahm man Schüler in Pension. So konnten drei Jahre hingehen, bis er seine erste Pfarrstelle in Veitsrodt bei Idar erhielt.

Er hatte schon in Kirn angefangen, ein Buch über den Wein zu schreiben. Und nun hier in Veitsrodt widerfuhr ihm das Mißgeschick, daß er ins Exil mußte, seine Stelle verlor. »Exul Christi«, sagte man. Es war keine seltene Heimsuchung damals für einen Pfarrer: Wenn etwa der Landsherr zum katholischen Glauben zurückschwenkte, oder wenn er vom lutherischen zum reformierten Protestanten wurde, oder auch, wenn der Pfarrer von der Kanzel eine Äußerung tat, die dem Herrn der Pfarrei nicht behagte. – Jedenfalls, Friedrich von Hellbach bekam auf diese Weise ein Jahr Zeit, in Idar sein Weinbuch fertigzustellen.

Schon 1599 war er einmal zur Frühjahrsmesse nach Frankfurt gereist, hatte dort den Buchdrucker Peter Kopf kennengelernt, und ihm von seiner Arbeit erzählt. Und Peter Kopf druckte also nun das Buch, immerhin runde 350 Seiten: »Oenographia, Weinkeller oder Kunstbuch vom Wein« und mit einem noch endlos weitergehenden Untertitel.

Natürlich schildert Hellbach zunächst die Segnungen des Weins, kommt dann aber auf den Mißbrauch, und das klingt bei ihm derart: »Es saufen sich in guten Weinjahren viel mehr Leute zu Tode, werden auch viel mehr Leute im Streit erschlagen, als in teuren Zeiten Hungers sterben, wie man in den guten Weinjahren 1584, 1590 und 1599 und sonderlich in diesem Jahr 1603 genugsam erfahren mußte, da in allen Landen und Orten ein sodomitisch Leben mit Saufen und epikureischem Wesen stattgefunden hat, also daß zu bitten wäre, der allmächtige Gott möge in künftigen Jahren den Brotkorb und die Weinflasche höher hängen.«

Hellbach gibt an, wie man den allzu eifrigen Weinfreund kurieren könne. Um einen von Kindsbeinen vom Wein fern zu halten, braucht man bloß Eier von Nachteulen zu kochen und sie den Kindern zu essen geben. – »Wenn man aber einen Aal im Wein ertränkt, und gibt solches einem Menschen, der dem Wein zuviel ergeben ist, dann wird ihm das einen Ekel vor dem Wein eingeben, daß er niemehr davon trinken mag.«

Offenbar waren damals, um die Wende vom 16. zum 17. Jahrhundert solche Rezepte hochnötig, denn Hellbach berichtet: »Zu der Voreltern Zeit galt der Wein als Medizin, aber heut ist Saufen Tugend geworden, und alles, was wir Teutschen tun, handeln, anfangen oder reden, das muß alles auf eine Zecherei ausgehen, daher wir uns bei allen ausländischen und fremden Völkern sehr verhaßt machen.«

Im Exil zu Idar hat dann Friedrich von Hellbach gleich ein zweites Buch fertiggeschrieben über das Öl. Und darin kommt er nochmal auf den Wein von der Nahe zu sprechen. Er sagt: »Die herrlichsten Weine, wie sie kaum am Rheinstrom wachsen, sind bei uns zu finden, nicht allein, um das Land zu versorgen, sondern werden auch nach den Niederlanden verhandelt.«

Friedrich von Hellbach hat noch mancherlei geschrieben und drucken lassen. Er war von 1602 an Pfarrer zu Wickenrodt, danach Diakon in Kastellaun, Pfarrer zu Herren-Sulzbach und Wendelsheim.

Aber hier hat ihn der 30jährige Krieg erreicht in Gestalt der katholischen Spanier, die die Gegenreformation einführten, den Kurfürsten zurückbrachten und die Protestanten vertrieben, bis die Schweden dann wieder die Spanier verjagten und für die evangelische Libertät und Freiheit sorgten, nicht weniger kriegerisch und bedrohlich als die Gegenpartei.

In Kirn hat er wahrscheinlich den Lebensabend verbracht, der Friedrich von Hellbach, als Privatmann, kinderlos und vom Vermögen seiner verstorbenen Frau zehrend. Irgendwann, gegen 1640 verschwindet sein Name aus den Steuerlisten.

Mennoniten in der Pfalz

In Telefonbüchern und auf Ladenschildern in der Pfalz findet man häufig Namen, die eigentlich in die Schweiz gehören. Nun ist die Pfalz als ein Land in unserem Bewußtsein, daß eher viele Auswanderer in alle Welt hinausschickte, aber es hat auch Zeiten gegeben, wo vor allem schweizer Einwanderer dorthin kamen.

Das war nach dem Dreißigjährigen Krieg. Die Pfalz hatte furchtbar gelitten. In der einen Generation, während der diese schreckliche Heimsuchung andauerte, war die Bevölkerungszahl der Pfalz von einer halben Million auf 43 000 gefallen, man kann sagen, nicht einmal jeder Zehnte hatte die Truppendurchzüge, Plünderungen, Brandschatzungen, Hungersnöte, Seuchen überlebt. Die Pfalz war ein menschenleeres Land geworden.

Und dem Kurfürsten von der Pfalz war es ganz gleich, wer da kam. Er selbst gehörte der reformierten Konfession an, aber er ließ auch Katholiken ins Land oder sogar die sogenannten Täufer oder Taufgesinnten oder Mennoniten. Die wollte so leicht keiner haben, weder ein katholischer noch ein protestantischer Fürst; denn diese damals sehr verbreitete christliche Sekte lehnte jede Einmischung des Staates in Glaubensdinge ab, sie verwarf den Eid als unsittlich, sie verweigerte den Kriegsdienst und sie nahm die Inhalte der Bergpredigt als Gebot und Verpflichtung. Der katholische Priester Mennon Simons in Ostfriesland hatte die Sekte bereits um 1540 begründet.

Viele Mennoniten waren, aus der Schweiz vertrieben, nach Mähren ausgewandert, wo die Grundherren sich freuten, tüchtige Handwerker und Landwirte zu bekommen. Als dann dort, nach dem 30jährigen Krieg, der katholische Glaube wieder eingeführt wurde, packten die schweizer Mennoniten ihr Bündel und zogen weiter nach Ungarn. Doch auch dahin kam die Gegenreformation mit Verfolgung, Zwang und Strafen für Andersgläubige. Und wieder machten sich 250 Familien auf die Wanderschaft mit Sack und Pack und Pferd und Wagen, und gelangten so auf diesem weiten Umweg in die Pfalz. Das war im Jahre 1655.

Vor allem rund um Mannheim in 14 Gemeinden ließen die Mennoniten sich nieder. Und sie nahmen natürlich Verbindung auf zu den Glaubensgenossen in der Schweiz, in der alten Heimat, die ja nun nicht mehr so weit entfernt war.

Auch in der Schweiz herrschte Elend unter der armen Bevölkerung. Gewiß war das Alpenland den armen geplagten Deutschen während des 30jährigen Krieges wie eine Insel der Seligen erschienen, aber dort hatte sich die Bevölkerung in 200 Jahren vervierfacht, die wirtschaftliche Entwicklung jedoch hatte eher Rückschritte als Fortschritte gemacht; Handel und Wandel waren durch den Krieg, der jenseits der Grenzen tobte, ins Stocken geraten.

Und hatten die Schweizer zumindest ihren männlichen Bevölkerungsüberschuß jahrhundertelang als Landsknechte und Reisläufer an alle Kriegsherren Europas abgegeben, so war dies »Gastarbeitertum«, zumindest in den reformierten Kantonen, unmöglich geworden. Zwingli, der große schweizer Reformator, hatte nämlich diese Art des Kriegsdienstes verboten. Und die Mennoniten lehnten den Kriegsdienst überhaupt ab. Und sie wurden immer noch verfolgt, so gut in katholischen wie protestantischen Kantonen. Es gab

Hinrichtungen, Verurteilung zur Galeerenstrafe auf venezianischen Schiffen, Ausweisungen in Massen.

Da hörte man von den Glaubensbrüdern und ehemaligen Schweizern in der Pfalz, denen es nicht schlecht ging; schrieb doch der Gouverneur des Kurfürsten in seinem Bericht über die Mennoniten: »Die Täufer leben unter sich in Gütergemeinschaften, heiraten nur untereinander, sind sehr mäßig und fleißig, sehr mildtätig gegen die Kranken und Schwachen...« – Und die Tochter des Kurfürsten Karl-Ludwig, die berühmte Liselotte von der Pfalz, erinnerte sich noch als Herzogin von Orleans, wie sie in ihrer Jugend mit dem Vater die mennonitischen Gemeinden besucht hatte und über die Kunstfertigkeit und den Fleiß der Handwerker staunte.

So sind denn den Mennoniten, die aus der Schweiz über Mähren und Ungarn in die Pfalz kamen, viele Glaubensbrüder aus der Schweiz zugezogen, aber noch mehr Schweizer, die den großen Konfessionen angehörten, und die einfach die Not aus der Heimat vertrieb in die menschenarme Pfalz.

Das hat gedauert, bis dann die Pfalz, Ende des 17. Jahrhunderts und Anfang des 18. Jahrhunderts erneut von Kriegsgreueln heimgesucht wurde. Da setzte die Auswanderung dort ein, die vor allem nach Nordamerika ging.

Aber auch heute leben in der Pfalz und Rheinhessen noch rund 3000 Mennoniten in 17 Gemeinden.

Der Mosel-Riesling setzt sich durch

An der Mosel war der April früher ein Monat, der über Wohl und Wehe der Winzer entschied, solange nämlich, als dort vorwiegend die Kleinberger-Rebe angebaut wurde, eine Rebart, die früh austreibt und daher durch die späten Nachtfröste sehr gefährdet ist. – Heute ist der Riesling die Rebart der Mosel. Und schon vor mehr als 300 Jahren fand diese Rebart ihre erste Würdigung. Man liest in einem 1669 erschienenen Buch über die Gegend von Trarbach: »Was die Art der Trauben angeht, die hier den anderen vorgezogen werden, so gibt man den Rieslingen den Preis. Sie haben kleine Beeren, tun es aber wegen des lieblichen Geruchs und Geschmacks den Muskatellern gleich oder vor...«

Damals im 17. Jahrhundert war die Gegend um Trarbach und Enkirch eine Rieslinginsel. Eine andere fand sich um Piesport. Von dort heißt es, ein Ritter hätte aus dem Kreuzzug im Libanon die erste Rieslingrebe mitgebracht.

Moselauf und moselab jedoch herrschte die Kleinberger-Rebe noch vor. Sie brachte frühe Ernten, d. h., die Kleinbergertrauben wurden immer reif, auch wenn das Wetter beizeiten im Herbst zu früher Lese zwang. Der Nachteil war, daß der Kleinberger – wie gesagt – auch früh austrieb und daher oft von Frühjahrsfrösten geschädigt wurde. So kam es, daß im 19. Jahrhundert noch viele, auch ausgezeichnete Lagen an der Mosel – z. B. der Brauneberg – mit der Kleinbergerrebe bepflanzt waren, und dies, obwohl der Ertrag von Jahr zu Jahr sehr schwankte. Dafür gab es jedoch immer einen brauchbaren Wein. Beim Riesling konnte ein Jahr mit wenigen Sonnentagen zwar noch guten Ertrag bringen, hingegen, soviel Säure und sowenig Zucker im Most, daß der Wein nur schwer absetzbar war.

Die Winzer aber waren auf Massenerträge angewiesen, bis die Franzosen kamen und die Feudalherrschaften mit ihren immensen Abgabeforderungen beseitigten. Um den drückenden Naturalsteuern nachkommen zu können, hatten viele Winzer auch ganz ungeeignete Lagen, die wenig Sonne bekamen und hohe Feuchtigkeit aufwiesen, mit Riesling bepflanzt. Nur die abgabenfreie Geistlichkeit konnte sich Qualitätsweinbau leisten.

Im 19. Jahrhundert hat es sich dann gerächt, daß der an ungünstigen Stellen angebaute Riesling einen Wein minderer Qualität lieferte, wenn das Jahr schlecht war; und im ersten Drittel des 19. Jahrhunderts waren die meisten Jahre kühl und regnerisch. Der saure Riesling war nicht absetzbar. Die Moselwinzer machten Elendszeiten durch. Karl Marx hat damals in einer seiner ersten Arbeiten über die Not der Moselwinzer geschrieben.

Zugleich aber versetzten die sehr kalten Winter der Kleinbergerrebe an der Mosel den Todesstoß, sie erfror massenweise. Damals kam das Sprichwort auf: »Ein Rieslingstock, ein woll'ner Rock!«

Auf dem Markt aber wurde der saure Riesling durch die mundigeren süddeutschen Weine verdrängt. Der deutsche Zollverein – viel gepriesen, weil er zwischen den deutschen Staaten die Zollschranken niederlegte – er hat die Moselwinzer ruiniert.

Erst vom Jahre 1857 an ging es wieder aufwärts im Moseltal. Zwei Gründe sorgten dafür: einmal wurden die Sommer wärmer und länger, zum anderen aber lernten die Moselwinzer, die Rieslingrebe an niedrigeren

Stöcken zu ziehen, so daß ihr die vom Boden reflektierte Wärme voll zugute kam.

Auf der Weltausstellung von 1867 errang der Moselwein seine ersten internationalen Triumphe, und von da an wurde er auf jeder folgenden Weltausstellung – und die waren im vorigen Jahrhundert sehr wichtig – zur Attraktion. Zugleich änderte sich überall der Geschmack und wandte sich von den vollen und schweren Weinen den leichten und spritzigen Kreszenzen zu. Und diese Geschmacksrichtung traf der Moselriesling mit Vollkommenheit.

Coadjutor- und Kurfürstenwahl
in Mainz

Der Dreißigjährige Krieg hatte das Deutsche Reich unendlich geschwächt, den Einfluß und die Macht des Kaisers erheblich gemindert. Frankreich hingegen war zu einer Art Schiedsrichterrolle in deutschen Angelegenheiten aufgestiegen und durfte sich unter seinem expansionssüchtigen König Ludwig XIV. Hoffnungen darauf machen, die Westgebiete des ohnmächtigen Reiches an sich zu bringen. Schlüsselstellungen in diesem Gebiet am Rhein nahmen die drei geistlichen Kurfürstentümer Köln, Trier und Mainz ein, und es mußte der französischen Politik viel daran gelegen sein, dort Fürsten zu wissen, die ihren Bestrebungen nicht im Wege standen.

Der Mainzer Kurfürst und Erzbischof Johann Philipp von Schönborn war kränklich und bereits Mitte Sechzig, und seine Nachfolge mußte bedacht werden, indem man ihm einen Coadjutor zur Seite stellte, der später sein Nachfolger würde. Die französische Politik hatte sich für Lothar-Friedrich von Metternich, den Bischof von Speyer, entschieden und hatte mit ihm einen Geheimvertrag geschlossen, worin er sich verpflichtete, als künftiger Kurfürst die Interessen Frankreichs zu unterstützen. Dafür erhielt er als Wahlhilfe die immense Summe von 210000 Livres.

Das Domkapitel war jenes Gremium, das sowohl den Coadjutor als auch den Kurfürsten und Erzbischof zu wählen hatte. In Mainz bestand dies Domkapitel aus 42 Domherren, die nicht nur geistlichen Standes sein mußten, sondern auch ihre adeligen Vorfahren, 16 an der Zahl, nachzuweisen hatten. Aber nicht alle Domherren waren wahlberechtigt. Nur die Kapitularen, die Angehörigen des engeren Kreises des Domkapitels, hatten eine Stimme, 24 waren es in Mainz. An der Spitze standen die höheren Ränge der Prälaturen: der Dompropst, der Dechant, der Kustos, der Scholaster, der Kantor.

Dompropst war damals – um 1670 – Johann von Heppenheim, der sich hohe Verdienste um Stadt und Stift Mainz erworben hatte und wegen seiner Wohltätigkeit beliebt war. Er hatte das Mainzer Waisenhaus mitbegründet und das Priesterseminar erneuert, war darüberhinaus enger Vertrauter des Kurfürsten und Erzbischofs. Aber er war schon Mitte Sechzig und kam daher selber als Kandidat für die Nachfolge nicht in Frage.

Der Domdechant Marsilius von Ingelheim war oft in diplomatischen Missionen eingesetzt gewesen, gehörte dem Kollegium Germanicum in Rom an, war Rektor der Mainzer Universität, Stiftspropst von Mariagraden und Domherr von Würzburg. Aber er gehörte nicht zu den Freunden des regierenden Kurfürsten.

Domkustos war der Neffe des Kurfürsten, ein Sohn seines Bruders und wegen der Bevorzugung, die ihm sein Onkel zuteil hatte werden lassen, oft angegriffen.

Der Domscholaster, ein Herr von Metternich-Winneburg, hielt zur kaiserlichen Partei, war also für die Franzosen besonders problematisch, zumal er Aussichten hatte, selbst die Nachfolge anzutreten und darüber hinaus als möglicher Kandidat für den Kurstuhl in Trier in Frage kam.

Kantor war Fuchs von Dornheim aus dem Fränkischen, der als Günstling des Mainzer Kurfürsten galt.

Unter den übrigen Domkapitularen gab es noch drei Bischöfe. Dazu gehörte Lothar-Friedrich von Metternich, Bischof von Speyer und bevorzugter Wahlkandidat der Franzosen. Er war der Sohn eines kurtrierischen Geheimrates und Oberamtmann von Wittlich und seit 1652 in seinem Amt in Speyer.

Eine wirkliche Konkurrenz gegen ihn war Bischof Wilderich von Waldersdorff, der als Bischof von Wien zur kaiserlichen Partei hielt, überdies auch Mitglied des Germanischen Kollegiums in Rom war, zehn Jahre lang das Amt eines Reichsvizekanzlers geführt hatte und deshalb Erfahrung in diplomatischen Dingen besaß.

Das Wahlgremium insgesamt schied sich 50 zu 50 zwischen kaiserlich und französisch Gesinnten, wenigstens anfangs.

Der französische Gesandte, der im Mainzer Augustinerkloster wohnte, hielt Kontakt zu allen Herren des Kapitels und fand bei seinen Gesprächen, daß die Aussichten des Speyerer Bischofs, des französischen Kandidaten, die besten seien. Diese Mehrheit für den Speyerer war vor allem zustandegekommen, nachdem der Kurfürst von der Pfalz seinen Gesandten nach Mainz geschickt hatte, um gegen eine mögliche Wahl dieses Lothar-Friedrichs von Speyer zu protestieren. Der Pfälzer aber galt als gewalttätig und war unbeliebt.

Die Domherren insgesamt konnten von Frankreich bei einer für den Speyerer Bischof günstigen Wahl reichliche Geldzuwendungen als Belohnung erwarten, andererseits wurden sie in dieselbe Richtung getrieben durch die Furcht vor dem bevorstehenden Angriffskrieg Frankreichs, bei dem möglicherweise der Kurstaat Mainz das erste Opfer werden könnte.

So war am Ende die Wahl Lothar-Friedrichs von

Metternich, Bischof von Speyer, zum Coadjutor und späteren Nachfolger des Mainzer Kurfürsten nur noch eine Formsache, allerdings eine höchst feierliche. Die Geschütze donnerten in das Geläute der Mainzer Kirchen, die Bürgergarde feuerte Salven aus ihren Musketen, als die Domherren zur Messe und zur Wahl in den Dom einzogen. Der Bischof von Speyer wurde denn auch einstimmig gewählt. »Durch die Kraft des Heiligen Geistes«, wie der französische Gesandte nach Hause meldete. »Man trank viel und feierte das Ereignis«, schreibt er weiter, und er durfte sicher sein, seinem König Ludwig XIV. einen treuen Bundesgenossen gewonnen zu haben, weil noch am selben Abend der Hofmarschall des neuen Coadjutors ihm zusagte, der Dank Lothar-Friedrichs von Metternich würde sich nicht auf Worte beschränken, sondern durch Taten erstattet.

Aber die Diplomatie des 17. Jahrhunderts ist ein feines Spiel gewesen. Der neue Coadjutor hatte auch nach Wien und zum kaiserlichen Hof seine Fäden gesponnen. Sein eigentliches Ziel ist es offenbar gewesen, vermittelnd zwischen den Parteien Kaiser und Frankreich zu wirken.

Man muß sich vor Augen halten: Das Königreich Frankreich war eine straff zentralistisch von Versailles aus regierte absolute Monarchie. Das Deutsche Reich hingegen bestand aus dem losen Zusammenschluß von mehr als 300 großen und kleinen Fürsten, reichsunmittelbaren Herrschaften und Städten, die alle ängstlich auf ihren Eigennutzen und ihre Selbständigkeit bedacht waren. Da machte auch das Kaiserhaus Österreich-Habsburg selbst keine Ausnahme; es hatte gerade im Dreißigjährigen Krieg gezeigt, daß es weniger an das

Reich als an seine Hausmacht dachte. Auch dies ist verständlich, beruhte doch der Einfluß des Kaisers nur auf dieser Hausmacht.

Es ist verständlich, daß Frankreich dies seltsame Gebilde »Deutsches Reich«, das von einem Staatsrechtler der damaligen Zeit treffend als ein »Monstrum« bezeichnet wurde, kaum ernst nehmen konnte. Zudem war dem Hineinwirken Frankreichs in die inneren Angelegenheiten des Reiches seit dem Westfälischen Frieden eine legale Grundlage gegeben worden, indem nämlich dort der Französische König zum Garant der deutschen Freiheit und Libertät erklärt worden war. Und das hieß nichts anderes, als daß er berufen sei, die Rechte und die Unabhängigkeit der deutschen Fürsten gegenüber dem Kaiser zu vertreten.

Das war eine Position, die dem unternehmenslustigen König Ludwig XIV. sehr willkommen sein mußte. Sein Expansionsdrang hatte sich zunächst gegen die freien Niederlande gewandt, die ja seit eben diesem Westfälischen Frieden auch offiziell selbständig und vom Reich getrennt waren. Hier aber war der französische Einfall auf den Widerstand einer Nation gestoßen, die in langem Freiheitskampf zu nationalem Selbstbewußtsein erwacht war und zudem ihre protestantische Konfession zu verteidigen hatte.

Da war es nur logisch, daß sich nun die französischen Bestrebungen auf die drei geistlichen Kurfürstentümer am Rhein richteten, jene Grenzländer des Reiches, wo Kurfürsten regierten, die zugleich Kirchenfürsten und weltliche Herrscher waren, bedeutsam darüberhinaus als Mitglieder jenes Kollegiums, das den Kaiser zu wählen hatte: Köln, Trier und Mainz. In diese Herrschaftsgebiete war zudem leichter hineinzuwirken, weil dort keine Erbfolge der Regierung vom Vater auf den Sohn erfolgte, die geistlichen Kurfürsten vielmehr jeweils neu von ihren Domkapiteln gewählt werden mußten.

Köln war schon durch das Wirken des Prinzen von Fürstenberg, des nachmaligen Kurfürsten und Erzbischofs, der französischen Politik gewonnen.

In Trier, das ja am unmittelbarsten von Frankreichs Expansionsgelüsten bedroht erschien, zeigte man sich unzugänglicher.

Der Mainzer Kurfürst und Erzbischof Johann Philipp von Schönborn hingegen war ein Parteigänger Frankreichs und hatte mit dem Kölner und anderen rheinischen Herren einen Rheinbund geschlossen, der sich an Frankreich anlehnte und gegen die Machtbestrebungen des österreichisch-habsburgischen Kaisers gerichtet war.

Die schlimmen Erfahrungen des Dreißigjährigen Krieges, in dem das Rheinland schwer gelitten hatte, ohne Hilfe vom Kaiser erhalten zu haben, machen diese Haltung verständlich. Kurfürst Johann Philipp von Mainz hatte entscheidend zum Abschluß des Westfälischen Friedens beigetragen im Gefolge französischer Diplomatie und als eifriger Vertreter fürstlicher Unabhängigkeit vom Kaiser. Wie tiefgreifend hier die kaiserliche Macht in Frage gestellt wurde, läßt sich ermessen, wenn man bedenkt, daß der Kurfürst von Mainz zugleich Erzkanzler des Reiches war. – Aber auch die Haltung dieses weltlichen und geistlichen Herrn muß man verstehen: Bei einem Angriff Frankreichs hätte er auch jetzt kaum auf Unterstützung durch den Kaiser rechnen können. Und ein solcher Angriff war leicht möglich, steckte doch, wie ein Pfahl im Fleisch, im kurfürstlich-mainzischen Gebiet die Festung Philippsburg, die nach den Bestimmungen des Westfälischen Friedens eine französische Garnison hatte.

Diese Festung Philippsburg lag im Gebiet des Bischofs von Speyer, das zum Kurfürstentum Mainz gehörte. Niemand war also so in der Hand Frankreichs wie dieser Lothar-Friedrich von Metternich, der den bischöflichen Stuhl in Speyer innehatte. Die Französische Garnison hatte sich bereits vielfache Übergriffe auf sein Gebiet und in seine Recht erlaubt; er hatte den Kaiser um Hilfe angerufen, aber von Wien aus war nichts zum Schutze seiner Interessen erfolgt.

Als nun der 56jährige Kurfürst von Mainz schwer erkrankte, und man sich über seine Nachfolge Gedanken machte, dachte man in Frankreich sofort daran, den Bischof von Speyer als Wahlkandidaten zu begünstigen. Die Verhandlungen zwischen dem Kanzler des Speyerer Bischofs und dem französischen Gesandten fanden in Mainz statt und führten zu dem ersten Ergebnis, daß die Übergriffe der Garnison von Philippsburg abgestellt wurden, daß eine Entschädigung von 60000 Livres gezahlt werden sollte und der Bischof selbst eine Jahrespension von 10000 Livres vom französischen König zugesagt erhielt, wogegen er sich verpflichtete, bei seiner Wahl zum Kurfürst von Mainz eine Frankreich genehme Politik zu führen.

Der Kurfürst Johann-Philipp von Mainz erholte sich indessen noch einmal von seiner Krankheit. Seine Haltung war inzwischen eher Frankreich feindlich geworden, vielleicht ausgelöst durch die plötzliche Besetzung Luxemburgs mit französischen Truppen im Jahre 1670.

Neue Verhandlungen zwischen dem Kanzler des Speyerer Bischofs und dem französischen Gesandten fanden in Sachsenhausen statt, und hierbei erklärte der

Kanzler, was der Gesandte ohnedies wußte: es seien zur Gewinnung der Herren vom Mainzer Domkapitel erhebliche Geldsummen nötig. Der Gesandte selber eilte nach Versailles und in dem Vertrag, der schließlich ausgehandelt wurde, verpflichtete sich Frankreichs König nochmals zu einer Zahlung von über 200 000 Livres als Wahlhilfe, wogegen der Bischof von Speyer im Falle seiner Wahl zum Kurfürsten versprach, wie es heißt: »Auf der Grundlage seiner des Königs von Frankreich für das Reich heilsamen Absichten mit diesem zusammenzuarbeiten.«

Als aber dann Lothar-Friedrich von Metternich tatsächlich Kurfürst von Mainz wurde, da hat er keineswegs blindlings die französische Politik unterstützt, sondern sich recht wörtlich an die Präambel seines Vertrages mit Frankreich gehalten, die als Ziel des Zusammenwirkens die folgenden Punkte gesetzt hatte: Die Ruhe der Christenheit, die Erhaltung der katholischen Religion und der Schutz der hergebrachten Ordnung im Reich.

Die Medizinalordnung
im Kurfürstentum Trier

Im Jahre 1683 fand es die Kurfürstliche Kammer zu Trier für notwendig und längst überfällig, eine im ganzen Erzbistum gültige Medizinalordnung zu erlassen. Es war dies unter der Regierung des Kurfürsten und Erzbischofs Johann Hugo. Schon der Titel des neuen Gesetzes läßt ahnen, worum es hauptsächlich ging: »Kurfürstlich-Trierische Arzneiordnung, wie sich die Medici, Apotheker, Barbiere oder Wundärzte und andere ad praxim medicam Angehörige im Erzstift Trier hinführo zu verhalten haben.«

Ja, die Vielzahl der medizinisch Tätigen hatte in der Vergangenheit oft zu Streitereien geführt. Vor allem pfuschten die Barbiere, die eigentlich nur die, auch heute noch sogenannte kleine »Chirurgie« ausüben durften, den eigentlichen Chirurgen ins Handwerk. Und die neue Ordnung scheint in dieser Beziehung auch nicht viel geholfen zu haben, denn runde vierzig Jahre später wird uns noch von einem Prozeß zwischen Barbier und Chirurg berichtet.

Da ist der Hofchirurg Pannacher in Ehrenbreitstein in der Horsgasse dem Barbier Busch begegnet und hat ihn gefragt, weil er schon einen Verdacht hatte, woher denn der Herr Barbier gerade käme. Und der Barbier Busch hat voll guten Gewissens geantwortet, er käme vom Herrn Doktor Higel, dem habe er die Nase verbunden. »Aha«, sagt der Chirurg Pannacher, »dergleichen habe ich vermutet, und weiß denn der Herr Barbier nicht, daß derlei Sache des Chirurgen ist? Auch hört man von Aderlassen und allerlei Operationen, die der Herr Barbier Busch vornehmen soll.«

Da hat sich denn ein Streit entwickelt, der Chirurg droht mit Klage, der Barbier schreit: »Schelm und Brotdieb«, und endlich liegen sich die beiden in den Haaren, wie Zeugen, die des Wegs gekommen, angeben können. Das Gericht hat am Ende den Barbier verurteilt, allerdings nur zu den Kosten des Verfahrens und zu einer Entschuldigung.

Die neue Medizinalordnung des Kurfürsten Johann Hugo gibt auch an, was die Chirurgen für ihre Leistungen verlangen dürfen. Ein Beinbruch, der nicht offen ist, wird bei alten Leuten für 12 Taler geheilt, bei Kindern für 8 Taler. Die Amputation eines Schenkels kostet 12 Taler. Stirbt jedoch der Patient infolge der Operation, so darf der Chirurg nur die Hälfte berechnen. Genauso verhält es sich bei der Blasensteinoperation, die, wenn sie gelingt, 20 Rheintaler kostet.

Die Preise sagen nicht viel, weil man sie in Relation zu Einkommen und Lebenshaltungskosten setzen müßte. Eines aber ist sicher: für den einfachen Bürger waren sie zu hoch, der ging notgedrungen zu den Kurpfuschern und Marktschreiern, wenn ihn ein Leiden plagte.

Dabei galten die Chirurgen damals, vor 300 Jahren, noch als Handwerker, die ihre Ausbildung bei einem Meister als Lehrling oder »Jung« begannen, dann Gesell wurden und schließlich, allerdings nur wenn sie Glück hatten, auch eine Meisterstelle fanden. Für Trier war die Zahl der Chirurgenmeister auf neun begrenzt.

Hundert Jahre später sah das schon anders aus. Im Jahre 1788 ließ der letzte Trierer Kurfürst, der fortschrittliche Clemens-Wenzeslaus, untersuchen, welche

Ausbildung seine Trierer Chirurgen genossen hätten. Und da stellte sich heraus, daß nunmehr doch die meisten Universitäten besucht hatten.

Der Hofchirurg Moritz z. B., der schon 40 Jahre praktizierte und auch kurfürstlicher Hebammenlehrer war, gab an, er habe in Straßburg an der Universität und in den Hospitälern Chirurgie und Arzneiwissenschaft gelernt. Und er sagte vor den Beamten: »Medizin und Chirurgie sind wie die beiden Arme eines Körpers, und ohne Medizinkenntnisse kann kein Chirurg bestehen.«

Gerade das hatte die vor 300 Jahre neue Medizinalordnung bestritten. Bei ihr waren die Chirurgen lediglich für die äußeren Verletzungen zuständig, die Mediziner aber für die inneren Krankheiten, und keiner durfte dem anderen ins Handwerk pfuschen.

Allerdings gab es sogar noch im 19. Jahrhundert, als Trier längst nicht mehr kurfürstlich, sondern preußisch war, Chirurgen, die aus einer handwerklichen Ausbildung hervorgegangen waren.

Schlimme Jahre für die Pfalz und das Rheinland: »Der pfälzische Erbfolgekrieg«

Das Jahr 1685 ist ein Schicksaljahr für die Pfalz gewesen. Damals ist der Grund gelegt worden für eine langdauernde, beispiellose Notzeit. Denn in diesem Jahr 1685 starb Kurfürst Karl von der Pfalz. Er war der Bruder jener berühmten Liselotte von der Pfalz.

Der Vater der beiden hatte die Liselotte nach Frankreich verheiratet, mit dem Bruder König Ludwigs XIV., um den Frieden zu sichern, die Pfalz zu retten vor den weit und unersättlich ausgreifenden Eroberungsgelüsten des Franzosen. »Ich bin das politische Lamm, welches für den Staat und das Land geopfert werden soll«, hatte Liselotte damals in ihrer bildhaften und ehrlichen Art gesagt. – Sie hatte das Opfer umsonst gebracht.

Schon war dem Herzog von Lothringen sein Land abgenommen, schon hatten Frankreichs Truppen das Elsaß besetzt, schon kämpften französische Armeen um den Besitz der Niederlande. Noch fehlte das Rheinland und die Pfalz. Und König Ludwig XIV. bot dem Herrn Vetter und Kurfürsten von der Pfalz gar eine Königskrone von seinen Gnaden an, wenn er sich mit dem Westgebiet des Deutschen Reiches an Frankreich anschließe.

Aber der Kurfürst sagte »Nein«, und im Reich formierte sich Widerstand: Der Kaiser Leopold und der Große Kurfürst von Brandenburg schlossen sich zu gemeinsamen Verteidigung zusammen.

Der Optimismus des Pfälzer Kurfürsten war arg getäuscht worden, hatte er doch gemeint, durch Neutrali-

tät allen Beschwernissen zu entgehen, aber schon plünderten französische Truppen auch sein Land; da wurde – beinah überraschend – Frieden geschlossen. Die Pfalz war noch einmal davongekommen.

Und nun eben – 1685 – starb der Kurfürst. Und er war der letzte seines Geschlechtes, der letzte der Linie Simmern-Pfalz. – Sein rechtmäßiger Erbe kam aus Bayern, Philipp-Wilhelm Herzog von Neuburg.

Doch kaum hatte er Einzug gehalten in das damals noch wunderbare Schloß zu Heidelberg, da langte dort der Gesandte des allerchristlichen Königs Ludwig von Frankreich an, der Abbe Morel, und er brachte nicht mehr und nicht weniger, als die Forderung, das pfälzische Erbe total und ungeteilt an Liselotte zu geben, mit dem Orleans verehelicht, kurz und gut, also an Frankreichs Krone.

Der neue Kurfürst beeilte sich, Verträglichkeit zu zeigen. Was in etwa der Liselotte hätte zustehen können, das ließ er eilends nach Frankreich expedieren: Schmuck und Mobilar des Schlosses, die umfänglich Bibliothek und die Pferde des Marstalls. – Frankreichs König aber ließ sich nicht mit Kleinigkeiten abfinden.

In der Pfalz berief man sich auf unumstößliche Urkunden: daß nur männliche Erbfolge für die Kurwürde gelte, daß auch auf Land und Leute kein Anspruch bestehe für die weibliche Linie. Zudem hatte man es schwarz auf weiß, daß Liselotte bei ihrer Verehelichung auf alle Erbschaftsansprüche Verzicht geleistet hatte. – Der französische Gesandte drohte, sein König sei längst entschieden zu nehmen, was ihm zustehe, und reiste ab.

Schon Ende 1685 war es soweit, daß der Konflikt, der bewaffnete Konflikt, jederzeit ausbrechen konnte. Der Kurfürst der Pfalz suchte Beistand beim Kaiser, beim

bayerischen Kollegen, sogar den Papst rief er um Hilfe
an.

Jahrelang dauerten Angst und Ungewißheit.

Es war 1687, daß es der Kardinal Graf von Fürstenberg fertigbrachte, seinen Erzbischof und Kurfürsten
von Köln, den schwachen Maximilian-Heinrich zu
einem Bündnis mit dem französischen König, mit Ludwig XIV. zu bewegen. Für Frankreich war dies Bündnis
ein Schritt auf seinem Wege zur Erreichung der Rheingrenze, die Richelieu in seinem Testament als vordring-
lichstes Ziel aller Politik Frankreichs bezeichnet hatte.
Nach ihm war der französische Marschall Turenne in
seinen Forderungen noch weiter gegangen, als er
schrieb: »Der Rhein ist nur eine Grenze auf dem Papier.
Wir müssen auch das andere Ufer besetzen.«

Kaiser und Reich waren damals in schweren Kämpfen mit den Türken an der Ostgrenze gefesselt; fünf
Jahre erst war es her, daß Wien von den Osmanen belagert worden war. Der französische König hatte diese
Zwangslage zu nutzen gewußt, seine Truppen hatten
Luxemburg, das zum Reich gehörte, erobert, waren
dann nach Trier vorgerückt und hatten dort die Stadtbefestigungen geschleift. Der große Eroberungskrieg
wurde so von langer Hand vorbereitet.

Und nun stand also auch noch der Kurfürst von Köln
im Bunde mit Frankreich. Er hatte Bonn und Düsseldorf mit verstärkten Garnisonen zu belegen, sowohl
zur Verteidigung gegen mögliche Angriffe kaiserlicher
Truppen, als auch zur Vorbereitung eines Angriffs.
Und das alles, obwohl ein auf 20 Jahre befristeter Waffenstillstand mit dem Reich bestand. Um den zu erreichen, hatte der Kaiser dem französischen König alle
bisherigen Eroberungen zugestanden und anerkannt.

Nun starb aber im Jahre darauf, 1688, der Kölner Kurfürst. Das Domkapitel trat zur Neuwahl zusammen, und nach dem Willen Frankreichs sollte neuer Kurfürst der Graf von Fürstenberg werden. Das Domkapitel aber hielt in Mehrheit zum Reich. Der Fürstenberger war wegen seiner französischen Verbindungen nicht nur in Kurköln verhaßt, hatte ihm doch auch in Mainz bei einem Festbankett einmal ein kaiserlicher Obrist den vollen Pokal ins Gesicht geschüttet und mit dem schweren Silbergefäß nicht unerheblich nachgestoßen.

Als nun Ludwig XIV. erkennen mußte, daß sein Mann, der Graf von Fürstenberg, nicht auf legalem Weg in Kurköln an die Macht käme, ließ er seine Truppen, ohne Aufkündigung des Waffenstillstandes nach Kurköln und damit ins Reich einrücken. Frankreichs Rechtfertigung für alles, was nun geschah, war und blieb der Erbanspruch in der Pfalz. Ludwig XIV. forderte zwar nicht das ganze Kurpfälzische Land, aber immerhin die Fürstentümer Simmern und Lautern, die Grafschaft Sponheim und die Herrschaft Oppenheim, letztere vor allem wegen des dortigen günstigen Rheinübergangs.

Der Kurfürst von Trier wurde aufgefordert, den französischen Truppen den Durchmarsch durch sein Gebiet zu gestatten. Und schon näherten sich aus dem Luxemburgischen 14 Bataillone Infanterie, 6 Reiterund 3 Dragonerregimenter, eine Truppenmacht, der man in Kurtrier wenig entgegenzusetzen hatte. Der Trierer Kurfürst sandte eilige Botschaft an den Kaiser und er wandte sich um Hilfe an den Landgrafen von Hessen-Kassel.

Auch von anderer Seite drohte nun Gefahr, denn der

französische Marschall de Sourdies war eben in Bonn eingetroffen, und man erwartete, er würde rheinauf marschieren, um die Festungen Ehrenbreitstein und Koblenz zu nehmen. Aus Hessen-Kassel schickte der Landgraf tatsächlich zwei Regimenter, die um Koblenz und Ehrenbreitstein in Quartier gelegt wurden.

Dabei war der Krieg noch keineswegs erklärt. Ludwig XIV. hatte nur wissen lassen, seine Armee habe Kurköln besetzt, um dies Gebiet gegen feindliche Angriffe zu schützen, obwohl sich ein Feind Kurkölns weit und breit nicht ausmachen ließ, außer den Franzosen selber. Aber es war schon französische Tradition, sich auf die Formel des Friedensvertrages von Münster, 1648, zu berufen, in der Frankreich sich nur zu gern verpflichtet hatte, deutsche Libertät und Freiheit zu schützen.

Und Kaiser Leopold I. im fernen Wien konnte nicht mehr tun, als seinen Gesandten im Haag anzuweisen – es war der aus Koblenz stammende Johannes Kamprich – über den dortigen französischen Gesandten, König Ludwig XIV. zu ermahnen, seine Soldaten vom Reichsgebiet zurückzuziehen.

Der Kaiser schrieb an seinen Gesandten: »Wir tragen noch Bedenken, den Krieg zu erklären, so lange unsere Macht so weit entfernt mit den Türken im Kampf ist.«

Im Herbst 1688 waren alle festen Plätze des Kurstaates Köln in französischer Hand, ausgenommen die freie Reichsstadt Köln selbst. Die Kölner hatten Hilfe bekommen vom Kurfürsten von Brandenburg, der sich um seine Besitzungen Kleve und Mark sorgte, und von Kurpfalz, deren Gebiet um Jülich und Berg bedroht war. In diesem Falle hatte die groteske territoriale

Zersplitterung des Reiches einmal ihr Gutes. Aber am Mittelrhein von der Mosel über Andernach und Linz bis Bonn und Neuß standen die Franzosen bereits, und so waren die habsburgischen und die freien Niederlande eigentlich fast vom Reich abgeschnitten.

Was waren das nun für französische Truppen, die ohne ernsthaften Widerstand zu finden, Reichsgebiet besetzten? Es war eine Armee, die damals ihresgleichen nicht hatte, sowohl was die Zahl als auch was Ausbildung und Organisation angeht. Gewiß nur eine Söldnertruppe, die zu einem Drittel sogar aus Nichtfranzosen bestand, aber das war die Regel bei allen Truppen der damaligen Zeit. – Jetzt im Spätherbst 1688 wurde sogar eine Art von allgemeiner Wehrpflicht in Frankreich eingeführt, mehr als hundert Jahre vor der Revolution, der man ja eigentlich diese Erfindung zuspricht: Die Gemeinden in Frankreich hatten je nach Einwohnerzahl eine bestimmte Zahl von Wehrpflichtigen zu stellen, die »volontaires« genannt wurden, wobei die Freiwilligkeit gewiß nur im Namen lag. Diese Miliz hatte der Besetzung der von den Feldtruppen entblößten Garnisonen zu dienen.

Überdies wurde der Landsturm einberufen, etwa das, was in Deutschland die Schützengilden waren. Der Landsturm war in Frankreich geschaffen worden, um die mit Gewalt zum katholischen Glauben bekehrten Hugenotten in Ruhe zu halten.

Das heilige Römische Reich Deutscher Nation war im Gegensatz zu Frankreich alles andere als ein zentralistisches Staatsgebilde, vielmehr in hunderte von großen, kleinen und kleinsten selbständigen Herrschaftsgebieten zerteilt, bis herab zu reichsunmittelbaren Klöstern, die im Kriegsfalle verpflichtet waren, einen halben Mann auszurüsten. Ein Fortschritt war es schon gewesen, als 1512 dies locker gefügte Reich in zehn Wehrkreise geteilt worden war, deren »Direktoren« jeweils in ihrem Gebiet die Anzahl und Bewaffnung der Truppen mit den zahlreichen Herren auszuhandeln hatten. Insgesamt sollten so, nach der Übereinkunft von 1681, im Falle des Reichskrieges 40 000 Soldaten zusammenkommen. Zum Beispiel hatte der rheinische Kreis 600 Mann zu Pferde und 2707 Mann zu Fuß zu stellen. Aber das waren Zahlen, die sich gut aufs Papier schreiben ließen.

Nun waren die Herren in diesen Kreisen keinesfalls willens und oft auch finanziell gar nicht in der Lage, die erforderlichen Truppen ständig in Bereitschaft zu halten. Erst wenn ein Krieg erklärt war – und wir werden sehen, dies dauerte lange – begannen schleppende Verhandlungen mit den Kreisdirektoren; waren diese einigermaßen zum Abschluß gebracht, wobei die Herren natürlich alle Möglichkeiten ausnutzten, so gering, wie es nur ging, belastet zu werden, erst dann wurden die Truppen angeworben. Das alles brauchte erhebliche Zeit.

Zudem standen bereits Reichstruppen im Feld gegen die Türken. Im schwäbischen und fränkischen Kreis waren daher überhaupt keine Truppen zur Hand. Der Württemberger ließ schon damals seine Landeskinder in fremden Diensten kämpfen, mit den Venezianern in Griechenland oder sie standen in den freien Niederlanden ebenfalls zum Schutz der Grenze gegen Frankreich, dort dienten auch brandenburgische Regimenter. Das brachte den Fürsten Geld und ersparte ihnen eigene Unterhaltskosten.

Die Kurkölnischen Truppen waren durch Kardinal

Graf Fürstenberg, den erklärten Freund Ludwigs XIV. in französische Dienste überführt worden; allerdings muß man darüberhinaus nach ihrem militärischen Wert fragen: Trugen doch die Seidenfahnen, die ihnen voranflatterten, die Aufschrift eingestickt: »Pietate et Sapientia« – Frömmigkeit und Weisheit. – Oder die Soldaten des Bischofs von Osnabrück, die an den Mützen den sinnigen Wunsch trugen: »Gib Frieden Herr in unseren Tagen«.

Die Armee Österreichs war zwar in den langen und endlich erfolgreichen Kämpfen gegen die Türken erstarkt, aber noch weit davon entfernt, einheitlich organisiert zu sein. Zudem war sie immer noch im Osten gebunden.

Frankreich jedoch hatte diesen, immer noch nicht erklärten Krieg umso besser vorbereitet. Die französischen Korps stützten sich im Süden auf die Festung Straßburg-Kehl, an der Mosel auf die eigens zu diesem Eroberungsfeldzug errichtete Burg Montroyal und auf das eroberte Luxemburg.

Die Kriegslehre der damaligen Zeit besagte: Eine Truppe darf sich nicht weiter als 100 Kilometer von ihren festen Plätzen entfernen, sonst werden Verbindungswege und Nachschub gefährdet.

Im Reich aber war auch das Festungswesen Sache der Territorialherren, nicht des Kaisers. Der Kaiser besaß am Rhein nur eine Festung, das war Philippsburg. Und deren Besitz wurde ihm von Ludwig XIV. in besonderem Maße bestritten. Die anderen Plätze, Städte und Burgen waren noch mittelalterlich befestigt; ihre Mauern konnten von den damaligen Feldgeschützen leicht sturmreif geschossen werden, die Bewaffnung war höchst unvollkommen.

Frankreich aber zögerte noch, den Krieg offen zu beginnen.

Da kommt 1688 die Nachricht in Paris an, die kaiserlichen Truppen hätten einen großen Sieg über die Türken errungen, einen entscheidenden Sieg, bald werde Kaiser Leopold I. dem Sultan den Frieden diktieren können. Dann aber würden die österreichischen Truppen im Osten freiwerden und für die Verteidigung der Westgrenze des Reiches zur Verfügung stehen. Eben um das zu verhindern, hatte Ludwig XIV. seit langem die Türken mit Geld unterstützt.

Nun schien es höchste Zeit, den Angriffsbefehl zu geben, sollten nicht alle Vorbereitungen umsonst gewesen sein.

Die französischen Truppen überschritten die Reichsgrenze. Trier wurde kampflos besetzt, die Pfalz überrannt. Nur die Festung Philippsburg hatte Widerstand geleistet und war eingeschlossen worden, mußte aber, ohne Hilfe von außen, bald kapitulieren. Auch am Ober- und Mittelrhein drangen die Franzosen vor, ohne auf nennenswerte Abfuhr zu stoßen.

Währenddem hatten die Truppen Kurkölns, im Bund mit Frankreich, die Aufgabe, den Heranmarsch von Brandenburgischen oder Niederländischen Hilfstruppen zu verhindern.

Die Art des französischen Vorgehens war darauf abgestimmt, daß man über kurz oder lang mit Gegenangriffen rechnen mußte, sobald nämlich die Österreicher mit den Türken Frieden hätten, sobald auch die langwierigen Kriegsvorbereitungen im Reich angelaufen seien. Man wollte diesen Gegenangriffen die Basis entziehen. Und so lautete denn der Befehl an den Marschall Louvois: »Zerstören Sie, demolieren Sie. Setzen

Sie sich dadurch in den Stand, der unbedingte Herr des Rheins zu werden, sodaß die Länder der Kurfürsten von der Pfalz von Mainz, Trier und Köln Ihren Truppen jederzeit offenstehen.«

Mitte Oktober 1688 wurde Mainz besetzt, Ende desselben Monats noch erreichten die Franzosen Koblenz.

Inzwischen hatten die Norddeutschen Staaten in Magdeburg über Hilfsmaßnahmen beraten. Es war beschlossen worden, wenigstens Frankfurt, Koblenz und Köln zu sichern. 7400 Hannoveraner und 12000 Sachsen und Hessen sollten an den Mittelrhein geschickt werden. Brandenburger und Niederländer würden das Kurkölner Gebiet von Franzosen säubern.

Wer glaubt, daß dieser löbliche Entschluß für den Trierer Kurfürsten eine reine Freude gewesen wäre, der täuscht sich, denn was da an Soldaten ankam, das war ja protestantischer Konfession. Und so ließ man die Hessen nicht eher nach Koblenz und in die Feste Ehrenbreitstein hinein, bis die Franzosen schon bei Waldesch standen, also wenige Kilometer entfernt.

Von Montroyal, der französischen Moselfestung aus, wurde schweres Geschütz moselab verschifft und vor Koblenz in Stellung gebracht; die Stadt wurde tagelang beschossen, Lützel-Koblenz dabei völlig zerstört. Aber die Truppen Kurtriers und Hessens verweigerten die Übergabe. Den Franzose genügte die Zerstörung. Sie zogen ab.

Schon fürchteten die Kölner, nun kämen sie an die Reihe, aber die Truppen Ludwigs marschierten rheinauf, zerstörten unterwegs soweit möglich alle Stadtbefestigungen und Burgen und gingen dann in die Winterquartiere, teils nach Mainz, das als Festung stärkt wurde, teils in die Pfalz. Der Krieg war bis zum nächsten Frühjahr 1689 vertagt.

Die von den Reichstruppen gebildete Front hatte sich inzwischen formiert. Die Hessen lagen von Hanau bis Engers am Rhein. Die Lahnlinie und den Westerwald sicherten 4000 Hannoveraner in Limburg, Dietz, Hadamar, Nassau, Montabaur und Engers.

Es war nicht so, daß die Bewohner der Gegenden über diesen militärischen Schutz hocherfreut gewesen wären. Wie üblich waren die adeligen Häuser, die Klöster und die Städte von Einquartierungen ausgenommen. Die bäuerliche Landbevölkerung trug die ganze Last der Verpflegung und Unterbringung von Mann und Pferd. Zudem war's ja nicht der Kurfürst von Trier allein, der die Protestanten fürchtete.

Man muß bedenken: das Ende des 30jährigen Krieges lag erst vier Jahrzehnte zurück, und dieser Krieg war ein Gemetzel zwischen Religionsparteien gewesen, ausgetragen auf dem Buckel des armen Mannes. Ja, das Gerücht ging nun um, diese ganze Hilfs- und Schutzaktion sei nichts anderes als ein schlau getarnter neuer Angriff der protestantischen Fürsten auf das katholische Rheinland.

Die Strategie der Franzosen erscheint auf den ersten Blick widersinnig: die noch mittelalterlich befestigten Städte und Städtchen, die Burgen und Schlösser, aber auch Wohnhäuser, Bauernhöfe wurden zerstört und verbrannt, die Vorräte vernichtet oder abtransportiert. Und das alles geschah systematisch und nicht im Kampf. Ein breiter Streifen verbrannter Erde sollte zwischen Frankreich und dem Reich entstehen. Ein furchtbarer, folgenreicher Befehl aus Paris. Aber man wollte einem Gegenangriff der Reichstruppen die Basis entziehen; Bei den schlechten Wege- und damit Nachschubverhältnissen war das durchaus logisch.

Im Frühjahr 1689 wurde, diesem Befehl folgend, auch das wunderbare Heidelberger Schloß zerstört, nicht bei Kampf und Belagerung, sondern nachdem die französischen Truppen längst fest dort saßen. Es fielen am Mittelrhein dem Zerstörungsbefehl zum Opfer: Bingen, Fürstenberg, Stahleck, Bacharach, Schönburg, Oberwesel, Boppard, Rhens, Stolzenfels, Rheineck, Sinzig.

Die Festung Ehrenbreitstein hielt sich noch, besetzt von kurtrierischen und hessischen Truppen. Ja, von hier machten zweihundert Mann einen Ausfall, gelangten bis auf die Höhen gegenüber von Andernach und beschossen von dort aus die Stadt, wo ein französisches Stabsquartier lag. – Daraufhin wurde vom Kriegsminister in Paris befohlen, auch Andernach zu zerstören, damit sich der Feind dort nicht festsetzen könne. – Die französischen Frontoffiziere erhoben Widerspruch, sie würden sich des eigenen Stützpunktes berauben, wenn Andernach vernichtet würde. Aber in Paris war man unerbittlich: Andernach und zugleich Mayen mußten zerstört werden.

An der Mosel wurden die Städte und Burgen Bernkastel, Zell, Cochem, Wittlich vernichtet. In Trier arbeiteten 2000 Mann daran, die Befestigungen niederzulegen, auch ein Bogen der alten Römerbrücke fiel den Sprengungen und der Spitzhacke zum Opfer. Im Hunsrück gingen Simmern, Stromberg, Kirchberg, Kastellaun in Flammen auf; an der Ahr und in der Eifel: Monreal, Nürburg, Olbrück, Altenahr, Ahrweiler; in Luxemburgischem Gebiet: Grevenmacher, Bitburg, Echternach, Diekirchen, St. Vith und Bastogne.

In den besetzten Gebieten wurde französische Verwaltung eingeführt. Der Hauptstützpunkt der Armee war die eigens zu diesem Zweck errichtete Festung Montroyal an der Mosel, wo eine Garnison von 14 Bataillonen lag. Im zerstörten Mayen und in Andernach waren starke Kavalleriekräfte untergebracht, die die Verbindungsstraßen vom Rhein zur französischen Grenze zu sichern hatten, vor allem auch die Verbindung nach Kurköln, dem Verbündeten Frankreichs.

Die Reichsarmee hatte sich inzwischen notdürftig formiert; einzig um den Oberbefehl wurde noch gestritten. Der Herzog von Lothringen, die Kurfürsten von Bayern und Sachsen standen gleichwertig nebeneinander. Der Kurfürst von Brandenburg hatte sich ausbedungen, die eigenen Truppen nur nach seinem Befehl operieren zu lassen.

Endlich setzte der Herzog von Lothringen seinen Plan durch: nämlich Mainz und Montroyal zu erobern, und das von den Franzosen abgeschnittene Koblenz zu befreien. Ein stolzer, wenn nicht sogar phantastischer Plan; denn als der Herzog zu seiner Ausführung in Frankfurt anlangte, da fand er dort nur vier kaiserliche Regimenter und das Kontingent der Hessen vor. Die anderen Truppen waren noch in langsamem Anmarsch und die Artillerie fehlte ganz.

Andererseits aber erhielt man Nachricht, daß die Franzosen Vorbereitungen träfen, die Stadt Koblenz erneut anzugreifen. Und Koblenz sollte der Punkt sein, an dem der Herzog von Lothringen den Rhein überschreiten wollte.

Es wurden also eilends zwei Regimenter Kürassiere dorthin in Marsch gesetzt, ebenso Brückenmeister, also Pioniertruppen, die alle verfügbaren Kähne zusammen-

ziehen sollten. Es galt, diesen Übergangspunkt rheinauf und rheinab zu sichern.

Nach Linz, das die Franzosen besetzt hatten,
schickte man den Trierischen Oberst von Hartinghau-
sen mit 150 Reitern und 700 Mann Infanterie, viel zu
schwache Kräfte, um die gut befestigte Stadt zu nehmen. Eine seltsame Kriegslist brachte indessen die
Franzosen zum kampflosen Abzug: Die Dragoner ritten in ihren weißgrünen Uniformröcken an die Stadt
heran, preschten dann zurück und kehrten erst um,
nachdem sie die Röcke auf Links gedreht hatten. Das
Futter war rot, und die Franzosen glaubten, da kämen
andere Truppen. Sie bekamen's mit der Angst und
machten sich zu Schiff rheinab davon. Auch die Insel
Hammerstein wurde von den Reichstruppen besetzt.
Von Koblenz rheinaufwärts schützte die Feste Rheinfels bei St. Goar die linke Flanke des Rheinübergangs.

Am 21. Mai 1689 gaben Kanonenschüsse von den
Wällen um Mainz das Signal zur endgültigen Zerstörung des Pfälzer Landes. Sie wurden von Oppenheim,
Worms und Speier weitergegeben, und diese Städte
wurden nun, obwohl schon längst ihrer Befestigungs-
mauern beraubt, gänzlich verwüstet.

Inzwischen tagten immer noch die Kriegsräte in
Frankfurt. Die Befehlsverhältnisse waren und blieben
ungeklärt. Die Reichstruppen waren inzwischen bei-
sammen und hatten Kastell und Kostheim besetzt, um
sich gegen französische Angriffe aus der Festung Mainz
zu sichern. Der Herzog Karl V. von Lothringen indessen konnte sich mit seinem Plan durchsetzen: bei Koblenz den Rhein auf zwei Schiffsbrücken zu überschreiten und moselauf zu marschieren, um das Zentrum der
französischen Militärmacht, die Festung Montroyal,

anzugreifen. Bayrische Truppen sollten zugleich Mainz einschließen.

Aber der halbe Monat Juni 1689 ging hin, man wartete auf die Entscheidung vom kaiserlichen Hofkriegsrat aus Wien, ob zuerst Montroyal oder Mainz anzugreifen sei.

Der französische Kriegsminister Louvois schrieb damals höhnisch: »Ehe der Sommer vorbei ist, werden sie sich die Augen gegenseitig auskratzen.«

Unterdessen war es gelungen, 45 große Schiffe für den Brückenschlag bei Koblenz zusammenzuziehen. Das Brückenbaumaterial aber, Balken, Bretter, Seile und Anker konnte nicht an der französisch besetzten Festung Mainz vorbei auf dem Rhein verschifft werden, es mußte in mühsamen Pferdetransporten durch den Rheingau geführt und erst dann rheinab geflößt werden.

So kam denn die kaiserliche Vorhut in Ehrenbreitstein an, und die Brücke war noch nicht fertig. Man hatte sich auf dem Marsch aus dem Gebiet des Kölner Kurfürsten in Rhens und Kapellen verpflegt – der Kölner Kurfürst paktierte ja mit den Franzosen. Und so waren nun die armen Bauern, die von den Franzosen als Untertanen eines Verbündeten verschont worden waren, von den Kaiserlichen, den Reichstruppen, um Vieh und Vorräte gebracht worden.

Der Rheinübergang wurde mit Fähren bewältigt, die je 50 bis 70 Pferde tragen konnten.

Am 23. Juni donnerten von den Mauern von Koblenz die Kanonen dem Herzog von Lothringen ihren Willkommensgruß entgegen. Die Franzosen hatten sich aus der ganzen Gegend zurückgezogen. Man war damals auf beiden Seiten keineswegs erpicht, eine offene Feldschlacht zu wagen. Die Söldnertruppen waren unzuverlässig und liefen leicht bei einer Niederlage auseinander.

So gelangte die kaiserliche Armee unangefochten bis Mayen. Vortrupps stellten fest, daß bis über Kaisersesch hinaus die ganze Gegend vom Feind geräumt war. Allerdings hatte sich inzwischen der Marschall Duras mit starken Truppen nach Kreuznach und Bingen gezogen, um ein Vorrücken der Kaiserlichen auf Mainz zu hindern. Auch kamen von Luxemburg Verstärkungstruppen der Franzosen nach Montroyal.

Die Nachricht aus Wien, die nun endlich eintraf, besagte, daß der Kaiserliche Hofkriegsrat seine Beschlüsse gefaßt hätte: zuerst sei Mainz einzuschließen und zu belagern. Zugleich solle der Kurfürst von Brandenburg im Norden auf Bonn vormarschieren, und wenn beide Städte von den Franzosen geräumt seien, dann könne man die Festung Montroyal angreifen.

Also wendete sich der Herzog von Lothringen mit der kaiserlichen Armee wieder nach Süden. Ein als Bauer verkleideter Kurier wurde abgefangen. Er trug Briefe des Mainzer Befehlshabers an König Ludwig XIV. bei sich. Die Briefe meldeten: die Umgebung von Mainz sei völlig verwüstet und biete den Belagerern keinen Rückhalt mehr. Dort drohe wenig Gefahr. Er habe deshalb das Lager bei Kreuznach und Bingen verlassen, um Landau in der Pfalz zu verstärken.

Die Reichsarmee konnte also bei Kreuznach und Bretzenheim ungefährdet die Nahe überschreiten.

Inzwischen kam auch gute Nachricht vom Niederrhein. Da hatte der Kurfürst von Brandenburg die Städte Rheinsberg und Kaiserswerth den Franzosen abgenommen und Bonn eingeschlossen.

Aber nun wurden die Franzosen von ihrer Festung Montroyal bei Traben-Trarbach aus wieder aktiv. Die geringen kaiserlichen Truppen, die zum Schutz zurückgeblieben waren, konnten nicht verhindern, daß die Stadt Cochem völlig eingeäschert wurde.

Der Trierer Kurfürst schickte ein Hilfeersuchen nach dem anderen an den Kurfürsten von Brandenburg. Und die beiden trafen sich, um Gegenmaßnahmen zu besprechen, auf Schloß Arenfels bei Hönningen.

Von Bonn aus ritten die brandenburgischen Derfflinger-Dragoner in die Eifel. Unterwegs hörten sie, daß die Franzosen Kempenich, Monreal, Kaisersesch und Mayen verbrannt hätten. Als sie aber in Ulmen ankamen, da war der Feind schon wieder verschwunden und hatte sich hinter die Mauern von Montroyal zurückgezogen.

Die Kriegsführung des Barock ist wahrlich schwer zu begreifen. Beide Seiten suchten ihre kostbaren Soldaten möglichst zu schonen, die ganze Last dieser Kriege ohne Schlachten lag auf den Schultern der Bürger und Bauern. Sie trugen die furchtbaren Verwüstungen und Plünderungen, während das langsame Gegeneinandermanövrieren der Heere fast ohne dramatische Höhepunkte ablief.

Von Koblenz aus, das gut befestigt und vom mächtigen Ehrenbreitstein überdies geschützt allen Angriffen widerstanden hatte, marschierten die Kaiserlichen und Reichstruppen nach Süden. Die Führung des Unternehmens hatte der Herzog von Lothringen. Man überquerte zwischen Bretzenheim und Bingen die Lahn und schloß das von den Franzosen besetzte Mainz ein. Auch hessische Truppen aus dem Raum Frankfurt fügten sich in den Belagerungsring.

Die Franzosen verteidigten Mainz nur 49 Tage. Die ganze Belagerung war, bis auf die üblichen Ausfälle und Vorfeldgefechte ziemlich ereignislos. Der von seinen Hilfsquellen in der Pfalz abgeschnittene französische Kommandant, Generalleutnant d'Huxelles, übergab schließlich die Festung und erhielt freien Abzug.

Lange Märsche ertrugen die Truppen beider Seiten besser als den Kampf, zumal dabei möglichst Gebiete durchzogen wurden, die bisher noch nicht ausgeplündert waren, was allein die Ernährung der Truppen sichern konnte, natürlich auf Kosten der Zivilbevölkerung.

Nächstes Ziel, nach der Eroberung von Mainz, war für die Reichstruppen die Festung Bonn. Der Kaiserliche General Graf Dünewald – ein geborener Koblenzer – eilte in das Lager des brandenburgischen Kurfürsten, der mit seine Truppen bereits in der Nähe Bonns stand. Aufs deutlichste zeigte sich hier wieder der Mangel jeder einheitlichen Organisation des Reiches, denn der Kurfürst von Brandenburg weigerte sich entschieden, Weisungen eines Kaiserlichen Generals entgegenzunehmen und wollte sich auch nicht dem Herzog von Lothringen unterordnen. Nur dem bewährten diplomatischen Geschick des Grafen Dünewald gelang es schließlich, den Brandenburger zur Kooperation zu bewegen.

Und so begann endlich im September 1689 die Umgruppierung der Reichstruppen. Ein Teil der kaiserlichen Infanterie wurde auf Schiffen von Mainz rheinabwärts gebracht. Auf dem linken Rheinufer zu marschieren, war für die anderen Truppen einerseits zu gefährlich, weil man Angriffe aus dem französischen Hauptstützpunkt, der Festung Montroyal an der Mosel, befürchtete, darüberhinaus war aber auch das linke Rheingebiet derart ausgeplündert, daß man besorgt sein mußte keine Verpflegung mehr zu finden.

So marschierten also die hessischen Truppen über Kemel, Braubach, Lahnstein, Neuwied und Linz rheinabwärts. Die Hannoveraner nahmen ihren Weg durch den Taunus nach Limburg und von da durch den Westerwald über Hachenburg und Altenkirchen nach Siegburg. Den weitesten Marsch hatte die Reiterei. Sie bog weit lahnaufwärts nach Wetzlar aus und zog über Herborn und Dillenburg auf das rechte Ufer der Sieg. Für den Marsch in derart getrennten Kolonne hatte man sich natürlich auch entschieden, weil die schon vielfach ausgeplünderten Bauern nur noch schmale Vorräte besaßen. Am 24. September 1689 waren die Belagerungstruppen bei Bonn vereinigt, und Kurfürst Friedrich von Brandenburg und der Herzog von Lothringen trafen sich über der Stadt auf dem Kreuzberg.

Inzwischen aber war der Kurfürst von Trier wieder genötigt, verzweifelte Hilferufe an den Kaiser in Wien zu richten: » Der Feind fährt mit Raub und Plünderung meiner armen Untertanen, mit der Verbrennung meiner Städte und Dörfer gar erbärmlich fort, sodaß er nun auch mein Residenzschloß in Wittlich völlig in Asche gelegt hat, und Schrecken und Angst, Not und Elend unbeschreiblich sind.«

Zwar befahl der Kaiser, wenigstens das untere Moselgebiet zu schützen, aber die Heerführer, die nun bei Bonn eine mehr als ausreichende Streitmacht versammelt hatten, ignorierten den Befehl, zumal die Nachricht eintraf, die Franzosen sammelten bei Trier starke Verbände, die möglicherweise gegen die Belagerer von Bonn anrücken würden.

Und so ließ der Herzog von Lothringen, statt seine Truppen zum Schutz des Moselgebietes zu zersplittern, lieber das Lager bei Kessenich mit Gräben und Wall befestigen. Doch es kam zu keinem Zusammentreffen der gegnerischen Heere. Auch Bonn fiel ohne Sturm, allerdings nach einer vernichtenden Kanonade durch die Reichstruppen, wobei die Stadt und die kurfürstliche Residenz fast ganz zerstört wurden.

Die Truppen des französischen Königs Ludwig XIV. waren nach dem Verlust ihrer beiden Eckpfeiler Mainz und Bonn gezwungen, sich zurückzuziehen. Und nun erfuhren sie den Wahnsinn ihrer Zerstörungstaktik am eigenen Leibe, denn es fanden sich keine festen Plätze mehr, wo sie hätten erneut Fuß fassen können, auch war das Land verwüstet und kahlgefressen. Das bisher nur wenig zerstörte Trier wurde ihr Etappenhauptplatz.

Allerdings war nun der Winter 1689 auf 90 herangekommen. Die kriegerischen Operationen stockten sowieso, die Reichstruppen zogen sich in langen Märschen in die Winterquartiere nahe der Mainlinie zurück. Der Kurfürst von Brandenburg übernahm die Sicherung des Rheins von Koblenz abwärts. Der Oberbefehlshaber der Reichstruppen ging nach Wien an den kaiserlichen Hof.

In diesem Winter 1689/90 setzten die Franzosen fast ungestört ihre Verwüstungen fort. Ihre Stützpunkte waren die Festungen Philippsburg, Neustadt, Kaiserslautern, Kirn, Montroyal und Luxemburg, und das ganze Vorfeld dieser Linie sollte auf hundert Kilometer zur verbrannten Erde gemacht werden. Und was schon verbrannt war, das wurde nun vollends zerstört, abgerissen und gesprengt, so vor allem die Orte in der Umgebung von Trier: Welschbillig, Ehrang, Pfalzel. Nur Trier selber blieb verschont, weil hier zahlreiche Truppen stationiert waren.

Dieses Jahr 1689 wurde so zum düstersten Zeitabschnitt in der Geschichte des Mittelrheins. Damals ist der Franzosenhaß entstanden, der später im Begriff des »Erbfeindes« seinen Ausdruck fand. Noch Bismarck hat anderthalb Jahrhunderte später einen Reiseeindruck aus seiner Jugend mit diesen Worten wiedergegeben: »Der Besuch von Heidelberg, Speyer und der Pfalz stimmte mich rachsüchtig und krieglustig.« Dieser Zerstörungskrieg ohne Schlachten schleppte sich für das Rheinland auch in den folgenden Jahren fort. Die Franzosen verwandelten die Benediktinerabtei zu Trier in eine Festung, und ihr Hauptstützpunkt Montroyal bei Traben-Trarbach wurde immer weiter ausgebaut. Von der Mosel, vom Hunsrück und aus der Eifel wurden die jungen Burschen aus den Dörfern geholt, um dort zu schanzen. So mußte Bernkastel damals 200 Männer stellen, Zell 150. In viele Dörfer legten die Franzosen kleine Truppenabteilungen, um die Flucht der Dienstverpflichteten zu verhindern. Und dann im Frühjahr 1690 wurden zunächst die Gemeinden um Wittlich und Zell herum gezwungen, die grünenden Saatfelder umzupflügen, damit möglicherweise später heranrückende Reichstruppen keine Verpflegung finden könnten. Die sieben Gemeinden um Traben folgten dem Befehl nicht. Die Strafe bestand in der Einäscherung von Bauernhäusern. Im Moselort Enkirch wurden 500 Bauern zusammengezogen, die Faschinen flechten mußten für die Erdbefestigungen rund um Montroyal. Truppenabteilungen durchzogen das linksrheinische Land mit dem Befehl, das junge Getreide, soweit es nicht bereits untergepflügt war, abzumähen.

Die ganze Gegenwehr, diese furchtbare Heimsuchung der Landbevölkerung abzuwehren, bestand darin, daß aus in Koblenz, Andernach und Linz liegenden Reichstruppen »fliegende Korps« gebildet wurden, die versuchten, im linksrheinischen Gebiet die französischen Verwüstungstrupps abzufangen. Ein Kleinkrieg im Hunsrück-, Mosel- und Eifelgebiet setzte ein, wobei zu beobachten war, daß die Leiden der Zivilbevölkerung allgemach den Haß gegen die Franzosen und die Angriffslust der Reichstruppen weckten. Es bildeten sich sogar Freikorps, die den Franzosen manchen Schaden zufügten und bei Boppard und Wellmich wirkliche Erfolge erzielten.

Ein einziges größeres Unternehmen setzten die Franzosen von Montroyal aus noch ins Werk, als sie mit einer starken Truppenmacht gegen die Burg Rheinfels oberhalb von St.Goar vorrückten, ein hessischer Zollplatz, der breit auf der Höhe hingelagert eher einer Festung glich. Aber die Verteidiger hielten Stand, und als der Landgraf von Hessen-Kassel bei Koblenz den Rhein überschritt und sich nach Süden wandte, da zogen die Franzosen ab.

Dieser Kleinkrieg auf dem Rücken der Landbevölkerung ausgetragen, zog sich insgesamt fast 10 Jahre hin, bis beide Seiten erschöpft waren, bis sich die europäischen Mächte zusammenschlossen, der Expansionssucht Ludwigs XIV. Einhalt zu gebieten. Kaiser und Reichsfürsten standen nicht mehr allein, die Niederlande, England, Savoyen und Spanien waren gegen Frankreich in den Krieg eingetreten.

Und Englands Diplomaten waren es, die die Friedensverhandlungen 1697 einleiteten. König Ludwig XIV. mußte die meisten seiner Eroberungen aufgeben.

Nur die Festungen Saarlouis und Landau blieben in französischer Hand, als Ausgangspunkte für neue Angriffe von den französischen Unterhändlern im niederländischen Rijswijk, wo die Kriegsgegner zusammensaßen, gerettet.

Auch die mächtige Festung Montroyal wurde zerstört und geräumt. Der Pfarrer der Ortschaft Wolf unterhalb dieses französischen Hauptstützpunktes schrieb Pfingsten 1698 in seine Chronik: »Nachdem die Niederreißung der mächtigen Festung Montroyal ist erfolgt, haben sich die Franzosen dergestalt nach und nach verloren, daß man kaum deren Abzug innegeworden. Gott gebe, daß wir dergestalt unser Lebtag keinen mehr von ihnen sehen.«

Burg Olbrück
im Pfälzischen Erbfolgekrieg

Links des Rheins, gegenüber der Ruine Hammerstein, zieht das Brohltal in die Eifel hinein. Und an seinem Ende hebt sich über der Landschaft ein Kegel aus vulkanischem Gestein mit einer Burg: Die Olbrück. Es ist die einzige Eifelburg, die man vom Rhein aus sieht. Und von ihrem Bergfried aus hat man einen entsprechend weiten Rundblick: Vom Siebengebirge mit dem Drachenfels im Norden über die Westerwaldhöhen hinter Honnef, Unkel, Linz, Leutesdorf und Hönningen, bis zum Laacher See im Süden, und wenn das Wetter sehr klar ist, sieht man gar im Norden die Türme des Kölner Doms.

Die erste Burganlage auf diesem Bergkegel stammt wohl aus dem 12. Jahrhundert, und danach hat die Befestigung manchem Ritter- und Grafengeschlecht gehört, hat viel Streit und Kämpfe erlebt, bis der Schwede sie im 30jährigen Krieg eroberte.

Aber zerstört haben diese Burg erst die Franzosen im Pfälzischen Erbfolgekrieg, den der französische König Ludwig XIV. just zu der Zeit führte, als das Reich im Osten von den Türken bedroht war.

Am 3. Mai 1669 brannte die Burg Olbrück.

Die französischen Unternehmungen im Frühjahr 1689 übertrafen an Schrecken für die Bewohner der Eifel und des Moselandes alles, was sie bisher erlebt hatten.

Damals war der Verwalter der Burg Olbrück ein Engelbert Keiffenheim, der seiner Herrin, der Freifrau von Waldbott-Bassenheim, Witwe eines Kurmainzischen Rates, brieflich Bericht erstattete, sodaß wir über die Geschehnisse gut unterrichtet sind.

Schon am Palmsonntag des Jahres 1689 kam eine Dragonerschwadron auf der Burg ins Quartier. Und das bedeutete: nun mußten in aller Eile die Ställe geleert werden, mußten Pferde, Rinder und Schweine unten ins Dorf Hain gebracht werden, damit die 52 Pferde der Soldaten untergestellt werden konnten. Natürlich fraßen diese Pferde auch Heu und Hafer, genauso wie die 80 Soldaten Verpflegung forderten und alle Räume belegten, während der Verwalter mit Frau und Kindern auf einer kleinen Stube zusammenrücken mußte.

Ringsum im Land sah es nicht besser aus. Die Burg Rheineck war mit 40 Franzosen belegt, Andernach und Mayen steckten Haus um Haus voll mit Truppen des Allerchristlichsten Königs Ludwig. Auf der rechten Rheinseite hingegen standen die Kaiserlichen, die Reichstruppen und fraßen dort das Land kahl, waren aber zu schwach, um die Franzosen anzugreifen.

Schrecklich drückten die Kontributionen, die Abgaben, die Landleute. Man war darauf gefaßt, alles zu verlieren, und man wußte, man würde hungern müssen bis zur nächsten Ernte.

Endlich, Ende April, kam für die Franzosen auf der Burg Olbrück der Befehl zum Abmarsch. Aber zugleich ordnete der General de Sourdis an, die Burg sei zu zerstören.

Der Verwalter Keiffenheim verhandelt mit dem französischen Schwadronschef. Alles, was an Bargeld verfügbar ist, wird zusammengekratzt: 236 Gulden. – Der französische Offizier erklärt sich bereit, dafür nur eine Scheinzerstörung vorzunehmen: Ein Teil der Mauern und der Torbefestigungen fällt. Dann kann man aufatmen, während die Schwadron davonreitet, während man draußen im Land den Feuerschein sieht von Altenahr, von Burgbrohl und Sinzig.

Aber dann zieht die französische Hauptmacht des Generals de Sourdis, 2000 Mann stark, aus dem Ahrtal herauf Richtung Mayen, und der General sieht die weithinragende Olbrück unzerstört und schickt ein Detachment aus.

Die kommen am 3. Mai 1689 gegen zehn Uhr morgens bei der Burg an. Alle Burgbewohner sind davongelaufen, außer dem Verwalter, dem Pater und noch einem Mann. Diesmal hilft kein Verhandeln. Viel Beute finden die Soldaten nicht mehr. Kelch und Paramente der Burgkapelle sind in Sicherheit gebracht.

So raffen sie denn Heu und Stroh zusammen, häufen es in den Räumen an. Die Männer dürfen Tische und Schränke nicht mehr in Sicherheit bringen. Und so machen sich die drei heimlich davon und sehen in sicherer Entfernung, wie die Flammen aus den Fensteröffnungen schlagen.

Die Brandstifter zogen bald ab. Als der Verwalter zurückkehrte, schwelte das Feuer noch. Und Gretchen Kellers Schwiegertochter aus Niederzissen wurde gerade dabei erwischt, wie sie einen Kupfertopf der gnädigen Frau davontragen wollte.

Notdürftig bewohnbar war die Burg Olbrück noch. Der Wein im Keller mußte rasch verkauft werden, er war durch die Hitzeeinwirkung nicht mehr haltbar.

Und die Angst und die Heimsuchungen dauerten noch manches Jahr, bis endlich 1697 in Rijswijk der Friede geschlossen wurde.

Wie Speyer zerstört wurde

Der Kaiser hatte sich in Ungarn mit den Türken zu schlagen. Frankreichs König Ludwig XIV. – mit den Türken verbündet – nutzte die Gelegenheit, ungerechtfertigte Erbansprüche in der Pfalz geltend zu machen. Französische Truppen hatten das Land besetzt, in Mainz gar residierte der französische Statthalter.

In Speyer kam die Besetzung spät, aber um so gründlicher. Natürlich dachte niemand an Verteidigung, das war aussichtslos. Die Generäle Melac und Monclar erhielten die Schlüssel der Stadt, die Bürger Einquartierung. Der erste Befehl des neuen Stadtkommandanten lautete: Die Bürger haben Mauern und Wehrtürme der Stadt niederzureißen. Speyer wird entfestigt. Damit hatte man gerechnet, so hielten es die Franzosen überall auf deutschem Boden, wenn sie dort hinkamen. Die Bürger konnten sogar das Holz der Wehrgänge und Dachstühle den Franzosen als Brennmaterial für den Winter abkaufen.

Dann aber, eines Tages rollte mit sechsspänniger Kutsche der französische Statthalter de Lafond aus Mainz an. Der Rat wurde zusammengerufen, und selbst dem Herrn aus Mainz versagte manchmal die Stimme, als er nun dem Magistrat bekanntgab, der Krieg und die Staatsraison zwinge Seine Majestät den König Ludwig von Frankreich zu harten Maßnahmen. Speyer, so hätten die Kriegsräte in Paris beschlossen, sei auszulöschen, ebenso Worms, Oppenheim, Alzey und Mannheim. Den Bewohnern werde neue Heimat im Elsaß und in Burgund geboten, dazu zehn Jahre Steuerfreiheit und ein Jahr Unterhalt.

Die Ratsherren glaubten in einem Alptraum zu stek-
ken, als sie hörten: die Bürger von Speyer hätten von
jetzt an noch sechs Tage Zeit, ihre Stadt zu räumen. Wagen zum Abtransport der wichtigsten Güter würden
gnädigst vom König gestellt. – Am letzten Tag des Mai
1689 darf sich kein Mensch mehr in Speyer befinden.

Man wird sich kaum das Weinen und Klagegeschrei
vorstellen können, das sich in der Stadt erhob. Die
Frauen von Speyer zogen zum Bischofshof, wo die Generäle Quartier hatten, sie baten fußfällig um Verscho-
nung. Aber was der König befiehlt, das ist Gesetz.

Speyer war eine reiche Stadt, sie hatte vom Wein gelebt, und manchem Bürger war der Keller zu klein geworden, und mancher Keller war deshalb bis weit unter
die Straßen fortgegraben worden. Es war viel zu packen
und noch mehr aufzugeben. Manche Bürger ließen alles
liegen und stehen und flüchteten über den Rhein. Das
war nicht einfach, die Wache dort schoß auf die Nachen, die übersetzten. In die leerstehenden Häuser zogen die Soldaten plündernd und raffend. Und als dann
aus Lothringen die 500 Pferdewagen kamen, die die
Habe der Speyerer wegführen sollten, da waren es die
Soldaten, die ihr Plünderungsgut draufluden.

Die Bürger von Speyer zeigten ohnedies keine Lust,
nach dem Elsaß oder ins Burgundische verpflanzt zu
werden.

Der Kommandant der Stadt befahl endlich, die Mö-
bel und den Hausrat, der die Straßen füllte, in den Dom
zu bringen. Der Dom würde nicht zerstört, sagte er.

Dann begannen die Soldaten, Stroh in die Häuser zu
packen, Pulver dazwischen zu streuen und Öl dar-
überzugießen. Die Türen wurden eingeschlagen, damit
später das Feuer den rechten Zug hätte. Die Kirchen-

glocken wurden von den Türmen gestürzt und zersprangen auf dem Pflaster; das Erz sollte ohnedies zu Kanonen umgeschmolzen werden.

Die Brunnen wurden zugeschüttet. Die Akten des Reichskammergerichtes wurden in die umliegenden Häuser als Brennmaterial getragen.

Es ist eine ungeheure Arbeit, eine ganze Stadt zu vernichten.

Um sechs Uhr morgens am 31. Mai 1689 blies ein Regimentstrompeter von den Domstufen das Signal. Die letzten Speyerer hasteten aus ihrer Stadt und die Soldaten rannten mit den Pechfackeln los, in allen Straßen, in allen Häusern möglichst zugleich Feuer zu legen.

Die Dächer stürzten ein und die Flammen loderten hoch. Der Feuersturm erhob sich und riß alles Brennbare mit. Eine düstere Schicht von Rauch und Ruß und wirbelnden Fetzen stieg auf und legte sich über die Stadt.

Und dann sahen die Bürger, die weinend hinüberstarrten, daß auch der Dom Feuer fing, der alte Kaiserdom.

Es wurde Nacht und man sah am Himmel den Feuerschein von Worms und Oppenheim.

Als die Flammen ihr Werk getan hatten, rückten Pioniere an und rissen die stehengebliebenen Mauern ein.

Schilder wurden an den Zufahrtswegen aufgestellt, den ehemaligen Bewohnern von Speyer sei es »bei Guts- und Leibesstrafe« verboten, das Gebiet der Stadt zu betreten.

Der ausgebrannte Dom sollte gesprengt werden, und die Zerstörung hatte schon begonnen, als man auf eine

Inschrift stieß, die bei den französischen Generälen den Verdacht erweckte, möglicherweise sei Karl der Große hier neben den anderen deutschen Kaisern begraben, »Charles magne«, den sie ja als einen der ihren betrachteten. So blieb das Vernichtungswerk unvollendet.

Die Bewohner von Speyer aber sind in die Dörfer der Umgegend gezogen oder über den Rhein bis in die Wetterau, auch nach Frankfurt, Gießen, Hanau. Nur die fünfzig Waisenkinder sind auf den Weg nach Nancy geführt worden und in Frankreich geblieben.

Viele Speyerer aber sind dem Ruf des William Penn gefolgt, sind übers Meer gesegelt und haben am Delaware und am Susquehanna ihre neue Heimat gefunden.

Die Franzosen haben Speyer lange Zeit »la ville des roses« genannt, die Stadt der Rosen, denn um die Ruinen haben sich unendlich viele Kletterrosen gerankt.

Die ersten Pfälzer Auswanderer

Es ist mehr als 300 Jahre her, daß die ersten Deutschen nach Amerika auswanderten. Diese ersten Ansiedler auf ihrem Schiff »Concord« stammten aus Krefeld, aber sehr bald folgten andere, und die meisten davon kamen damals aus der Pfalz; denn kaum irgendwo in den vielen größeren und kleineren vielen Staaten des deutschen Reiches sah es so elend aus wie in der Pfalz: Mißernten, Hunger und Seuchen und dazu die Soldaten des Franzosenkönigs, die plündernden, brennenden, schändenden und mordenden Kriegsscharen Ludwigs XIV. Die Felder verwüstet, die Höfe verbrannt, das Vieh weggetrieben, die Vorräte geraubt.

Da wirkte denn ein Büchlein, das die Auswanderungsagenten verteilten, in der armen Pfalz besonders verführerisch. Auf der ersten Seite war die britische Königin Anne abgebildet, denn Amerika war ja damals noch englisches Kolonialland. Und das Leben dort in den Neuenglandstaaten war äußerst verführerisch geschildert. Da stand zu lesen: »Ihr werdet ein Leben finden, wie es hier nur die Edelleute führen. Das Land quillt über von Fruchtbarkeit, und Milch und Honig fließen wie im Gelobten Lande, und das Klima ist mild und warm das ganze Jahr...«

Kähne, Schiffe und Flöße, beladen mit den Pfälzer Familien und ihren paar Habseligkeiten fuhren rheinab. Es war ein Exodus in ein erhofftes Paradies, und es wurde eine furchtbare Enttäuschung.

Im Herbst 1709 lagerten 14000 Pfälzer in Löchern und Buden auf dem Feld bei London: Bauern, Winzer, Handwerker, auch Lehrer und Kaufleute und Richter.

Nicht nur vor der körperlichen Not waren sie aus der Heimat geflohen, sie hatten auch viermal in einer einzigen Generation ihren Glauben wechseln müssen, je nachdem, wer gerade die Herrschaft hatte in der Pfalz.

Die Engländer wußten mit dieser Masse von Elenden wenig anzufangen. Tausende wurden zurückgeschickt, tausende wurden abgeworben in ein neues Elend, in die Webereien nach Irland. – Der Rest wurde auf ein Segelschiff verladen. Zusammengepfercht lag man wie das Vieh. Der Hunger während der Überfahrt war schrecklich. 470 Pfälzer starben. Dann war man im verheißenen Paradies. Das war zunächst ein Lager auf Governors Island. Und wieder vergingen Wochen, wieder wurde gehungert. 250 Auswanderer starben. Es gab Arbeit, aber nicht das versprochene Herrenleben oder freie Bauernleben. Im Gegenteil: bewacht von Soldaten mußten die Pfälzer Hanf hecheln, Seile drehen, Pech sieden: Arbeiten für Hafen und Werft. Und allgemach wurde diesen geschundenen Leuten klar: Sie waren Sklaven geworden und diese Not würde nie enden.

Da beschloß der immer noch stattliche Rest zu fliehen. Es war Winter, der Schnee lag hoch. Sie schleppten das wenige, was ihnen noch geblieben war auf dem Rücken. Und so kamen die Pfälzer in das Tal des Schoharie-Flusses. Weiter hätten sie nicht gekonnt, hier wären sie zugrundegegangen. Aber da waren Indianer, die halfen mit Nahrung, mit Fellen. Und als der Schnee schmolz, gaben diese Indianer den Pfälzer Auswanderern Land. Mit Sicheln und Holzhacken gruben die Siedler die Erde auf. Das Korn wuchs, und sie mahlten es, wie die Indianer, zwischen Steinen.

Kaum aber hatten sich die Pfälzer im Schoharie-Tal ein wenig menschenwürdig eingerichtet, da erschienen die Steuereintreiber des britischen Gouverneurs: Das Land mußte bezahlt werden, Strafe mußte gezahlt werden, weil sie von der Arbeit davongelaufen waren.

Die Pfälzer haben versucht, bei der guten Queen Anne, die sie aus jenem Werbebüchlein kannten, ihr Recht zu finden, Schutz zu erbitten. Sie schickten drei ihrer Männer nach London. Aber natürlich sind die niemals vor die Königin gekommen.

Und so flohen sie noch einmal, vom Schoharie-Tal weiter ins Indianerland, in das Tal des Mohawk. Und wieder sind es dort die Indianer gewesen, die den Pfälzern geholfen und ihnen das Überleben ermöglicht haben.

Aus der Geschichte von Beilstein

Die zweite Februarhälfte des Jahres 1689 war für die Bewohner von Beilstein an der Mosel voll von Aufregungen. Monatelang hatte man nun schon die französischen Soldaten im Städtchen liegen und hausen, man hatte sich fast daran gewöhnt, die Monsieurs mitzuverpflegen samt den Pferden. Man hatte sich schon daran gewöhnt, daß die Zeitläufe immer kriegerischer wurden, seit der Franzosenkönig Ludwig XIV. mit der Eroberung der linksrheinischen Gebiete begonnen hatte. Immerhin hatte er schon 1673 Trier erobert. Damals war der Marschall de la Trousse mit seinem Kavalleriekorps von 3500 Mann durchs Moseltal und durch die Eifel gestreift, war bis Koblenz gekommen, aber an den Mauern von Mayen abgewiesen worden.

Ja, die Mauern, darum ging es jetzt in Beilstein, die starken Mauern und Türme der Burg, die bis ins Tal zogen und das Städtchen schützten: Die französischen Mineure wühlten sich mit Spitzhacken und Schaufeln unter die Bastionen, Pulver wurde in die Kammern gebracht, seit dem 14. Februar krachten die Sprengungen. Am 27. war alles vollendet, Burg und Befestigung von Beilstein waren Ruinen. Wo sollte den Beilsteinern nun noch Schutz herkommen? Die Burg hatte gestanden seit dem 10. Jahrhundert, seit die Normannen die Flußläufe aufwärts gerudert waren und die Ortschaften an den Ufern brandschatzten und ausplünderten.

Den Grundstein zur neuen Burganlage hatte ein Hofmeister des Kaisers gelegt, Johann von Braunshorn, der 1309 begann, die große Mauer um Burg und Ortschaft Beilstein zu ziehen. Aber er merkte bald: das kam zu teuer. Und so verfiel der Braunshorner auf die Idee, die Zahl seiner Untertanen zu vermehren. Mit der Erlaubnis des Kaisers wurden 10 jüdische Familien aus Oberwesel nach Beilstein umgesiedelt. Die Juden waren froh darüber, denn in Oberwesel hatten sie die übliche Unterdrückung erfahren, in Beilstein konnten sie aufatmen zumal der Ort nun Stadtrechte bekam, das hieß: es durfte Markt gehalten werden. Und Ritter Johann von Braunshorn ließ ein paar alte Häuser abreißen, sodaß ein Marktplatz entstand.

Später ist das Geschlecht durch Heirat mit den Rittern der Winneburg bei Cochem verbunden worden und nannte sich »von Winneburg und Beilstein.«

Ende des 15. Jahrhunderts hat es einen regelrechten Beilsteiner Krieg gegeben, der aber harmlos verlief, wie die meisten kleinen Fehden. Wegen eines Erbanspruches hat der Beilsteiner dem Vogt des Braunsberger Ritters in Fankel bei Nacht und Nebel zwei Fässer Wein aus dem Keller holen lassen. Die waren auf Flöße verladen, ehe die Bewohner von Fankel recht wach wurden und trieben schon Richtung Beilstein. Aber als die Knechte zu eigenem Bedarf noch ein drittes Faß aus dem Keller wuchteten, da wurden sie von den Fankelern überwältigt und gefangengesetzt.

Der Trierer Kurfürst drohte dem Ritter von Winneburg-Beilstein. Der wandte sich aber an den Pfalzgrafen um Hilfe. Und da der Pfälzer schon längst gern die Aufsicht über den Moselübergang bei Senheim gehabt hätte, sagte er zu. Bei Senheim ging die wichtige Straße von Kreuznach nach Aachen über den Fluß. Und dorther zog bald der Pfalzgraf sowieso mit seinen Truppen, denn der Kaiser Maximilian hatte ihn zum Kriegsdienst nach Flandern gerufen.

Ungern aber notgedrungen hatte der Kurfürst von Trier seine Einwilligung für den Durchzug durch Trierer Gebiet gegeben. Und sein ungutes Gefühl hatte ihn nicht getrogen. Im Schutz der pfälzischen Soldaten wurden die Herrn von Winneburg-Beilstein wieder frech und kassierten diesmal vier Fuder Wein. Die aber jagten ihnen die Knechte des Trierer Kurfürsten ab, und dann belagerte der Trierer Beilstein und die Winneburg.

Monate tagten auf neutralen Boden – in Mainz nämlich – die Richter des Kaisers, die den Zwist schließlich endeten. Der Pfalzgraf mußte von Trierisch-kurfürstlichem Boden weichen.

Beilstein aber ist nach der Zerstörung durch die Franzosen ohne Mauer und Schutz geblieben, und Burg Beilstein wurde zur Ruine.

Tod den Spatzen, Freiheit für Nachtigallen

Die Regierung des Grafen von Nassau-Dillenburg erließ im Jahre 1729 eine Verordnung an die Amtleute der zugehörenden Westerwalddörfer. Sie beginnt mit der schmeichelhaften Anrede, die damals üblich war: »Wohledel und wohlgelehrte, sonder liebe Herrn und Freunde.«

Dann aber folgen ernste Mahnungen. Die Dörfler und Städter haben nämlich in sträflicher Weise seit Jahren eine wichtige Pflicht versäumt. Der Landesherr, seine hochfürstliche Durchlaucht, befiehlt also, daß in diesem Jahr 1729 wieder jeder auf dem Land oder in der Stadt lebende dillenburgische Untertan seine 12 Spatzenköpfe abzuliefern habe. Für jeden fehlenden Kopf sei ein Batzen Strafe zu zahlen.

Auch in der benachbarten Herrschaft der Fürsten zu Wied wird an die jährliche Lieferungspflicht von 12 Spatzenköpfen erinnert. Ausdrücklich aber untersagt die Verordnung, daß auf die Spatzen geschossen werde. Weil das die anderen Untertanen gefährden könne, zudem die Schießerei unerlaubte Jagdleidenschaften wecken würde, ist das Spatzenschießen bei einer Strafe von 10 Talern verboten. – Wie aber pro Nase und Untertan in den Besitz von 12 Spatzenköpfen kommen? Manch ein Wiedisch-Runkelscher und Dillenburger Untertan hat da seine liebe Not gehabt. Es wurden Netze hinter den Öffnungen der Kornspeicher angebracht. Die Töpfer in Höhr-Grenzhausen stellten Nisttöpfe her, in die die armen Spatzen gern ihre Nester bauten. Es wurden im Feld sogar Spatzenhütten errichtet, in die Korn gestreut wurde. Waren Spatzen eingeflogen, dann ließ man ein Netz fallen und hatte die Schädlinge gefangen und seine staatsbürgerliche Pflicht erfüllt. – Damals wußte man noch nicht – und auch heute ist es noch weithin unbekannt – daß die Sperlinge durchaus auch ihren Nutzen haben, weil sie recht eifrige Insektenvertilger sind und nicht nur Körnerdiebe.

Andere Vögel hingegen sind streng geschützt worden, allerdings weniger aus Tierliebe als aus jagdlichen Gründen. So waren im Wied-Runkelschen Gebiet Fasanen, Feld- und Haselhühner geradezu für den normalen Bauersmann ein unberührbares Heiligtum. Wer im 17. Jahrhundert ein Nest dieser Bodenbrüter zerstörte, der kam an den Schandpfahl. Im Jahrhundert darauf kostete das Vergehen 50 Taler Strafe oder Schanzarbeit. Die Bauern mußten in den Kornfeldern beim Mähen die Halme einen Fuß breit rund um das Nest stehen lassen.

Wer im Nassauischen ein Feldhuhn, eine Wachtel oder eine Schnepfe erlegte, ohne dazu berechtigt zu sein, dessen Gewehr wurde eingezogen, und er mußte 20 Taler Strafe zahlen. Viele werden dazu nicht in der Lage gewesen sein. Für die war statt jedes Talers eine ganze Woche Zwangsarbeit zu leisten. Besonders zweifelhaft an dieser wahrhaft drakonischen Strafe: der Denunziant erhielt die Hälfte der Geldbuße als Lohn.

Ein Kapitalverbrechen aber war es, einen Auerhahn oder eine Trappe zu schießen. Falls ein solcher Jagdfrevler sich erwischen ließ, wurde er zu einem vollen Jahr Zwangsarbeit verurteilt. Im Wiederholungsfall wuchs die Strafe auf zehn Jahre Zwangsarbeit in Ketten.

Ein Vogel aber ist sozusagen aus nichtmateriellen Gründen geschützt worden. In Wiedischen und Dillenburgischen Verordnungen finden wir vor 200 Jahren folgendes Verbot: »Das Einsetzen und Halten von

Nachtigallen, ohne Unterschied, ob jemand solche selbst gefangen oder von anderen gekauft hat soll bei 5 Reichstaler Strafe verboten sein. Diejenigen Nachtigallen, die nach Verlauf der bestimmten Frist noch gefangen angetroffen werden, sollen durch die Polizeibediensteten sofort in Freiheit gesetzt werden...«

Zieten am Rhein

»Hans Joachim von Zieten, Husarengeneral,« der »Alte
Zieten«, der »Zieten aus dem Busch«, der Zieten, der
1745 im ersten schlesischen Krieg mit seinem Regiment
durch die österreichischen Stellungen preschte, der
1760, im Siebenjährigen Krieg, die Schlacht von Torgau
entschied, der im selben Jahr starb wie sein König
Friedrich II. von Preußen, im Jahre 1786, was hat dieser
Generalfeldmarschall von Zieten mit dem Rhein zu
tun?

Nun, er hat seine große Karriere am Rhein angefangen. Damals regierte in Preußen noch der Vater des
»Großen Friederich«, der leicht verrückte, überaus
strenge Friedrich-Wilhelm. Er, der Soldatenkönig
war's, der die preußische Husarentruppe begründet
hatte, die Truppe, bei der unser Hans Joachim von Zieten als schlichter Rittmeister diente.

Im Februar 1735, befahl König Friedrich-Wilhelm,
daß ein Detachement Husaren an den Rhein zu verlegen
sei. Am Rhein war - wie so oft - Krieg, Krieg mit
Frankreich, und der ging schon zwei Jahre so hin.
Grund war der Streit zwischen Österreich und Frankreich um die polnische Thronfolge, kein sehr aufregen-
der Streitgrund, und entsprechend lau war denn auch
der militärische Einsatzwille auf beiden Seiten. Aber
weil nun mal Österreich hineingezogen war, - der
Kaiser aus dem Haus Habsburg war, ja Österreicher -
geriet automatisch das Deutsche Reich in den Streit,
und der preußische König tat seine Pflicht als Reichs-
fürst und schickte Hilfstruppen, 10000 Mann. Die
standen schon lange am Rhein beim Reichsheer, und

das Reichsheer stand unter dem Oberbefehl des Prinzen Eugen von Savoyen. Der war nun auch schon über siebzig Jahren alt und kein Feuerkopf und Haudegen mehr und schätzte die Ruhe und den Frieden höher als schneidige Attacken. Es war nichts los zwischen den Fronten.

Wenn nun König Friedrich-Wilhelm von Preußen, der trotz seines Beinamens Soldatenkönig und trotz seiner Leidenschaft für's Militär, vom Kriegführen wenig hielt, wenn er nun trotzdem den 10 000 Mann noch eine Esquadron Husaren nachschickte, die er unter das Kommando des Rittmeisters von Zieten stellte, dann hatte das zwei Gründe: erstens einmal wollte er die neue Truppe ausprobieren, und zweitens, und da kam die Verrücktheit des Preußenkönigs wieder voll zum Durchbruch: Zieten hatte Anweisung, unterwegs und am Rhein nach »langen Kerls« auszuschauen: »In allen Dörfern und Städten soll Er selbst oder geschickte Unteroffiziere nach langen Kerls über 6 Fuß Nachforschung halten,« hieß es in der Instruktion, und da stand auch: »Kann Er solche Kerl nicht für Geld bekommen, soll er solche kapern, aber so, daß es keine Desordres macht.« Und für den Zweck der Beschaffung von Gardesoldaten hatte der Rittmeister von Zieten weit mehr Geld mitbekommen als für Verpflegung und Unterbringung der Truppe.

Der Marsch ging eilig durch Kursachsen über Weimar, Erfurt, Gotha, Eisenach, Fulda, Hessen-Darmstadt und Hanau in die Gegend von Wiesbaden. Denn um die Festung Mainz lagerte das kaiserliche Heer. – Die Franzosen aber hatten sich jenseits des Rheins um Oppenheim herum verschanzt. Man begegnete sich nur, wenn die Streifscharen des Allerchristlichen Königs von Frankreich über den Rhein setzten, um bei den Bauern Hafer für die Pferde, Getreide und Vieh für die Mannschaften zu plündern. Das linke Rheinufer war längst kahlgefressen.

So kam auch Zieten zu seiner ersten Gefechtsbeführung. Mit kaiserlichen Husaren zusammen sahen sie von weitem bei einer Windmühle Franzosen von der gleichen Waffengattung. Und weil die preußischen und die französischen Husarenuniformen ähnlich waren, schickte man die Preußen vor. Die Franzosen aber fielen auf den Trick nicht herein, sondern zogen sich zurück, und auf einmal fand sich die kleine preußische Truppe einer Kolonne von 200 Reitern gegenüber. Rittmeister von Zieten gab sofort Kommando zum Wenden und Abreiten, aber seine Leute gehorchten nicht, sondern gingen auf den weit überlegenen Feind los, und wenn Zieten nicht dazwischengesprengt wäre, hätten sich seine Husaren an der Übermacht die Zähne ausgebissen. Hier war Flucht der bessere Teil der Strategie.

Einmal wurden auch zwanzig Husaren mit ihrem Leutnant gefangen. Die Franzosen aber schickten sie bald wieder zurück, zwar ohne Pferde und Gewehre, aber mit einem Brief des Marschalls de Coingny an den König von Preußen, der viele Komplimente enthielt.

Unbelehrbar draufgängerisch ließ sich später eine kleine preußische Husarenabteilung nochmals in einen Kampf mit französischer Übermacht verwickeln. Gottlob wurde das ungleiche Gefecht von den Festungswällen von Mainz her beobachtet, und eilends wurde ein Piquet kaiserlicher Husaren vorgeschickt, die Preußen herauszuhauen.

Als der Friede geschlossen war, als die Armeen abrückten, da kam ein recht ungnädiger Brief an Rittmeister von Zieten im Lager zu Mainz an: »Er hat mir noch nichts von langen Kerls gemeldet, die er gekauft oder gekapert!« – Zieten hatte Pech gehabt: ein langer Kerl erwies sich beim Nachmessen als zu kurz, zwei andere entflohen. – Trotzdem machte König Friedrich-Wilhelm den Rittmeister von Zieten bei seiner Heimkehr zum Major, und so begann der Aufstieg des später populärsten Generals im preußischen Heer.

Schulbeschwerden

Es war im Jahre 1758, da platzte sozusagen der oberen Schulbehörde im Erzstift Mainz der Kragen. Sie beschloß gezielt, systematisch und bürokratisch den endlosen Beschwerden auf den Grund zu gehen und verschickte einen Fragebogen – die Schulen betreffend – an die Gemeindevorsteher und an die Pfarrer. Schon das war eine Novität und bewies: die Welt, auch die des beschaulichen Kurfürstentums, begann in das Zeitalter der Aufklärung einzutreten, denn bis dato hatten die Pfarrer allein die Schulaufsicht geführt. – Das aber hatte offenbar nicht hingereicht, wenn auch schon viele Jahre lang das Gebot bestand, der Pfarrer hätte mindestens einmal in der Woche die Schulen seiner Sprengels zu visitieren.

Wie sahen nun die Klagen aus, die von vielen Orten kamen: Da hieß es immer wieder, die Lehrer könnten selber nichts, da hieß es, die Schulmeister, die gleichzeitig überall Glöckner und Küster waren, seien viel versessener auf den Kirchendienst bei Hochzeiten und Beerdigungen als auf dem Schuldienst, denn dabei fiel immer etwas für den armen Lehrer ab.

Die Eltern sagten sich ihrerseits: Wozu sollen wir die Kinder in Schulen schicken, aus denen sie so dumm herauskommen, wie sie hineingingen? Da mögen sie lieber bei der ländlichen Arbeit helfen. Und so kam es, daß nirgends auf den Dörfern zwischen Ostern und Martinstag Schule gehalten wurde.

Andere wieder waren besorgt über die mangelhafte Ausbildung ihrer Kinder. Sie taten sich zusammen und gründeten eigene Schulen, sogenannte Nebenschulen, und bestellten Schulmeister ihres Vertrauens und bezahlten sie. Das führte wieder zu neuen Beschwerden und Verboten, denn die offiziellen Schulmeister fühlten sich geschmälert, wurden bei den Gemeinden vorstellig und pochten auf ihr amtliches Privileg. So versuchte der Pfarrer von Seligenstadt zum Beispiel dem Bürger Wörner zu verbieten, eine Nebenschule zu gründen, aber von Mainz aus wurde dann die Schule doch genehmigt.

Im Fragebogen, den 1758 die Mainzer Schulbehörde verschickte, sind die Antworten auf die Frage 13 besonders interessant. Da wird gefragt: »Es soll angegeben werden, wie bisher am Ort Schule gehalten worden ist, ob darinnen zugleich die lateinische Sprach, der Choral und nebst Lesen und Schreiben allenfalls auch das Rechnen mitgelehrt werde?«

Durchweg heißt es in den Antworten: Lesen und Schreiben bekämen die Kinder schon mit, aber mit dem Choralsingen sähe es schlimm aus, und über's Latein möchte man lieber schweigen, und Rechnen werde vielerorts – wo der Schulmeister die Rechenkunst versteht – nur gegen besondere Bezahlung gelehrt.

Die heftigsten Klagen kommen aus Oberwöllstadt: Hier hatte der Lehrer gesagt, sein Geschäft könne jeder Viehhirt besorgen, und er konnte tatsächlich selber kaum buchstabieren. – Auch in Ebersheim führte man Beschwerde: Da hatte man seit 11 Jahren denselben Schulmeister auf dem Hals. Die Folge: Kein Mensch – bis auf die Alten – konnte mehr ein Kirchenlied singen, und die Schulkinder lernten nicht einmal ihre Namen schreiben.

Der Kurfürst und Erzbischof war erbost, als er von solchen Zuständen hörte. Er, der Emmerich Joseph von Breitbach-Bürresheim, ließ eine Schulkommission niedersitzen und beraten. Und die Haupterkenntnis, die diese Kommission erarbeitete, war: Die Lehrerausbildung muß organisiert werden. Und so kam es allerdings rund anderthalb Jahrzehnte nach jenem deprimierenden Fragebogen von 1758 zur Gründung der »Mainzer-Schullehrer-Akademie.«

Ein gestrenger Herr auf dem Trierer Kurstuhl

Ende April 1758 dröhnten von den Mauern Triers die Kanonen. Sie grüßten den Leichnam des Kurfürsten Franz Georg, der moselauf mit der kurfürstlichen Jacht in seine Bischofsstadt überführt wurde. Die schwarzgekleideten Herren des Hofstaates, Geheimräte, Kammerherrn und Hofkapläne neigten sich tief, als der Sarg von Bord getragen wurde durch das Spalier der Leibgarde, weiß-blau und weiß-rot uniformiert und mit Trauerfloren an Helm und Bandelier.

27 Jahre lang hatte Franz-Georg Graf von Schönborn als Kurfürst und Erzbischof des Kurfürstentums Trier regiert, und er hatte wahrhaftig selber die Zügel in der Hand gehabt, ohne beratendes Ministerium. Er war ein gebildeter Mann, der gut deutsch sprach – was damals durchaus nicht selbstverständlich war – geläufig Französisch und Italienisch dazu, und das Lateinische im Mund führte wie ein zweiter Cicero.

Sein Äußeres zeugte von seinem Hang zu gutem und reichlichem Essen. Wenn er des Mittags seine 2 Pfund Rindfleisch von der Schüssel brachte, so wunderte sich niemand. Er liebte prächtige Kleidung, und trug noch lange die großen spanischen Perücken, als diese schon unmodern wurden.

Dennoch war er ein strenger Herr: beim Gottesdienst und in den Hofgeschäften sorgte er für Ordnung. Die Gerichte bekamen viel zu tun, und es sind kaum je so viele Delinquenten im Kurfürstentum hingerichtet worden, wie zu seiner Zeit. Das Hurenwesen hat er scharf verfolgt und die Mädchen, die ein uneheliches Kind geboren hatten, mußten mit Stroh bekränzt durch die Straßen laufen.

Sparsam war er auch, und so kam es, daß die Kurfürstlich-Trierische Armee von 2000 Mann Stärke bei seinem Tod nicht mal einen General hatte.

Auch seine Verwandten, die Schönburger, die Oettinger und die von Hoensbruck hat er kurz gehalten und sie fürchteten ihn.

Wenn er ausfuhr – und wöchentlich einmal fuhr er von seinem Schloß in Ehrenbreitstein über die Schiffbrücke nach Koblenz zu seiner Schwester, der Gräfin von Styrum – dann machte er die Reise in zweispänniger zweisitziger Kutsche. Es mußten der Haushofmeister, zwei Läufer und zehn Lakaien vorausschreiten, den Hut unter'm Arm, den Degen umgeschnallt, rechts und links marschierten vier Heiducken als Leibwache, 2 Edelknaben und 2 Kammerdiener folgten dem Wagen. Der Heiduck Joseph hatte die Aufgabe, dem bettelnden Volk kleine Münzen zu reichen, und der Kurfürst erteilte aus dem Kutschenfenster obendrein den Segen.

Die kurfürstlichen Räte wurden knapp gehalten, und es wurde ihnen stramm auf die Finger gesehen. Einst hörte der Kurfürst, der Hofrat Hack gehe des öfteren in seinem Garten an der Brücke spazieren. Da schickte er seinen Kammerdiener, um das nachzuprüfen. Gottlob hatte der Hofrat Hack ein Konvolut Akten im Gartenhaus auf dem Tisch liegen.

Andererseits war er verschwenderisch, wenn es um seine Bauten ging. Das herrliche Schloß Schönbornslust ließ er bauen, die Kirche Sankt Paulin zu Trier und die schöne Kirche zu Prüm in der Eifel.

Adel und Bürgertum lebten damals, in der ersten Hälfte des 18. Jahrhunderts, sparsam. Man trank bei Nachmittagsvisiten Tee oder Schokolade, nur zu großen Dinés wurde Kaffee gereicht, den das einfache Volk damals noch gar nicht kannte. Es wurde kaum gespielt und keinesfalls um Geld. Erst im Jahre 1749 wurde in Koblenz eine Art Casino für den Adel eröffnet. Der Jahresbeitrag machte 10 Taler. Dafür konnte man an drei Tagen in der Woche dort Tee trinken und gegen eine Zusatzgebühr Karten spielen.

Es waren ja auch keine allzu guten Zeiten: die Franzosen zogen zwar nicht als Feinde durch's Land gegen Österreich, aber sie blieben doch tausende von Talern schuldig für Verpflegung und Pferdefutter.

Der Kurfürst Franz-Georg dachte gegen Ende seiner langen Regierungszeit daran, für seine Nachfolge Sorge zu tragen. Er hätte gern als Koadjutor, also ›Rechte Hand‹, seinen Vetter, den Grafen von Hoensbruck gehabt. Aber das Domkapitel, mit dem er immer im Zwist stand, wählte aus seiner Mitte Johann-Philipp von Waldersdorff.

Der Kurfürst sorgte zwar, daß dieser Koadjutor Fürst von Prüm und Erzbischof wurde, aber er war doch eifersüchtig darauf bedacht, ihm nicht zuviel Ehren zuteil werden zu lassen. Als daher Johann-Philipp von Trier zum kurfürstlichen Schloß nach Ehrenbreitstein reiste, da verbot der Kurfürst alle Huldigungen unterwegs. Als der Koadjutor aber am 26. April 1755 das Endziel seiner Reise, Koblenz, erreichte und eben auf der Moselbrücke war, da wollte es der Zufall, daß im gleichen Augenblick von der anderen Seite die Kutsche des Fürstbischofs von Augsburg durch's Tor rollte. Und so krachten denn, trotz Verbot, die Salutschüsse vom Ehrenbreitstein und das Volk schrie Vivat. – Der Kurfürst, dem solches gemeldet wurde, soll seinen Rosenkranz auf die Erde geworfen und gesagt haben: »Seht da kommt die aufgehende Sonne. Jetzt bin ich fertig.«

Er ist denn auch tatsächlich im Jahr darauf gestorben, und die Ärzte stellten bei der Öffnung der Leiche fest: Todesursache war ein Gallenleiden.

Ein Fürst des heiteren Rokoko

Der Kurfürst Johann-Philipp von Trier, geistlicher und weltlicher Herr seines Staates, ist noch ein rechter Fürst der alten Zeit des Rokoko gewesen. Und deshalb war er auch ein Herr, der die Feste so glanzvoll wie möglich liebte.

Er ist der vorletzte Kurfürst und Bischof im Kurstaat Trier gewesen, ehe die Franzosen kamen und die neue Zeit. Von 1756 bis 1768 hat er regiert, also 12 Jahre, und er war schon 55, als er zur Herrschaft gelangte.

Johann-Philipp stammte aus dem freiherrlichen Geschlecht der von Waldersdorff auf Molsberg. Und sein Vater hatte ihn streng und standesbewußt erzogen. – Es wird berichtet, daß der Alte den Zehnjährigen einmal in der Küche antraf, was sich nicht gehörte für einen Freiherrn. Und der kleine Johann-Philipp bekam einen solchen Schrecken, daß er in den Rauchfang kletterte und immer höher bis auf's hohe Schieferdach. Und man mußte eigens einen schwindelfreien Dachdecker kommen lassen, der den Johann-Philipp von da oben wieder herunterholte.

Ist er streng gehalten worden in seiner Jugend, in seinem Amt hat er sich dafür jedenfalls entschädigt. Sein Vorgänger war ein sparsamer Herr gewesen, der nur eine Leidenschaft hatte, die Pferde, davon hatte er 180 in seinem Marstall.

Daran hatte der Kurfürst Johann-Philipp kein Vergnügen, wohl aber an Schmuck und Goldwaren, an kostbarer Kleidung, Tabatieren und Uhren. Und jedes Jahr kam einmal eine Bijouteriehändlerin aus Straßburg angereist und legte dem Kurfürsten ihre schönste Kollektion vor. Widerstehen konnte er nie, und so ist er aus den Schulden bei der geschäftstüchtigen Dame niemals herausgekommen. Einmal hat er gar einen kompletten Damenschmuck mit Smaragden und Brillanten für 10000 Reichstaler gekauft und hat ihn seiner Schwester geschenkt, eine von sieben Schwestern, die Freyle Fritz genannt wurde, und die bei ihm als Hausdame fungierte.

Bei so saftigen Ausgaben war's schon nötig, daß der Kurfürst Johann-Philipp auf der anderen Seite für Einnahmen sorgte. So hat er denn, wenn er gutdotierte Stellen vergab, sich das auch entsprechend bezahlen lassen. Wollte man Amtsverwalter in Zell an der Mosel werden, so hat das nur 100 Dukaten gekostet, aber der Anwärter auf den Stadtschultheißposten in Koblenz mußte schon 6000 Reichstaler auf den kurfürstlichen Tisch legen.

Schon aus diesen Angaben wird deutlich, daß sehr verschiedene Währungen und Münzsorten im Kurstaat Trier umliefen, und im Hin- und Her-Rechnen von der einen Sorte in die andere soll Kurfürst Johann-Philipp ein wahrer Virtuose gewesen sein: Ob Trierer Petermänger, ob Reichstaler, Gulden, Livres oder Carolines, er wußte in Sekundenschnelle, was er zu bekommen hatte.

Mancher Höfling zu seiner Zeit ist in bittere Schulden geraten, weil er's seinem Herrn an Großzügigkeit gleichtun wollte, aber nicht die schönen Nebeneinnahmen des Kurfürsten hatte.

Er war aber ein frommer Mann, trotz allem und vor allem ein Verehrer der Jungfrau Maria. Den prächtigen Altar in der Wallfahrtskirche zu Bornhofen hat er gestiftet. Aber auch ein fröhlicher Mann war er, ein rechter Rokokofürst eben. Und an seinem Namenstag im Mai wurden schon sechs Uhr früh 100 Kanonenschüsse losgeknallt. Und der Abend sah jedesmal ein prachtvolles Feuerwerk und einen Maskenball, zu dem der Herr Kurfürst nicht selten als Domino verkleidet erschien.

Zum Essen ließ er sich mit Vergnügen reihum in die Adelshäuser einladen, und er sah es gern, wenn nach dem Essen getanzt wurde. »Gesundheitsball« nannte er das.

Der Amtmann des Amtes Sayn, der Freiherr und Obermarschall von Boos, hat seinen Herrn gut gekannt. Als Kurfürst Johann-Philipp zur Besichtigung kam, standen die Einwohner Spalier und zwar so, daß jeder Ehemann sein Weib und jeder Bursch sein Mädchen im Arm hielt. Und wenn die Kutsche mit dem Kurfürsten vorbeirollte, dann mußten sie sich küssen, daß der hohe Herr gleich sähe, im Amt Sayn war alles in besten Zuständen.

150 Tabatieren aus Gold hat Johann-Philipp in seinen 12 Regierungsjahren verschenkt. Das wird's nicht allein gewesen sein, was den Kurstaat in die roten Zahlen brachte. Jedenfalls hat der Nachfolger dann wieder sparen müssen.

Der Heilige Rock zu Ehrenbreitstein

König Friedrich II. von Preußen, den man den Großen nennt, hat die Schuld an der Unruhe, die im 18. Jahrhundert ins Heilige Römische Reich Deutscher Nation kam, das ansonsten recht verschlafen war und, nach der Jahrhundertmitte jedenfalls, seinen Frieden endlich einmal hätte haben können. Aber da brach im Jahre 1756 der dritte Kampf um Schlesien aus zwischen Preußen und Österreich und halb Europa engagierte sich auf der einen oder anderen Seite, auch Frankreich, das an die Seite Österreichs trat. Und so kam's am Rhein, obwohl's doch um das ferne, östliche Schlesien ging, zu Truppendurchzügen, Plünderungen und Kämpfen. Und da befiel den Kurfürst von Trier Johann-Philipp Angst um die kostbarste Reliquie in seinem Land: Um den Heiligen Rock.

Der war damals keineswegs in Trier wie nun seit langem schon, sondern am festesten Platz des Landes, nämlich auf der Feste Ehrenbreitstein. Trier jedoch erschien – wie die Kriegsläufe sich entwickelten – sicherer.

Und so wurde der Heilige Rock auf der prachtvollen Leibjacht des Kurfürsten und unter Begleitung eines Kommandos der kurfürstlichen Garde moselauf nach Trier gebracht. Und dort blieb er unter der Obhut des Domkapitels, bis im Jahre 1763 der Krieg endlich vorüber war und der Große Friedrich von Preußen endlich zu Hubertusburg seinen Frieden mit Österreich und Sachsen und Frankreich gemacht hatte.

Dann wurde der Heilige Rock in der prächtigsten Prozession, die man je gesehen hat, auf den Ehrenbreitstein zurückgebracht. Selbst Kurfürst und Bischof Johann-Philipp – er war damals immerhin schon 63 Jahre alt, ging zu Fuß hinter dem Heiligtum den doch recht steilen Berg hinan. Allerdings wurde ein Sessel mitgetragen, und darauf ruhte der Kurfürst zweimal aus.

Bei dieser Prozession kam dem Kurfürsten der Gedanke, die unerhört kostbare Reliquie öffentlich auszustellen. Und tatsächlich im Jahre 1765, am 4. Mai, war's so weit. Man hatte nichts von der Ausstellung bekanntgemacht, und doch strömten so viele Gläubige, adelig und gemein, hoch und niedrig, zusammen, daß man schließlich die Tore der Festung Ehrenbreitstein schließen mußte. Der Heilige Rock war im Freien an einem geschmückten Gerüst aufgehängt und davor wurde die Messe gelesen, und der Herr Kurfürst kniete in einer Andacht, von der alle erbaut waren, bis um halb 12 mittags im Gebet.

Es war ausdrücklich erlaubt worden, daß jeder von der Segenskraft der Reliquie durch Anrühren etwas auf Rosenkränze, Ringe oder Heiligenbilder übertragen dürfe. Dann aber wurde entdeckt, daß manche die Gelegenheit schamlos ausnutzten. Es war der badische Oberforstmeister von Weveldt, der erwischt wurde, wie er seine Geldbörse an den Heiligen Rock drückte. Solcherlei sakrilegische Segensmißbräuche wurden fortan durch die aufsichtführende Geistlichkeit verhindert.

Noch am Nachmittag sah man moselabwärts und rheinaufwärts Prozessionen herankommen, die zum Heiligen Rock strebten. Aber nun wurde das Heiligtum in kostbaren Taffet gewickelt und in seine drei Kästen gesperrt mit den drei Schlössern.

Vorher hatte Kurfürst Johann-Philipp den Saum des

Heiligen Rockes geküßt und dabei waren an seinem Ring drei Flusen vom Stoff hängengeblieben. Die eine hat er ständig in einer goldenen Kapsel bei sich getragen, die andere vermachte er seiner Familie, den Freiherrn von Waldersdorff auf Molsberg, die dritte Fluse hat er seinem Obriststallmeister, dem Freiherrn Boos von Waldeck geschenkt.

Der letzte Kurfürst von Trier

Die politischen Schicksale in unserem Südwestraum wurden weitgehend von den geistlichen Kurfürsten bestimmt: dem Kölner, dem Trierer, dem Mainzer. Wie kam man und wer kam zu dieser seltsamen und einflußreichen kirchlich-weltlichen Doppelstellung? Nehmen wir als Beispiel den letzten Kurfürsten und Erzbischof von Trier: Clemens Wenzeslaus. Er hat im Jahre 1761 die Tonsur bekommen.

Clemens Wenzeslaus war ein Prinz aus dem Wettiner Hause, aus dem Sächsischen Kurhaus also, das damals noch in Personalunion die Krone Polens trug. Geboren wurde er 1739. Seine Mutter war die Tochter Kaiser Josephs I. von Österreich, seine Schwestern waren mit regierenden Herren verehelicht, die eine gar mit dem französischen Thronfolger, die andere mit dem Bayrischen Kurfürsten, die dritte mit dem spanischen König. Trotzalledem war man am sächsischen Hof zu Dresden weder sparsam noch reich.

Der junge Clemens Wenzeslaus ging also in österreichische Kriegsdienste und wurde fast augenblicklich General. Als solcher hat er im Siebenjährigen Krieg gegen die Preußen gekämpft. Er war ein begeisterter Soldat. Aber aus irgendwelchen Gründen, die wir nicht kennen, zog er nach der Schlacht von Torgau die Uniform aus.

Die Familie drängte nun, daß er eine andere lukrative Position erwerbe, und wo war die zu finden? Wenn nicht beim Militär so im geistlichen Stand. Jetzt ging also das Suchen an: Der Kölner Kurfürst und Erzbischof starb, der berühmte Clemens August. Er war ein Freund Frankreichs gewesen und ein Feind Habsburg-Österreichs. Die Franzosen hätten gern seinen Bruder auf dem Kölner Kurstuhl gesehen. Aber in Österreich bemühte sich die Kaiserin Maria-Theresia darum, Clemens Wenzeslaus in das einflußreiche Kölner Amt zu bringen. Sie mochte den jungen Sachsen. Er war einmal längere Zeit in Wien gewesen, als er eine Krankheit auskurierte.

Das Kölner Domkapitel, das ja zu wählen hatte, war es aber leid, von hohen Herren in die Politik gezogen zu werden – das Land war unter dem so hochberühmten Clemens August total verarmt, ebenso die Bistümer Paderborn, Münster und Hildesheim, die er noch nebenher verwaltet hatte. Sie wählten also diesmal lieber einen schlichten Grafen von Königsegg aus ihrer Mitte.

Genauso ging es in Münster, Hildesheim und Paderborn, auch dort hatte der Anwärter Clemens Wenzeslaus kein Glück.

Auch England und Preußen, die beiden Verbündeten hatten ein Wort mitgeredet und es nicht dulden wollen, daß ein Protegé Frankreichs oder Österreichs – mit denen man ja im Kriege stand – diese Grenzbistümer erhielt. Da verstarb in Passau Kardinal Joseph Dominikus, der Bischof, aber auch dort konnte der sächsische Kandidat beim Domkapitel keine Mehrheit finden.

Clemens Wenzeslaus reiste nach Frankreich, nach Versailles, um dort am Hof – unterstützt von seiner Schwester – Hilfe zu finden. Die Schwester schickte ihm eigens einen Höfling entgegen, damit der ihn äußerlich und innerlich auf den Hof König Ludwigs XV. vorbereite. Er machte sich auch beliebt dort und erhielt alle möglichen Versprechungen, vor allem die, bei zukünftigen Bischofswahlen, die Herren des Domkapitels tüchtig mit französischem Geld zu schmieren.

Die Gelegenheit bot sich im Jahre 1763: Das Fürstenbischoftum Lüttich wurde vakant. Lüttich gehörte damals noch zum Deutschen Reich und war mit seiner halben Million Einwohner eine reiche Pfründe. Gegenkandidat des Clemens-Wenzeslaus war der Graf de Outremont. Der war den Holländern und Engländern lieber, und sie zahlten wohl mehr als Frankreich und Österreich zusammen.

Immerhin die Wahl war dramatisch, der Platz um die Kathedrale war abgesperrt, alle Wachen waren verdoppelt. Man befürchtete Unruhen. Und als dann verkündet wurde, daß der Graf de Outremont die Wahl gewonnen habe, da weigerten sich die 19 Domherren, die für Clemens- Wenzeslaus gestimmt hatten, mit in die Kathedrale einzuziehen und das Tedeum zu singen. Die Wahl sei nicht rechtens vor sich gegangen, hieß es. Die Entscheidung wurde dem Papst überlassen.

Clemens-Wenzeslaus wartete in Lüttich auf diese Entscheidung, als die Nachricht eintraf, die beiden Domkapitel von Freising und von Regensburg hätten ihn zum Bischof gewählt. Erst jetzt wurde er übrigens zum Priester geweiht. Er hatte nun immerhin zwei einträgliche Ämter, indessen nicht einträglich genug für die Bedürfnisse eines Prinzen.

Da war's ein Glücksfall, daß ihn der alte Bischof von Augsburg zum Stellvertreter vorschlug. Das Domkapitel folgte seinem Rat und den vielen Gulden, die aus Maria-Theresias Hand flossen. Der österreichische Gesandte, der in Augsburg die Verhandlungen so geschickt geführt hatte, erhielt von der Kaiserin für seine Leistung eine Dotation von 20 000 Gulden.

Regensburg, Freising, Augsburg: solche Ämterhäufung war damals bei einem Mann von so hohem Stande gang und gäbe. – Während dieser Zeit finden wir Clemens-Wenzeslaus zudem beständig auf Reisen: Wien, Paris, München, Dresden sind nur einige Stationen. Hinzu kommt, daß er ausersehen wurde, seinen Vetter Joseph II. mit der bayrischen Prinzessin zu vermählen, ebenso wie den nachmaligen Kaiser Leopold mit der spanischen Infantin.

Clemens-Wenzeslaus hatte sich auch um die Stelle eines erzbischöflichen Coadjutors in Trier beworben, als dort der Kurfürst und Erzbischof Johann-Philipp plötzlich verstarb. – Die Kaiserin Maria-Theresia setzte selber ihren Einfluß ein, Frankreich bot Hilfe in klingender Münze und der erst 29jährige wurde auf den Trierer Kurstuhl gewählt.

Man lebte damals, 1768, in einer ruhigen Zeit; leider war es nur die Ruhe vor dem Sturm.

Clemens-Wenzeslaus, der seinen Sitz im Schloß zu Ehrenbreitstein nahm, kümmerte sich wenig um die geistlichen Probleme, das überließ es seinem Weihbischof. – Einer seiner ersten Erlasse betraf die Aufhebung zahlreicher Feiertage. Arbeiter und Handwerker litten unter der Häufung dieser arbeitsfreien Tage, die ihnen den Verdienst schmälerten. Sein Versuch, die Zünfte aufzuheben, scheiterte am Widerstand des Trierer Magistrats. Clemens-Wenzeslaus hatte im Auge, größere Gewerbefreiheit und Beweglichkeit in seinem Kurstaat zu erreichen.

Ein starkes Augenmerk wandte er auf das Schulwesen. In all seinen 30 Regierungsjahren hat ihm die Bildung der Jugend am Herzen gelegen. Nicht nur, daß er die Universität des Landes in Trier zu modernerer

Lehrtätigkeit ermunterte, er sorgte sich auch um die Volksschulen. Schulzwang vom 7 bis zum 11. Lebensjahr bestand im Kurfürstentum Trier seit 1685 bereits, aber es mangelte vor allem an ausgebildeten Lehrern. Kommissionen, die der Kurfürst durch's Land schickte, stellten vielerorts unmögliche Zustände im Schulwesen fest. Deshalb wurde in Koblenz eine Lehranstalt zur Ausbildung von Lehrern und Lehrerinnen gegründet, und auch den künftigen Geistlichen wurde empfohlen, dies Institut zu besuchen. Lehrfach dort war auch die Landwirtschaft, denn die Schüler des Seminars würden als Lehrer ja fast alle in ländliche Bezirke kommen. Die Abteien mußten zum Unterhalt des Schulwesens sogenannte freiwillige Abgaben zahlen, was sie sicher nicht erfreut hat. Noch mehr Feinde machte sich Clemens-Wenzeslaus, als er den teuren Schloßbau zu Koblenz begann.

Im Jahre 1789 wehte zum erstenmal revolutionärer Wind von Frankreich her über die Grenze des Kurstaates: Die Zünfte in Trier machten einen regelrechten Aufstand. Dann kamen die französischen Emigranten, die vor der Revolution fliehenden Adeligen. Das Kurfürstentum wurde ihr bevorzugter Platz. Die Bevölkerung litt unter ihrer Anmaßung und unter den Schulden, die sie hinterließen, als dann die französischen Revolutionstruppen einmarschierten.

Clemens-Wenzeslaus verlor in den nachfolgenden Friedensschlüssen seine Kurlande. Als Entschädigung hat er eine Pension von 100 000 Gulden bekommen und das Recht, im Augsburger Bischofsschloß zu wohnen.

Im Jahre 1812 ist Clemens-Wenzeslaus in Oberndorf im Allgäu gestorben und ohne Grabrede – so war es sein Wunsch – in aller Stille beerdigt worden.

Damenmode im 18. Jahrhundert

Für die Mitte des 18. Jahrhunderts wird vom Rhein berichtet, daß die Kleidung der nichtadeligen Frauen schlicht war. Selbst die Damen des gehobenen Bürgertums trugen eine lange, möglichst seidene einfarbige Jacke, die mit einem goldenen Gürtel zusammengehalten wurde. Die mit Spitzen eingefaßte Haube war je nach kostbarer Ausstattung hervorragendstes Signal für Wohlstand. Die Haare ließ man noch ungepudert im Gegensatz zu den Adeligen.

Auch der Reifrock war zunächst nur beim Adel üblich, erweckte aber doch allgemach den Neid der Bürgersfrauen. Und sie taten sich dann bald ebenfalls die Tortur an, ein gewaltiges Gestell aus Fischbeinstäben, mit Stricken verspannt und von grober Leinwand überzogen, unter ihren Röcken zu tragen. Diese Reifröcke nahmen in einem edlen Wettstreit der Eitelkeiten beständig an Umfang zu, bis die untere Weite ein Maß erreicht hatte, das nur von fünf Männern umspannt werden konnte, während die Taille darüber eng geschnürt wurde. Ein Spötter schreibt damals: »Die Frauen gleichen Stückfässern, in denen oben ein Trichter steckt. Diese Trichter allerdings schäumen nun mehr und mehr über.«

Mit der letzteren Bemerkung meinte der ungalante Kritiker die sich von Jahr zu Jahr vergrößernden Frisuren, die immer abenteuerlichere Formen annahmen. Er setzt seine Beschreibung der Damenmode fort: »Bald wird es nötig sein, die Damen mit einem Schild zu bekleben, wie dies bei Glastransporten üblich ist, worauf »oben« angeschrieben steht, weil der Kopf mit seiner Frisur langsam die Ausmaße des Reifrocks annimmt.«

In der Tat haben die Haarkünstler bei festlichen Gelegenheiten auf dem Kopf der Damen gewaltige Bauwerke errichtet, die auf einem runden Wulst ruhten und sich in mehreren, mit Blumen, Federn und Bändern geschmückten Stockwerken erhoben.

Die Vollkommenheit der modischen Gestalt erforderte, daß der Abstand Fußsohle Mund zwei Drittel, der vom Mund zum Gipfel des Haargebildes ein Drittel der Gesamthöhe betrug.

Natürlich dauerte die Herstellung solcher Frisuren viele Arbeitsstunden. Und wer keine kunstfertige Kammerfrau in Diensten hatte, der war schon genötigt, sich bereits am Vortag eines Festes die Frisur vom Fachmann aufbauen zu lassen. Die folgende Nacht mußte dann natürlich im Lehnstuhl sitzend zugebracht werden, mehr wachend als schlafend, denn eine einzige ungewollte Bewegung konnte das Kunstwerk ramponieren. Hausbedienstete, die sich auf die Haarkunst verstanden, hatten die besten Beschäftigungschancen. Und weil die berufsmäßigen Friseure zu Fest- und Ballzeiten unmöglich alle Kundschaft bewältigen konnten, finden wir in den Intelligenzblättern der damaligen Zeit manchen Schneider oder gar einen Organisten, der seine Dienste den Damen anbietet.

Vollends als dann ab 1789 die adeligen Emigranten, von der Revolution aus Frankreich vertrieben, am Rhein auftauchten, nahmen die Modetorheiten, ihrem Beispiel folgend, noch zu.

Der Begriff für den Stil jener Zeit in Baukunst und Mode »Rokoko« soll sogar in Koblenz entstanden sein: Da fragt solch ein Franzose von hohem Adel einen schlichten Koblenzer Bürger, wo er hier ein Modegeschäft finden könne. Der Koblenzer versucht zu erklären, daß solche Geschäfte einen Rock vor der Tür ausgehängt hätten. Als er nicht verstanden wird, ruft er mit den Händen das Kleidungsstück umschreibend: »Rock-Rock-Rock«, worauf der Fremde sich lachend abwendet mit den Worten: »Oui, oui, roc, roc, roccoco!«

Selten hat die Politik die Mode so radikal gewandelt, wie in dem Augenblick, als die französischen Adeligen flüchteten und die französische Revolutionsarmee am Rhein erschien. Man hatte nun republikanische Gesinnung zu zeigen: Die Antike, in der man Ursprung und unverdorbene Blüte aller Bürgertugenden zu erkennen glaubte, wurde Vorbild für die Gewänder, die nun tunikaartig fließend, den Oberkörper fest umschlossen, dann aber unter der bis zum Busen hochgerückten Taille in vielen Falten bis zu den Füßen reichten. Schlichtes Weiß war die bevorzugte Farbe. Die künstlichen Haaraufbauten verschwanden. Die Damen trugen einen Knoten im Nacken, der allerdings nicht ohne Schmuck war.

Bald jedoch machten sich wieder Standesunterschiede breit in Gestalt von Perücken, die mit der Augenbrauenfarbe kontrastieren mußten: blonde Augenbrauen, dunkle Perücken und umgekehrt. Mit der Farbe der Kleidung sollte die Perücke harmonisieren, und es war Gang und Gäbe, daß die Damen bei Fastnachtsbällen des öfteren die Perücken wechselten.

Die gesunde Abneigung der Damenwelt gegen Uniformierung führte zu Schwierigkeiten, als die Franzosen in revolutionärer Gleichmacherei und Gesinnungstüchtigkeit verlangten, daß alle am Hut oder an der Frisur die blau-weiß-rote Kokarde zu tragen hätten.

Weil diese Weisung so ungern befolgt wurde, sperrten französische Soldaten eines Sonntags in Koblenz, als eben der Gottesdienst zuende ging, die Jesuitenkirche und ließen nur die hinaus, die die vorgeschriebene Kokarde trugen. Den meisten Frauen und Mädchen fehlte das Emblem der Revolution, und das führte zu langem Hin und Her und vielen Lamentationen, bis eine junge Frau entschlossen vortrat und den Herren von der Revolutionsarmee ins Gesicht sagte: sie denke nicht daran, dies blau-weiß-rote Stückchen Stoff anzustecken, komme was da wolle. Da mußten die Soldaten vor so viel weiblichem Mut kapitulieren. Man darf allerdings nicht vermuten, daß patriotische Gesinnung hinter dieser Weigerung steckte; vielmehr galten die Revolutionäre aus Frankreich mit Recht als Gegner der Religion, und die blau-weiß-rote Kokarde wurde geradezu als Gotteslästerung betrachtet.

Allerdings gab es auch damals emanzipierte Damen, die mit der neuen Zeit gingen. Sie trugen jetzt kurzgeschnittene Haare. Brutusfrisur nannte man das nach dem Tyrannenmörder des alten Rom. Bald jedoch, als die Revolutionäre – wie das der Lauf der Welt ist – selber zu Tyrannen wurden, änderte man den Namen in »Titusfrisur« nach dem römischen Kaiser Titus.

Aber allzulange konnte die schlichte Tracht der Revolution nicht das Wohlgefallen der Damen gewinnen. Schön bedruckte Stoffe kamen auf, Seidenstrümpfe und Seidenhandschuhe, Schleifen und verführerische Stirnlocken, bis dann das Biedermeier wieder die langen Haare als Attribut weiblicher Schönheit in seine Rechte einsetzte, zur Freude der Männer.

Von schlauen Schiffern und nachsichtigen Zöllnern

Im Jahre 1755, machte der kurpfälzische Hofkammerrat Volkmann eine seltsame Rechnung auf. Er stellte nämlich fest, daß eigentlich die Fracht auf dem Rhein viel teurer sein müsse als sie in Wirklichkeit von den Schiffern berechnet wurde. Bei sogenannter »nasser Ware«, das bedeutete vor allem »Wein«, überstiegen die Zollgebühren, so berechnete der Hofkammerrat, bei weitem die von den Schiffern kalkulierten Tarife. Wie war das möglich?

Wir wissen, bis ins 19. Jahrhundert hinein gab es am Rhein Dutzende von Zollstellen, und man fragt sich mit Recht, wie waren Handel und Wandel auf dem Strom überhaupt möglich, wenn die Frachtschiffe alle paar Kilometer angehalten wurden und für einen der zahlreichen Herren am Rhein den Zolltarif entrichteten?

Hofkammerrat Volkmann kam bei seinen Berechnungen zu dem einzig möglichen Schluß, daß – auch in Bezug auf die Zölle – nichts so heiß gegessen wurde, wie es gekocht war. Es gab damals viele Möglichkeiten, den ruinösen Zöllen auszuweichen. Die sogenannten Kölner Frachtschiffe waren äußerst geräumig, und wer geschickt zu laden verstand, der machte manche kostbare Fracht dem Zöllnerauge unsichtbar. Allerdings hatte jeder Schiffer auch ein schriftliches Ladeverzeichnis mitzuführen, den sogenannten Krahnenzettel. Darauf hatte der jeweilige Krahnenmeister eingetragen, welche Waren er ein- oder ausgeladen hatte. Aber auch diese amtlichen Schriftstücke brauchten nicht unbedingt der

Wahrheit zu entsprechen: Der Krahnenmeister war kein Unmensch, und ein Gulden in der Hand machte ihn vergeßlich. Oder aber zwei Zollherren – etwa Kurmainz und Kurpfalz – hatten mal wieder Streit, dann ärgerte Kurmainz seinen Gegner, indem es die in Mainz beladenen Schiffe mit falschen Krahnenzettel versah, die bewirkten, daß die Kurpfälzer Einbuße an ihren Zolleinnahmen erlitten.

Kompliziert wurde das Amt des Zöllners dadurch, daß es viele Zollbefreiungen gab. Da hatte zum Beispiel der Kurtrierer Kurfürst vom Kloster Eberbach irgendwelche Vorteile erhalten und hatte zum Dank an seinen Zollstationen die Eberbacher Weinfrachten freigestellt. Die Schiffer plazierten seitdem einfach zollpflichtige Weinfässer zwischen die vom Kloster Eberbach, und welcher Zöllner hätte Zeit und Lust gehabt, da genaue Nachprobe zu halten. Hie und da wurde es üblich, daß die Zollbeamten vom Schiffer einen Eid verlangten, er habe keine Ware unterschlagen. Aber davon rieten bald – vor allem kirchliche Stellen ab – denn die Schiffer waren auf diese Weise geradezu genötigt eine Todsünde nach der anderen zu begehen.

Natürlich suchte man auch mit schlichter Vorbeifahrt an der Station dem Zoll zu entgehen. Peinlich war nur, daß so ein Schiff ja auch mal wieder zu Berg fuhr, und wenn es dann wiedererkannt wurde, konnten die Zollkutter es festhalten. Es wurde auch mehrfach Befehl erteilt, auf derart dreist vorbeifahrende Schiffe zu schießen. Aber das ist selten vorgekommen. So wachsam war man in der »guten alten Zeit« nicht und auch nicht so treffsicher.

Bei besonders günstigen Verhältnissen sind die Zöllner den vorbeifahrenden Schiffen nachgerudert oder gesegelt. So wird berichtet, daß in der 2. Hälfte des 17. Jahrhunderts der Pfalzgraf selber mit 7 Schiffen am Zoll von Bacharach und Kaub vorbeigerauscht sei. Zwei Schiffe landeten, um die Zöllner zu beschäftigen. Die aber machten sich hinter den Entweichenden auf den Weg. Das größte Frachtschiff fanden sie schon bei Sankt Goar auf dem Felsen hängen. Der Steuermann hatte zu sehr auf die Verfolger geachtet. Die anderen Schiffe wurden in Hirzenach entdeckt, da saßen die Schiffer in der Kneipe und feierten ihren Erfolg.

Natürlich waren die Zollbeamten auch empfänglich für Freundlichkeiten: ein bis drei Gulden, ein Stück Holländer Käse, ein Tönnchen Heringe, das stimmte die Herzen weich. Und aus alledem kann man folgern, daß in der Praxis die Rheinfracht doch nicht so teuer gewesen ist, wie es nach den Zolltarifen und behördlichen Anordnungen hätte sein sollen: Gottlob findet der Mensch immer Auswege, wo politische Dummheit und Behördensturheit Mauern aufrichten.

Niklas Vogt, ein Mainzer Chronist
der guten alten Zeit

Liest man alte Schilderungen aus der zweiten Hälfte des
18. Jahrhunderts vom Leben am Rhein, dann kommt
einem der Gedanke, daß all jene Ereignisse, die bald
eintraten, von der Revolution in Frankreich ausgelöst,
eigentlich hier nicht so sehr nötig gewesen wären, und
daß eine ruhige und stetige Entwicklung diese Länder –
also die vier Kurfürstentümer Köln, Trier, Mainz und
Kurpfalz – auch ohne Erschütterungen und Krieg in die
neue Zeit hätte hineinwachsen lassen.

Eine solche Schilderung haben war im »Historischen
Testament« des Niklas Vogt, der an der kurfürstlichen
Universität zu Mainz Professor der Geschichte war,
auch Hofbibliothekar des letzten Mainzer Kurfürsten
und Erzbischofs, dazu geheimer Legationsrat und Ku-
rator der Kunst- und Lehranstalten. Er hat später zur
napoleonischen Zeit an der Seite des Fürstbischofs Dal-
berg auch politisch gewirkt, war ein Anhänger Napoleons, ein Freund Metternichs aber auch des Freiherrn
von Stein. Er hat viele geschichtliche und politische
Schriften hinterlassen. Niklas Vogt wurde 1757, in eben
jenem Jahr als der Siebenjährige Krieg vom Preußenkö-
nig Friedrich entfesselt wurde, der Deutschland erneut
in Unordnung brachte, geboren. Er starb 1836, als die
Franzosenzeit, Napoleons Herrschaft und Rheinbund
schon Geschichte waren.

»Ich bin in einer der schönsten Städte am Rhein, in
Mainz, geboren«, beginnt er seine Kindheitserinnerun-
gen. Und er zeichnet die Welt von damals, als es der

Diplomatie Österreich-Habsburg endlich gelungen war, die mehr als ein Jahrhundert währenden Angriffe Frankreichs zu beenden, in den lieblichsten Farben.

Damals blühten die Kurfürstentümer am Rhein im Wohlstand. Längst wurden diese Länder von ihren Kurfürsten nicht mehr selbstherrlich und selbstsüchtig regiert. Man war auf dem Wege zu einer langsam in ihrem Einfluß wachsenden Volksvertretung: Die Domkapitel, die Bürgerkollegien, die Landstände, das waren Körperschaften, die ihr gewichtiges Wort bei allen Entscheidungen mitzureden hatten und dafür sorgten, daß jedem sein Besitz sicher war und sein Recht wurde. – Die Steuern waren niedrig und nur der geringste Teil davon wurde für die Beamtenschaft und das Militär verbraucht. Das meiste floß zurück ins Volk durch die Unternehmungen, die der Kurfürst und seine Verwaltung veranlaßten: Bauten und Straßenbesserungen, Aufträge für Handwerker und Künstler.

Geistlichkeit und Adel hatten auch außerhalb der Landesgrenzen ausgedehnten Besitz; von dort flossen Einkünfte in die Kurfürstentümer, die wieder dem arbeitenden Volk zugute kamen. Die Städte blühten: Mainz und Mannheim, Koblenz, Bonn und Düsseldorf. Dort waren fürstliche Höfe, die viel Geld unter das Volk brachten. Anderwärts wuchsen die Anfänge einer neuen industriellen Tätigkeit heran, in Neuwied zum Beispiel und in Frankenthal. Der Friede ließ den Handel gedeihen: Köln, Bingen, Frankfurt, Straßburg wuchsen zu bedeutenden Güterumschlaghäfen am Rhein heran.

Auch zwischen den Konfessionen war endlich Friede eingekehrt; man hatte gelernt, Toleranz zu üben.

Niklas Vogts Blickpunkt ist allerdings der eines Sohnes aus begüterter Familie. Das bürgerliche Milieu, in dem er aufwuchs, wird dem ähnlich gewesen sein, das Goethes Kindheit bestimmte. Der Vater war Senator und Bürgervorsteher, ein gesuchter Jurist, der es sich leisten konnte, seine Klienten wenn nötig auch kostenlos bei Gericht zu vertreten.

Das Leben im Haus in Mainz umschloß alle, auch die Mägde und die Kinderfrau, in einer familiären Harmonie. Mit den Geschichten und Märchen kamen die Kinder früh in Bekanntschaft, wenn die Dienstboten erzählten. Von außen traten nur die Hauslehrer hinzu, deren Lehrmethoden manchmal allerdings noch von der veralteten Pädagogik des sturen Auswendiglernens geprägt waren. Doch auch hier fanden sich glückliche Ausnahmen: Lesen und Schreiben wurden geübt, die Anfangsgründe der lateinischen Grammatik wurden vermittelt und natürlich der Katechismus. Der strenge Unterricht, meint Niklas Vogt, war ein notwendiges Gegengewicht gegen die süße häusliche Geborgenheit und Freiheit.

Einen seiner Lehrer rühmt er besonders. Der hielt wenig von den strengen Schulstunden, sondern suchte die Kinder in der Natur beim Spazierengehen und in der Anschauung zu fördern. Von fremden Gegenständen, Bauten, Tieren und Pflanzen gewannen die Kinder durch die Bilderbücher, vor allem den »Orbis Pictus«, eine lebendigere Vorstellung. Der Guckkasten und die Laterna Magica zauberten die Bilder fremder Städte vor Augen, da sah man das Meer oder große Schlachten der Geschichte abgebildet oder den Vesus, wie er Feuer speit. Niklas Vogt schreibt: »Wir wurden in meiner Kindheit wenig mit künstlichen Erlernungen und unangemessenen wissenschaftlichen Brocken gequält... unser Verstand wurde in der wirklichen, lebendigen Welt gebildet.«

Spätsommer und Herbst, so berichtet uns Niklas Vogt, waren damals, in der zweiten Hälfte des 18. Jahrhunderts, der fröhlichste Teil des Jahres mit den ländlichen Kirmesfeiern rund um die Kurfürstliche Haupt- und Residenzstadt Mainz. Man fuhr hinaus aufs Land und feierte mit den Bauern.

Vor allem, wenn die Weinernte anging, schienen die Tage wie eine Kette von Festen. Die Ausflügler aus der Stadt halfen im Rheingau beim Traubenlesen. Und die vollen Bottiche wurden am Abend mit Gesang und Musik ins Dorf gefahren. Die Burschen und Mädchen tanzten und die Städter mischten sich unter das fröhliche Landvolk.

Der Allerheiligentag war der Abschluß der abwechslungsreichen Herbsttage und die Adventszeit wurde ernst und häuslich begangen. Aber das Martinsfest unterbrach die häusliche Eingezogenheit; denn Sankt Martin war auch damals schon ein Freund der Kinder und dazu der Schutzpatron des kurfürstlichen Landes. Der Martinstag war ein richtiges Kinderfest mit Spiel und Verlosungen.

Und der Nikolaustag verlief ganz ähnlich, schon damals gab es für die braven Kinder Zuckerzeug.

Dann wurden auf den Märkten die Buden aufgebaut, wo man sich aussuchen konnte, was man zum Christtag gern beschert haben wollte. Am besten hatten es in dieser Zeit die Knaben der Domschule, die sonst in strenger Zucht gehalten wurden. Aber jetzt durften sie aus ihrer Mitte einen Bischof wählen, der wiederum einen Hofstaat um sich versammelte mit Rittern und Prälaten. Und mit ihnen zog er – richtiggehend in einem Bischofsgewand – durch die Straßen, nahm sogar an den Gottesdiensten teil und saß an der Tafel des Kurfürsten, wenn gespeist wurde.

In der Christnacht wurde man geweckt vom Donner der Kanonen, die auf den Festungswällen rund um die Stadt Salut schossen. Die Glocken stimmten ein in den frohen Lärm und überall in den Straßen hörte man das Lied: »Christus natus est hodie...«.

Auch ins neue Jahr konnte niemand hinüberschlafen bei den Salutschüssen und dem Vielklang der Glocken. Und schon am frühen Morgen zog die Stadtmusik mit Trommeln und Pfeifen durch die Straßen; später folgte dann die kurfürstliche Militärkapelle. Und für die Kinder lagen auf dem Frühstückstisch Geschenke.

Aber das Aufregendste war, daß am Neujahrstag die Bürgerkinder bei der kurfürstlichen Hoftafel zuschauen durften, und da fiel manches Stück Braten oder Kuchen für sie ab.

Mit dem Dreikönigsfest begann die Karnevalszeit, die eine einzige Kette von Maskeraden bei Hof und in den Häusern war, dazu Konzerte, Schauspiele, Possen, Schlittenfahrten.

Das Theater in Mainz hatte in der Fastnachtszeit seine Hauptsaison, und es war eines der besten Theater in Deutschland. Da kamen Shakespeare und Racine und Corneille auf die Bühne, sogar Stücke des Freigeistes Voltaire wurden gespielt. Später nahm man die deutschen Klassiker in den Spielplan auf: die jungen Genies Johann Wolfgang Goethe und Friedrich Schiller, natürlich auch die kleineren Theaterlichter wie Iffland und Kotzebue. – Opern wurden aufgeführt. Die kurfürstliche Hofkapelle machte dazu die Musik: Gluck, Haydn, Mozart und Salieri wurden gegeben, und auf der Bühne sangen die besten Sängerinnen und Sänger Europas.

Die Kinder allerdings ließ man nur dann ins Theater mitgehen, wenn Stücke gespielt wurden, wo recht viel agiert, gefochten, gestritten und gelacht wurde.

Daheim eiferte man den großen Vorbildern auf dem Puppentheater nach, wo die Standartstücke, die alte Faustsage und die traurig erhebende Geschichte der Genovefa aufgeführt wurden.

Mit dem Aschermittwoch war die lustige Zeit zuende. Die Maskenzüge wurden abgelöst von Prozessionen. Man lebte mäßig, man spendete für die Armen. Statt der Konzerte gab es feierliche Oratorien. Und der ganze kurfürstliche Hof trug schwarze Kleidung.

In der Karwoche ging sogar der Kurfürst zu Fuß durch die Stadt. Und die Militärmusik spielte bei der Wachablösung mit dumpf klingenden, abgespannten Trommeln Trauermärsche.

Mit dem Osterfest endete die Trauerzeit. Wieder knallte die kurfürstliche Artillerie und durch den Chor der Glocken riefen sich die Nachbarn ein fröhliches »Hallelujah« zu.

Der Höhepunkt der Frühlingsfeste war die Fronleichnamsprozession, wenn die ganze Mainzer Garnison in Galauniform Spalier stand und die Kindern, als Engelchen verkleidet, mit durch die blumengeschmückten Straßen zogen.

Dann begann das sommerliche Landleben. Der Kurfürst und Erzbischof zog hinaus auf sein Schloß zu Aschaffenburg. Die Adeligen und Reichen besuchten die Bäder in Schwalbach, Wiesbaden, Schlangenbad, oder lebten auf ihren Landgütern. Auch die kleinen Vergnügungsreisen wurden zur Sommerszeit unter-

nommen: Niklas Vogt lebte mit den Eltern und Ge-
schwistern jedes Jahr ein, zwei Wochen draußen im
Rheingau beim befreundeten Pfarrer von Geisenheim.
Hier hat er, so steht in seiner Schilderung, den Rhein
lieben gelernt. Und diese Liebe hat ihn nie verlassen.
Als er 1836 starb, da verfügte er, daß sein Herz in einer
Metallkapsel bei Rüdesheim auf einem Felsen im Rhein
bestatten werden sollte.

Lebenslauf eines Gelehrten
aus dem Westerwald

Die einen nannten ihn einen der vielseitigsten Köpfe seiner Zeit, die anderen sprachen von einem unruhigen Geist, ja einem gefährlichen Agigator.

Constantin von Schönebeck wurde im April des Jahres 1760 im Westerwald geboren. Sein Geburtsort war das winzige Hüngsberg in der Pfarrei Windhagen. Der Vater des Jungen ist Rechts-Lizentiat in Kölnischen Diensten gewesen, wie überhaupt die Familie von Schönebeck jahrhundertelang Verwaltungsbeamte und Gelehrte in Bergischen oder Kölnischen Diensten stellte.

Die Eltern starben, als der Junge ein Jahr alt war, und so kam er zur Großmutter an die Wied nach Düsternau, dem Rittergut der Familie bei Peterslahr gelegen. Dorthin hat es den Constantin von Schönebeck immer wieder gezogen; die Gegend ist auch heute noch idyllisch und reizvoll.

Auf dem Progymnasium in Linz am Rhein wurde Constantin von Schönebeck auf die Universität vorbereitet. Und er studierte in Köln und Bonn und am Ende in Dortmund Medizin und Naturwissenschaften und auch Philosophie, was damals alles noch notwendig zusammengehörte. Seine Doktorarbeit über die tierische Wärme fand hohe Anerkennung und erwarb dem jungen Arzt die Mitgliedschaft in gelehrten Gesellschaften.

Aber da waren andere Neigungen früh erwacht. Bei manchem Besuch in der Vakanz hatte er daheim Gedichte geschrieben. Hinzu kam, daß damals die Geister durch neue Gedanken in Gärung gerieten. Da war im fernen Königsberg der Philosoph Immanuel Kant mit seiner Kritik der reinen Vernunft, da waren im nahen Frankreich die Aufklärer Voltaire, Rousseau, die auch politisch neue Gedanken in ihre Zeit brachten, Gedanken die in den Territorien des alten versteinerten Römischen Reiches deutscher Nation wache Köpfe fanden. Hinzu kam bei uns die poetische Richtung des Sturm und Drang mit neuem Naturerleben, mit neuerwachter Kritik auch an den starren Auffassungen der Gesellschaft.

Wandern, die Welt aus eigener Anschauung kennenlernen, Gesellschaftsschranken nicht achten, sondern überschreiten, das waren damals die Bestrebungen einer vorwärtsstrebenden Jugend.

Aus den Wanderungen des Constantin von Schönebeck entstand ein Buch – »Malerische Reise am Niederrhein«, eines der ersten großen Reisebücher Deutschlands, fast ein Vorläufer des ersten, 50 Jahre später entstandenen Bädekers. Aber dies Buch enthielt auch skeptische Bemerkungen, tadelnde Wertungen vor allem klösterlicher und kirchlicher Einrichtungen, womit der Verfasser leicht hätte anecken können, wenn er nicht klugerweise als Aufenthaltsort Bonn gewählt hätte, die Residenz des liberalgesinnten Kurfürsten Max-Franz, wo ein offenes und kritisches Wort schon erlaubt war.

Hier in Bonn gab Constantin von Schönebeck eine ganze Reihe von Zeitschriften heraus, redigierte und schrieb im Sinne der Aufklärung, des Fortschrittes von Staat, Religion und Wissenschaften. Am Bonner Rheintor hatte er eine eigene Druckerei, und seine Freunde fanden sich rundum in den geistig bewegten

Kreisen des Rheinlandes. Obwohl sich der vielgeschäftige von Schönebeck wohl nicht nur aus Taktik, sondern aus innerer Überzeugung hütete, die Kirche selber anzugreifen, so genügte doch am Ende der Kurfürstlichen Zensurbehörde seine ständige Kritik an den äußeren Erscheinungen der Religion. Die Druckerei wurde geschlossen.

Der Schock warf den Constantin von Schönebeck aus der Bahn des politischen Journalisten. Er zog sich nach Kirchen an der Sieg zurück, dann an die Wied, und dort praktizierte er nun als Arzt.

Inzwischen brach in Frankreich die Revolution aus, 1789, so lange geistig vorbereitet, aber kaum ernstlich erwartet, und die Behörden in den deutschen Ländern und Ländchen wurden hellwach und überängstlich. Constantin von Schönebeck wurde inhaftiert und nach Mainz gebracht. Als er nach einem Vierteljahr wieder zu Frau und Kindern heimkehrte, schwor er sich, keine politische Tätigkeit mehr auszuüben.

Aber die Zeitläufe standen solchen Entschlüssen entgegen. Die Revolution kam in Gestalt der Französischen Armee nach Deutschland. Das linke Rheinufer wurde gar Frankreich einverleibt. Und dem Doktor von Schönebeck, der so fleißig für die Freiheit und Gleichheit geschrieben hatte, bot sich ehrenvolle Tätigkeit bei der Departementsverwaltung in Köln. Er war zuletzt Bibliothkar der Zentralbibliothek des Departements.

Er schrieb, die zur Verfügung stehenden Quellen nutzend, historische Darstellungen und wurde Professor für Geschichte. Aber als dann die Franzosen ihrem Bibliothekar auftrugen, die wertvollsten Bücher und Handschriften für den Transport nach Paris bereit zu machen, da weigerte sich von Schönebeck, und er brachte es mit allerhand Tricks und Verzögerungen fertig, daß nur wenige Sendungen zusammengestellt werden konnten.

Damit hatte er es sich auch bei seinen Freunden, den Verkündern der Menschenrechte, verdorben. Und er ging in den Westerwald zurück, wo er nun wirklich nur noch Arzt gewesen ist, zuletzt sogar Kreisarzt des Kreises Altenkirchen. Constantin von Schönebeck starb 1835.

Was Constantin von Schoenbeck vom Westerwald berichtet

»Malerische Reise am Niederrhein« hieß jenes Buch, das der Arzt Constantin von Schoenebeck in jungen Jahren schrieb. 1785 erschien der zweite Teil des Werkes, und darin greift er über den Niederrhein hinaus und schildert die Verhältnisse im Westerwald.

Nun ist dieser Teil des Rheinischen Schiefergebirges sicher immer besonders karg und rauh gewesen und geblieben, wie das in unserem Jahrhundert entstandene Lied vom »schönen Westerwald« beweist, über dessen Höhen der Wind so kalt pfeift; was aber von Schoenebeck in der zweiten Hälfte des 18. Jahrhunderts dort beobachtete – und er ist ja sicher als Arzt auch in die Bauernstuben hineingekommen – das klingt uns heute beinah unglaubwürdig.

Gewiß, die kleinen Bauern, die auf den zum Rhein hin gelegenen Westerwaldhöhen wohnten, hatten Gelegenheit, in den zahlreichen Basaltsteinbrüchen zu arbeiten; das brachte wenigstens ein wenig Bargeld, wenn auch die Arbeit schwer und der Lohn kärglich war. »Steinreich sind wir hier und geldarm«, war eine stehende Redensart dieser Nebenerwerbsbauern.

In den Seitentälern des Rheinstromes wurde Wein gezogen, auch das brachte Geld, obwohl das Ergebnis aller Mühen wohl recht sauer war. Doch in schlechten Jahren waren diese Winzer der ersten Rheinterrasse um so übler dran: Das Geld für den Wein blieb aus, und man hatte nicht genügend Feldbau betrieben, um über den Winter zu kommen, ohne Hunger zu leiden.

Wie aber sah es nun erst aus, wenn man weiter in den Westerwald hineinwanderte? Da mag man sich ja an romantischen Tälern und schönen Höhen erfreuen, meinte Schoenebeck, aber bei näherem Hinsehen auf die kümmerlichen Felder und Weiden fragt man, wie hier genug Nahrung für Mensch und Vieh gedeihen mag. So hatte es in den Jahren 1770 und 1771 aufeinanderfolgend zwei Mißernten gegeben, und im Westerwald hatte man aus Eicheln und Wurzeln Brot gebacken. Daß aber dem Brotteig Kartoffeln und Hafer beigemengt wurde, das gehörte auch zu den Gepflogenheiten guter Jahre.

Dabei war das Brot Hauptnahrung der westerwälder Bauern neben den Hafermehlsuppen. Getrunken wurde Molke oder »Schemmer«, der aus Wildäpfeln gewonnen wurde, die man mit Wasser vergären ließ. Sogar die Kartoffeln waren ein Sonn- und Feiertagsessen neben Kohl, Bohnen, Rüben und Erbsen als Zukost. Wer in der Lage war, Butter und Käse auf den Tisch zu bringen, der gehörte schon zu den Wohlhabenden. Fleisch aber war den hohen Feiertagen vorbehalten, und es war meist getrocknetes Schweinefleisch oder Speck.

Der Doktor von Schoenebeck ist der Ansicht, diese Armut sei der Grund dafür, daß die westerwälder Sitten recht derb seien. Prügeleien waren an der Tagesordnung, und der Holzdiebstahl in den herrschaftlichen Wäldern wurde von niemandem als ungesetzlich empfunden; im Gegenteil, man sagte: »Den Holzdieb, den hat Gott lieb!«

Unzugänglich war dieser Westerwald, und das liederliche Gesindel, das sich in manchen Dörfern eingenistet hatte, durfte sich sicher fühlen vor Polizei und Obrigkeit.

Dem weiblichen Geschlecht sind in der Ehe wenig

Rosen gestreut, im Gegenteil, es findet sich kaum eine Bauernehe, in der nicht der Mann versucht, all seine Sorgen mit dem Knüppel auf dem Buckel der Frau zu zerschlagen.

Nur rund um die wenigen Städte ist ein bißchen Schulbildung anzutreffen; da können die meisten Bauern lesen und schreiben; die Frauen hingegen haben es kaum soweit gebracht, gedruckte Bücher zu buchstabieren. Gedrucktes kann man auf den Wochenmärkten kaufen. Es sind Hefte, die meist aus Köln stammen, auch jetzt im 18. Jahrhundert immer noch die alten Volksbücher: »Till Eulenspiegel«, »Die schöne Melusine«, »Die heilige Genovefa«.

Es macht den Doktor Schoenebeck regelrecht wütend, wenn er beobachtet, wie kaum je ein Mönch unbeschenkt von der Tür eines armen Bauern geht, wie diese bieder katholischen Bauern den Kirchen und Klöstern so freigiebig spenden, daß diese immer reicher und üppiger gedeihen inmitten ihrer hungernden Schäflein.

Um Hachenburg und Neuwied herum gibt es damals Eisenwerke, zu denen viele Westerwälder Tag für Tag pilgern, um zu arbeiten, endlose Wege zu Fuß wandernd und danach noch 12 und 14 Stunden bei der schweren Arbeit zubringend. Der Verdienst eines solchen Tages aber geht nicht über 13 Stüber, und wie wenig das ist, zeigt, daß man die Hälfte braucht, um sich am Arbeitsort zu verpflegen.

Der Arzt hat natürlich einen besonderen Blick für die Krankheiten des westerwälder Bauernvolkes: da grassieren Schwindsucht und Asthma, da verursacht die schlechte Ernährung häufig Gallen- und Magenkrankheiten.

Schlimmer als die Krankheiten aber – so wettert Doktor von Schoenebeck – sind diejenigen, die sie zu heilen vorspiegeln: die Quacksalber und Arzneimittelhändler, die vom Frühling bis in den Herbst zu den einsamsten Weilern vordringen und mit verlogenen Sprüchen ihre wirkungslosen oder gar gefährlichen Medizinen an den Türen verkaufen.

Soviel gesundheitsabträgliche Bedrückung geht nicht spurlos an den Menschen vorbei. »Die Westerwälder sind klein von Statur und unansehnlich«, schreibt Doktor von Schoenebeck. Und von den Frauen vermeldet er, daß selbst die hübschesten Mädchen in der Ehe rasch unansehnlich werden und sogar häßlich. Und als Gründe dafür nennt er: die zahlreichen Geburten, die Sorgen um das tägliche Brot, der sklavische Zustand, in dem sie leben, die überaus harte Arbeit, der Mangel an jeglicher Bequemlichkeit und Erholung und das rauhe Klima.

Zu all diesem Elend aber kam, daß die meisten Westerwald-Bauern nicht auf eigenem Grund saßen, sondern pachtpflichtig waren, daß darüberhinaus neben den festen Frontagen im Jahr der Herr das Recht hatte, von einem Tag auf den anderen, seinen unfreien Untertanen weitere Arbeiten aufzubürden.

Wie die Bürger von Boppard um ihren Wald kämpften

Glaube nur ja niemand, es hätte früher weniger Zwist zwischen Obrigkeit und Untertanen gegeben wie heute zwischen Regierung und Bürger. Vielleicht haben die Bürger früher sogar hartnäckiger als heute ihre Rechte verteidigt.

Ein Recht der Bopparder war's seit altersher, den umfangreichen Wald auf den Rheinhöhen für sich zu nutzen. Von Kaiser Otto II. sollte dies Recht stammen; er habe es der Stadt geschenkt, hieß es. Allerdings eine Urkunde darüber gab es nicht.

Trotzdem hat viele Jahrhunderte lang niemand den Boppardern verwehrt, ihr Bau- und Brandholz im Wald zu schlagen, bis dann die Zeiten aufgeklärter, das heißt wissenschaftlicher und planender wurden, bis man bei der kurfürstlich-trierischen Regierung einsah, es sei höchste Zeit, dem Raubbau in den Wäldern Einhalt zu tun und eine planmäßige Forstwirtschaft und Forstordnung einzuführen.

Und so kam denn im Jahre 1771 eine kurfürstliche Kommission nach Boppard, ein Obristforstmeister, ein Geheimer Rat und ein Forstsekretär. Und sie untersuchten, ob etwas dran sei an den Beschwerden, die Bopparder ließen ihren Wald verkommen. In der Tat fanden sie mancherlei Mißstände. – Aber der Stadtrat bedeutete den Herren: Der Kurfürst und seine Beamten habe im Bopparder Wald nichts zu suchen, und man ließ durchaus nicht mit sich reden.

Die kurfürstliche Regierung in Koblenz griff zu

einem Druckmittel, das damals üblich war: sie legte den Bopparder Stadträten Soldaten ins Quartier. Und die Stadträte konnten und wollten da nicht allzulange durchhalten, es wurde zu teuer, und so unterschrieben sie schließlich das Papier, auf dem die kurfürstliche Oberforsthoheit bestätigt und zugestanden wurde.

Aber das mochten die Bürger nicht leiden, sie zogen vor das Gasthaus zum Schwanen, wo der kurfürstliche Obristforstmeister Quartier genommen hatte, und schrien und drohten so nachhaltig, daß der hinten hinaus und in die kurfürstliche Burg floh, um sich von da bei Dunkelheit nach Koblenz fortzumachen.

Zwar ließ der erboste Kurfürst 300 Mann Soldaten und 4 Kanonen gegen Boppard marschbereit machen, aber dann geschah doch nichts, und die Bopparder hatten volle 18 Jahre ihre Ruhe und konnten in ihrem Wald tun und lassen, was sie wollten.

Dann aber, im Jahre 1788, wurde es ernst. Der Bopparder Wald wurde von kurfürstlichen Beamten vermessen, und es wurde eine Forstordnung bekanntgemacht, wonach man, wenn man Holz schlagen wollte, um Erlaubnis bei der Behörde einzukommen hätte, und die Gebühr dafür war gesalzen.

Da wurden die Bürger von Boppard wieder aufrührerisch, ja man kann sagen, es war eine kleine Revolution. Auf dem Anger kamen sie zusammen und verschworen sich, bis aufs Blut ihren Wald zu verteidigen.

Zunächst und als erstes aber machten sie – die Gelegenheit nutzend – es war ja vielleicht die letzte Gelegenheit – einen großen Teil des schönen Buchenhochwaldes nieder. Die Versteigerung des Holzes erbrachte soviel, daß jeder Bopparder 5 Reichstaler in den Sack stecken konnte.

Der kurfürstliche Förster, der dem Waldfrevel Einhalt tun wollte, wurde mit Hohn und Spott, das Gewehr umgekehrt angehängt, herumgeführt und schließlich davongejagt.

Aber nun war das Maß voll: Nachen mit dem kurfürstlichen Wimpel kamen rheinauf gerudert, Soldaten darin. Die Herrn des Stadtrates wurden festgenommen und auf die Festung Ehrenbreitstein gebracht. Nach 14 Tagen waren sie weich und schwuren, niemehr etwas gegen die kurfürstlichen Rechte am Bopparder Wald zu sagen.

Sie hielten Wort. Und selbst der Janese Christian Wirt, Winzer und Jäger, sonst berühmt für sein loses Maul, wehrte ab, als man ihn nach seiner Meinung fragte und sagte nur: »Nein, nein, ich werd' mich nicht um Kopf und Freiheit reden. Nur soviel: Im Wald oben, da ist mir ein Has begegnet und der, der hat zu mir gesagt: Mag der Kurfürst tun und behaupten, was er will, den Boppardern kann ihren Wald niemand nehmen.«

Die Aufregung stieg noch, als eines Tages der Stadtdepp, der Strudt, aus dem Wald kam und verkündete: »Im Hinterburden ist mir der Kaiser Otto begegnet, und der hat gesagt: Den Wald hab ich meinen Boppardern geschenkt, und dabei muß es bleiben.«

Dem Kurfürst wurde es nun doch zuviel. Zwei Kompanien Musketiere und Grenadiere und Artilleristen mit 3 geladenen Kanonen und brennenden Lunten erschienen vor der Stadt. Trotz der militärischen Übermacht gab's Krawall, als die Soldaten durch die Kranengasse zum Markt marschierten. Die Brandglocke tönte, die Bürger johlten und warfen Steine und Dachziegel, die Soldaten droschen mit dem Kolben drein. Und schließlich saßen diesmal sogar 32 Männer und 4 Frauen gefesselt in den Nachen am Rheinufer und wurden auf die Festung Ehrenbreitstein gebracht. Auch der Strudt war dabei, und man führte ihn im kurfürstlichen Schloß in jenen Saal, in dem rundum die Gemälde der deutschen Kaiser hingen; man forderte ihn auf: »Dann zeig uns doch mal, welchem Kaiser bist du denn im Bopparder Wald begegnet« – Und da zeigte der Strudt auf ein Bild und sagte: »Dat e lo es en!« Und tatsächlich, so befremdlich das klingt, er hatte richtig den Kaiser Otto II. herausgefunden.

Die Bopparder Gefangenen haben 22 Wochen, schon ganz vergessen, in Ketten gelegen. Und wäre nicht der an sich ja friedfertige Kurfürst Clemens Wenzeslaus rheinauf gefahren, um zur Krönung von Kaiser Leopold II. nach Frankfurt zu gelangen, hätte er nicht in der kurfürstlichen Burg zu Boppard Station gemacht und dort die Deputation von Bopparder Frauen empfangen, wer weiß, wie lange die armen Gefangenen noch in ihrem Kerker hätten aushalten müssen.

Der Jäger aus Kurpfalz

Eigentlich ist das Lied »Ein Jäger aus Kurpfalz« weiß Gott ohne allen Tief- und Hintersinn, und vielleicht ist es grad drum eines der bekanntesten Volkslieder geworden. Und es ist schon recht alt, denn es soll im Jahre 1772 zum ersten Mal in größerem Kreise erklungen sein, und zwar in der lustigen Runde des kurfürstlich-pfälzischen Obristjägermeisters Freiherr von Hacke. Und vorgesungen und gedichtet und in Noten gebracht hat es der Pater Martinianus Klein. Der also sang die Strophen vor:

»Ein Jäger aus Kurpfalz, der reitet durch den grünen Wald und schießt sein Wild daher, gleich wie es ihm gefallt. Trari, Trara, gar lustig ist die Jägerei allhier auf grüner Heid, allhier auf grüner Heid'.«

Der Pater Martinianus Klein war nur in Vertretung des Erbförsters Friedrich Wilhelm Utsch beim Obristjägermeister von Hacke. Es war nämlich alle paar Monate der übergeordneten Forstbehörde Bericht zu erstatten. Dazu aber hatte der Erbförster Utsch keine Zeit:

»Jetzt reit' ich nicht mehr heim, bis daß der Kuckuck, Kuckuck schreit...«

Denn er war unablässig mit seinen Jägerburschen und Grenzschützen unterwegs, weniger um Has und Hirsch zu schießen, als vielmehr dem Unwesen der Banden in den Wäldern ein Ende zu machen. Der Erbförster Utsch saß im Hunsrück, im Soonwald auf dem Dörfchen Entenpfuhl. Es war das Gebiet, das später auch der Schinderhannes mit seinen Streifzügen besonders heimsuchte. – Die Räuberbande aber gab es schon lange, seit der großen Verelendung in der Pfalz durch die schrecklichen Raubkriege des französischen Königs Ludwig XIV. Vom Wilderer zum Wegelagerer war kein weiter Schritt damals. Und auch die zahlreichen Blessierten und Deserteure der Kriege, die König Friedrich von Preußen entfacht hatte, sorgten immer wieder für Auffüllung der Räuberbanden.

Der junge Kurfürst von der Pfalz, Karl Philipp Theodor, aber wollte Handel und Gewerbe in die Höhe bringen, er wollte, daß sein Land sich endlich vom französischen Aderlaß erhole. Da er aber mehr übrig hatte für Kunst und Prachtentfaltung als für Militär und Polizei, so gab er den Förstern den Auftrag, das Räuberunwesen in den Wäldern zu bekämpfen: »Auf, sattelt mir mein Pferd! Und legt darauf den Mantelsack. So reit ich kreuz und quer als Jäger von Kurpfalz.«

So war auch der Erbförster Friedrich Wilhelm Utsch oft wochenlang mit seinen Gesellen unterwegs. Es war das reine Landsknechtsleben mit Kampf und Vergnügen bei pfälzer Wein und Gesang. Und wenn er heimkam nach Entenpfuhl, der Erbförster, dann lauschte alles gespannt den Erzählungen von seinen Abenteuern, auch der Pater Martinianus Klein, der im Försterhaus in Entenpfuhl angestellt war, den Kindern lesen, schreiben und rechnen beizubringen.

Er war es also, der das Lied vom Jäger aus Kurpfalz nicht nur gedichtet und komponiert, sondern auch auf den Weg gebracht hatte, eben zum Obristjägermeister von Hacke. Und dort wurde es im frohen Kreis nachgesungen und bejubelt. Auch jene dritte Strophe, die meist in den Liederbüchern fehlt: »Hubertus auf der Jagd, der schoß ein Hirsch und einen Has, der traf ein Mägdlein an. Und das war achtzehn Jahr. Trari, trara, gar lustig ist die Jägerei.«

Man wußte schon längst an vorgesetzter Dienststelle, daß der Erbförster Friedrich Wilhelm Utsch aus Entenpfuhl einen Faible für das weibliche Geschlecht hatte.

Nun vergingen nur Wochen, und es war immer noch das Frühjahr 1772, da wurde der Obristjägermeister von Hacke zum Rapport nach Heidelberg in die kurfürstliche Residenz bestellt. Dort traf er auf eine fröhliche Gesellschaft, der der Kurfürst höchstselbst präsidierte. Und jeder mußte etwas zur Unterhaltung beitragen. Dem Freiherrn von Hacke fiel nichts anderes ein, als das schlichte neue Liedchen vom »Jäger aus Kurpfalz«, und es hatte hier dieselbe Wirkung wie damals, als es sein Dichter und Komponist, der Pater Martinianus, vorgestellt hatte. Sogar das Hoforchester wurde aus den Betten geholt und mußte die Melodie einstudieren. Und der Kurfürst Karl-Philipp-Theodor hing dem Freiherrn von Hacke einen Orden um und gab ihm einen erklecklichen Geldbetrag mit für den Erbförster Friedrich Wilhelm Utsch, den Jäger aus Kurpfalz.

Der hat es im Laufe seines Lebens noch zum Besitz des Malteserhospitalgutes in Sobernheim gebracht. Im Jahre 1795 hat er sich bei der nächtlichen Streife auf das Diebsgesindel eine Halsentzündung geholt; und daran ist er gestorben. – Das Lied von ihm aber ist lebendig geblieben bis heute.

Und im Soonwald findet man sogar ein Denkmal. Das hat Kaiser Wilhelm II., der leidenschaftliche Jäger, errichten lassen. Auf dem Stein steht eingemeißelt: »Dem Andenken des churfürstlichen-churpfälzischen Erbförsters und Forstinspektors Friedrich-Wilhelm Utsch, genannt der »Jäger aus Kurpfalz« gewidmet vom allerhöchsten Jagdherrn Seiner Majestät Kaiser Wilhelm II. und seinen Jägern.«

Vom Buchhandel in Koblenz

Im Frühjahr 1772 öffnete in Koblenz die erste Buchhandlung die Ladentür. Die Stadt war ein wenig rückständig in dieser Beziehung, denn damals gab es in Köln immerhin schon 4 Buchhandlungen und zehn Druckereien. – Eine Druckerei war allerdings auch in Koblenz tätig ebenso eine in Trier; aber die brachten nur Andachts- und Schulbücher aus der Presse.

Dabei war doch das auch damals schon berühmte Zentrum des Buchhandels – Frankfurt – gar nicht so weit entfernt. Man reiste dorthin mit der Postkutsche über Montabaur und Limburg und zurück rheinab mit dem Schiff.

Nun war aber in der zweiten Hälfte des 18. Jahrhunderts die Buchmesse von Leipzig schon bedeutender, als die von Frankfurt, seit nämlich die Zahl der deutsch geschriebenen Bücher die der lateinischen übertraf.

Buchhändler, die von Frankfurt kamen, hatten manchmal in Koblenz ihre Waren feilgehalten. Der Buchhändler, der sich jetzt bei der kurfürstlichen Kanzlei um die Lizenz beworben hatte, kam von weither: Johann Caspar Huber stammte aus Graz in der Steiermark, wo er sein Geschäft erlernt hatte, er war dann in Augsburg und zuletzt in Köln Buchhändlergehilfe gewesen. Ein Kölner Mädchen war's denn auch, das er zu heiraten gedachte; und er schrieb in sein Gesuch an die Kurfürstliche Behörde, daß seine Verlobte ihm 3000 bis 4000 Gulden mit in die Ehe bringen würde.

Nun konnte allerdings ein Buchhändler damals nicht verkaufen, was er wollte. Der Kurfürst Johann-Philipp, ein strenger und engstirniger Herr, hatte seinerzeit sogar die Privatbibliotheken nach verbotenen Schriften durchsuchen und die Besitzer, wenn sich etwas fand, mit Strafen belegen lassen. Der Nachfolger Clemens-Wenzeslaus hingegen war weltoffener, aufgeklärter, liberaler. Er war selbst ein gebildeter Herr und stammte aus dem geistig regsamen Sachsen. Es wurde dem Buchhändler Huber nur auferlegt, keine gegen Kirche, Staat oder Sittlichkeit gerichteten Bücher zu führen.

Wie eng auch jetzt noch die Handhabung der Zensur war, das erhellt aus der Tatsache, daß zum Beispiel evangelisch-theologische Bücher nur an Protestanten verkauft werden durften, höchstens an lehrende katholische Theologen, die sie zum Studium benötigten.

An Studenten – so nannte man die Gymnasiasten – durften überhaupt nur Schulbücher verkauft werden, es sei denn, sie hätten eine schriftliche Erlaubnis des Lehrers vorzuweisen.

Die drohende Entwicklung jenseits der Grenze im Westen, der Ausbruch der Revolution in Frankreich, bewog den Kurfürsten, die Zensur zu verschärfen, was ihm – wie es heißt – »bei der Kurzsichtigkeit und Leichtgläubigkeit des gemeines Mannes« nötig erschien.

Inzwischen gab es schon zwei Buchhandlungen in Koblenz, und eine bekam tatsächlich revolutionäre Schriften zugeschickt, unter anderem den berühmten Aufruf »Die Franzosen an die Völker Europas«. Aber die verbotene Literatur wurde pflichtgemäß der kurfürstlichen Behörde abgeliefert.

Den Gedanken der Aufklärung war der Kurfürst Clemens-Wenzeslaus nicht abgeneigt, im Gegenteil, er nahm sich den großen Reformer Kaiser Joseph II. zum Vorbild und wollte – wie der – die Volksschulen verbessern. Dazu gehörte die Einführung neuer Lehrbücher, die von Johann Kaspar Huber in Koblenz selber gedruckt und verlegt wurden. In den Jahren von 1775 bis 1779 hat er 15 000 Exemplare des kleinen Kathechismus und 8000 des großen verkauft, dazu 2000 mal die Biblische Geschichte. Es wurde aber auch bei Huber gedruckt »Die Anleitung zur Rechenkunst«, »Das ABC oder Namensbüchlein«, der »Unterricht in der Erdbeschreibung« und neben vielem anderen »Anleitung für den Schullehrer zu einer leichteren Lehrart«, ein Büchlein für das vom Kurfürsten eingerichtete Koblenzer Lehrerseminar, wo endlich und zum erstenmal die Lehrerbildung ihre Ordnung bekam.

Um diese Zeit betrat auch ein junger Gymnasiast den Laden des Buchhändlers Huber und teilte mit, ihm erscheine das Erdkundebuch, das auf dem Gymnasium verwendet würde, unzureichend, er habe ein besseres verfaßt. Buchhändler Huber trat dem Vorschlag nicht nahe, das neue Werk zu drucken; aber immerhin, der Gymnasiast war der später so berühmte Joseph Görres.

Als dann die Freiheitsarmeen Frankreichs über die Grenze kamen und die Kurfürsten in Köln, Trier und Mainz davonjagten, da sank auch die Volksbildung, die eben unter Kurfürst Clemens-Wenzeslaus ihren Aufschwung genommen hatte, wieder auf ein beklagenswertes Niveau.

Die Handelsbeziehungen mit dem übrigen Deutschland brachen ab. Die neue, französische Zensur verbot, Zeitungen und Bücher von dort einzuführen. Und überhaupt ist die Handhabung der Zensur unter der französischen linksrheinischen Regierung ein schlagendes Beispiel dafür, wie die Freiheit aussah, die den Rheinländern da importiert worden war. Wollte jemand ein ausländisches Buch einführen, das heißt also auch eines aus Hamburg oder Leipzig, dann hatte er den genauen Titel an die Generaldirektion nach Paris zu melden. Die schickte – falls ihr keine Bedenken gegen das angegebene Werk kamen – einen Erlaubnisschein an das zuständige Grenzzollamt, von dort ging das Bücherverzeichnis an den Präfekten des Departements. Der wiederum schickte es nach Prüfung an den zuständigen Beamten, den »inspecteur de la librairie«. Der wieder beauftragte den »verificateur«, der das Bücherpaket im Beisein des Besitzers öffnete, eventuell enthaltene, nicht genehmigte Bücher beschlagnahmte und den Zoll berechnete. Das Verfahren dauerte Monate. Kein Wunder, wenn Joseph Görres schrieb: daß eine »gewisse geistige Öde« am Rhein eingezogen sei. Und daß ein Reisender in der »Zeitung für die elegante Welt« seinen Eindruck vom linken, französischen Mittelrhein mit den Worten umschrieb: »Musen und Grazien sind hier seit dem Kriege völlig verscheucht.«

Steinkohle von der Nahe

Im Herbst 1773 kam dem Kurfürsten Carl-Theodor von der Pfalz, oder richtiger den Herren seiner Hofkammer, ein Gesuch auf den Tisch, darin um Erlaubnis gebeten wurde, die Steinkohlenvorkommen am Schläukopf bei Ebernburg, in der Nähe von Münster am Stein ausbeuten zu dürfen.

Dem Kurfürsten und seinen Beamten kam das Gesuch grad recht, denn – wie fast überall damals – so herrschte auch um Nahe, Soonwald und Pfalz Holznot. Allzulange hatte man die Wälder ausgebeutet. Und eben hatte der Kurfürst ein Gesetz erlassen, das den Hauptgrundsatz moderner Waldwirtschaft festschrieb: daß nämlich nur noch soviel geschlagen werden dürfe, wie nachwachse. – Und das hieß nun leider für die meisten Gebiete des Kurfürstentums der Pfalz: totaler Einschlagstopp.

Woher aber Hausbrand nehmen, woher Holz und Holzkohle für Quecksilberschmelzen, Eisenhütten, Schmiede? Da kam das Gesuch des Stadtgerichtsschreibers Stokkinger aus Odenheim grad recht. Steinkohlenabbau, der wurde gern bewilligt und mit allerhand Privilegien versehen: Zwei Jahre völlige Steuerfreiheit, erst danach mußte der Zehnte der geförderten Steinkohle an den Landesherrn abgeführt werden. Aus dem Amt Kreuznach durfte die Kohle zollfrei verkauft werden und die Bergleute vom Schläukopf sollten frei sein von Fronarbeiten und Sondersteuern, sie durften sogar ihre Eß- und Trinkwaren zollfrei kaufen. Der Kurfürst bedang sich allerdings das Vorkaufsrecht auf die geförderte Kohle aus.

Ob da viel Steinkohle aus dem Schläukopf geschürft worden ist, darf bezweifelt werden; vom Jahr 1790 weiß man jedenfalls, daß in der Grube nur sechs Arbeiter beschäftigt waren.

Aber das will nicht viel heißen, denn die kleinsten Vorkommen waren in den Zeiten schwieriger Verkehrsverhältnisse noch abbauwürdig. – Sicher hat der Gerichtsschreiber Stokkinger etwas vom Steinkohlenabbau verstanden: Sein Heimatort Odenheim liegt am Zusammenfluß von Nahe und Glan, und sicher ist er manchmal die Glan aufwärts geritten ins Oberamt Meisenheim, wo es viele Orte gab mit kleinen Kohlengruben. Einige davon waren schon Mitte des 16. Jahrhunderts in Angriff genommen worden. Der Dreißigjährige Krieg hatte auch in diese Tätigkeit eine Stockung gebracht, aber danach war – mit wachsender Holzknappheit – der Bergbau intensiver und lohnender geworden.

Vor 200 Jahren waren in diesem Kohlengebiet des Oberamtes Meisenheim insgesamt rund 100 Menschen im Bergbau tätig. Die größte Grube lag nah dem Ort Roth. Sie hatte 30 Arbeiter und kam auf eine Jahresförderung von bescheidenen 20000 Kilo Kohle. In Odenbach wurden sogar das ganze Jahr hindurch nur 5000 Kilo gefördert, man bedenke, eines Jahresförderung von 100 Zentnern!

Und dennoch gab es dort im Meisenheimer Gebiet schon Kohle, die auf Halden geschüttet werden mußte. – Die Bevölkerung wollte nämlich die Meisenheimer Kohle nicht kaufen, denn sie stank scharf und stechend, und das kam vom hohen Schwefelgehalt. Fast alle Feuerungen aber waren damals noch offen, so daß die Hausfrauen am Herd und die Familie am Kamin ins Husten kamen.

Hier im Oberamt Meisenheim war als Landesvater der Herzog von Pfalz-Zweibrücken zuständig; Er war selbst Eigentümer einiger Klein-Bergwerke. Und er tat alles, was er konnte, seine Kohle los zu werden: Er verbot die Einfuhr von Kohle, er verpflichtete jeden Bauern und Bürger zur Abnahme einer bestimmten Menge, er ließ sogar gußeiserne Öfen aus dem fortschrittlichen Holland kommen, und zeigte daran seinen Untertanen, daß die Kohle nicht stinken muß, wenn man sie richtig verfeuert. Es war alles umsonst: Die Kohle des Herzogtums blieb unbeliebt. Als später die Kleinstaaterei aufhörte, als Handel und Wandel freier wurden, als die Verkehrswege aus ihrem mittelalterlichen Zustand herauskamen und man nun Kohle daher beziehen konnte, wo es sie reichlich und gut und abbauwürdig gibt, da hörte der Steinkohlenbergbau im Nahegebiet bald auf.

Winningen unter badischer Herrschaft

Im alten Deutschen Reich gab es gar seltsame Besitzverhältnisse was Länder und Ländergrenzen angeht. – So wurde jahrhundertelang die Vogtei Winningen – als zur »hinteren Grafschaft Sponheim« gehörig – gemeinsam von zwei Herren regiert: dem Herzog von Zweibrükken und dem Markgrafen von Baden-Durlach. Das gab mancherlei Reibereien und endlich teilte man gütlich, und die Vogtei Winningen an der Mosel kam unter alleiniges Regiment des badischen Markgrafen.

Das geschah im Jahre 1774; und so wurde also der Weinort Winningen an der Mosel von Karlsruhe aus verwaltet.

Natürlich wußten die badischen Beamten nicht so recht, was das denn nun dort im Norden für ein Flecken war, wo man Steuern erheben, Wege bauen, den Wohlstand fördern und die Rechtsordnung wahren sollte.

Deshalb schickte der Markgraf Karl-Friedrich von Baden-Durlach zwei Herren auf die Reise rheinabwärts, den Geheimen Rat und Kammerpräsidenten von Geiling und den Kammerassessor Klose.

Wie immer, so tat auch hier der Rangniedrigere die Arbeit: Assessor Klose führte ein Tagebuch über diese Inspektionsreise im September 1774.

Kastellaun und Waldesch waren schon visitiert worden, man war schon eine Woche von der Residenz Karlsruhe entfernt. Um 4 Uhr nachmittags rollte die Kutsche der beiden Beamten in Winningen ein.

Der Badisch-Landesherrliche Amtsverwalter Kröber war nicht anwesend, also hielt man sich an den Bürgermeister Knaudt. Und nach kurzer Stärkung unternahm man gleich einen Umritt durch die Gemeindeflur. Es ging durch das Destental die Weinberge hoch zum Gemeindewald und auf die Elzen-Flur mit ihren Äckern. Man ritt hinauf auf den Beil, jene Anhöhe, von wo man die kurtrierische Stadt Koblenz sieht und über den Rhein weg die stärkste Festung des Trierer Kurfürsten: Ehrenbreitstein. Nach diesem Rundblick ritt man zurück über Weilsborn nach Winningen.

Am Abend schrieb Assessor Klose in seine Tagebuch, daß dies untere Moseltal eine sehr angenehme Gegend sei. Rundum seien alle Orte kurtrierisch und katholisch, während die 965 Einwohner von Winningen durchweg dem evangelischen Glauben anhingen. Das hatte keinen anderen Grund als jenes Gesetz aus dem 16. Jahrhundert, daß derjenige, dem das Land gehöre, über die Religion der Bewohner bestimmen dürfe, und die Markgrafen von Baden-Durlach waren eben protestantisch.,

Die Haupteinnahmequelle Winningens ist der Weinbau, notiert der Assessor. Und man merkt, daß er bequemere Winzerarbeit aus seinem Badischen Ländle gewöhnt ist, denn er bezeichnet die Weinberge von Winningen als mühsam zu bewirtschaften. Die viel steileren Lagen der Mittelmosel hatte er sicher nie gesehen.

Allerdings, die Mühe lohne, schreibt Klose, denn der Winninger Wein sei – wenn das Jahr sich gnädig zeige – sehr gut. Allerdings lag damals – 1774 – ein wirklich gutes Weinjahr für die Winninger schon acht Jahre zurück. Und nur die Älteren erinnerten sich daran, daß der Wein wahrhaft königlich zu nennen gewesen war in den Jahren 1748 und 1749. Seither aber hatte die Weinchronik manchesmal ein schiefes

Maul ziehen müssen: »Sauer und schlecht«, oder »trinkbar« oder »wenig und sauer« stand da.

Und deshalb stellten die beiden Beamten aus Karlsruhe fest: Den Winningern fehlt der Ausgleich eines bäuerlichen Ackerbaus. – Der Bürgermeister wandte ein, die ganze Gemarkung verfüge nur über 260 Morgen Ackerland und davon gehöre noch das meiste dem Grafen von Elz.

Jedenfalls müsse der Viehbestand erhöht werden, mahnten die Karlsruher. Die Winninger hätten offenbar zuwenig Mist für ihre Weinberge. Nur daraus erklärten sich die Streitigkeiten mit der Kurtrierischen Forstverwaltung, die der Markgräflichen Verwaltung in Karlsruhe manchen Ärger machten. Die Winninger holten nämlich Laub aus den Wäldern des Kurfürsten rundum und hackten es in ihren Weinbergen unter. Der Kurfürst aber achtete streng darauf, daß seinem Wald kein Schaden zugefügt wurde und erhob immer wieder Klage und Anklage.

Die Baden-Durlachsche Herrschaft in Winningen hat nach diesem Besuch aus Karlsruhe noch anderthalb Jahrzehnte angedauert. Dann kam die französische Revolutionsarmee, und es ging zuende mit dem alten Reich und seinem bunten Flickenteppich von kleinen Herrschaften und verstreutem Fürstenbesitz.

Die Neuwieder Lateinschule

Im Jahre 1774 reisten Johann Wolfgang Goethe, damals schon durch seinen Werther berühmt geworden, der Theologe und Philosoph Lavater und Johannes Basedow am Rhein. Basedow war der weitaus älteste unter den Dreien, bereits 50, und er hatte eben im Dienste des Fürsten von Dessau seinen Lebenstraum verwirklicht: eine Höhere Schule, ein Gymnasium, nach seinen Erziehungsidealen und Lehrmethoden aufzubauen.

Die drei Reisende besuchten auch den Herrn der Wiedischen Lande in Neuwied, den Grafen Alexander zu Wied. – Das Geschlecht wurde erst zehn Jahre später vom Kaiser gefürstet.

Der fortschrittlich gesinnte und um das Wohl seines Ländchens und seiner Untertanen im besten Sinn sorgende Graf ließ sich von Basedows Schilderungen begeistern. Auch in Neuwied sollte ein Gymnasium in gleich fortschrittlichem Geiste wie in Dessau erstehen. Wie Graf Alexander dies ins Werk setzte, mutet seltsam an. Es wurde nämlich ein Bursche ausgesucht, der mit hervorragendem Ergebnis die Neuwieder Volksschule absolviert hatte. Die Wahl fiel auf den 16jährigen Sohn eines Perückenmachers, Philipp Bender. Und er wurde nach Dessau an die Anstalt Basedows geschickt.

Der Graf zu Wied sorgte in wahrhaft großzügiger und väterlicher Weise für den Zögling, nicht nur Kost- und Schulgeld bezahlte die gräfliche Rentkammer, auch Bücher und Lernmittel, auch Kleidung, Wäsche und Schuhe. Sogar die Miete für ein Klavier wurde erlegt, ebenso der Tanzunterricht, der Reitunterricht, ja das Reitpferd selber finanziert. Daneben gab es noch ein

Taschengeld und Geld für kleinere Bildungsreisen. Die Zeit der Aufklärung hatte überall die Erkenntnis geweckt, daß umfassende Bildung von Körper und Geist, von handwerklichen und wissenschaftlichen Fähigkeiten dem Einzelnen wie dem Staat am meisten nütze.

Und so lernte Philipp Bender neben dem Lateinischen, das übrigens ganz praktisch durch Sprechen und mit wenig Grammatik erlernt wurde, neben dem Griechischen, Englischen, Französischen auch das Eislaufen. Das war ja ein Sport, der damals zu den beliebtesten gesellschaftlichen Vergnügungen gehörte, und den auch der junge Goethe begeistert betrieben hat. Als Handwerk wählte Bender sich die Drechslerei. Im Deutschen wurde Gellert gelesen, seine Fabeln und Erzählungen im neuen, ungekünstelten deutschen Stil und vernunftbetont Tugenden predigend. Man war fromm, aber nüchtern.

Als Philipp Bender seine Ausbildung an der Basedowschen Anstalt beendet hatte, war es vor allem die Gräfin Karoline zu Wied, die nun darauf drang, ihm auch ein Universitätsstudium zu ermöglichen. Und so kam der Schützling des Grafen nach Halle. Und er hatte das Glück, dort einen ehemaligen Lehrer aus Dessau nun als Professor wiederzufinden. Bei ihm wohnte er und hörte Pädagogik und vervollkommnete sich in Geschichte, Geographie, Mathematik, Naturkunde, Physik und Sprachen, vor allem Französisch.

Nach vier Semestern kehrte Bender zurück nach Neuwied mit einem lobenden Schreiben seines Professors. Er war nun 23 Jahre alt und wurde Rektor des Neuwieder Gymnasiums. Man wird sofort verstehen, weshalb er in so vielen Fächern ausgebildet werden mußte: er war neben zwei Hilfskräften der einzige Lehrer an der bald weitgerühmten Anstalt.

Philipp Bender hat am Neuwieder Gymnasium in einem gemäßigt basedowschen Stil gewirkt, bis die Preußen das Wiedische Land übernahmen. Ihr Bildungsideal, geprägt von Humboldt und Schleiermacher ging weniger auf die lebenspraktische als auf die humanistische Ausbildung der Persönlichkeit.

Samuel Thomas Sömmering

Im Jahre 1784 bekam die Universität Mainz einen neuen Professor der medizinischen Fakultät. Es war ein junger Mann von 29 Jahren, aber es ging ihm bereits ein bedeutender Ruf voraus. Er war nicht nur ein guter Arzt, er galt auch bereits als Anatom und Physiologe etwas in der Fachwelt. Man rühmte seine Geschicklichkeit beim Sezieren, überdies konnte er seine anatomischen Präparate äußerst gewandt zeichnen, ja er verstand sich sogar auf den Kupferstich, die damals übliche Reproduktionstechnik für Abbildungen.

Es war der Kurfürst und Erzbischof Karl Friedrich, der den jungen Samuel Thomas Sömmering nach Mainz gerufen hatte, ein freisinniger und fortschrittlicher Mann, der gesonnen war, das Niveau seiner Universität zu heben.

Viel Zeit ist ihm ja dann nicht mehr vergönnt gewesen. Die Franzosen kamen zehn Jahre später. Aber 1784 war der Mainzer Kurfürst noch der reichste geistliche Herr in Deutschland, wenn er auch nicht mehr als 320000 Einwohner in seinen Ländern zählen konnte.

Die Universität jedenfalls stand damals in einer Blütezeit; Georg Forster, der große Naturwissenschaftler, war in Mainz. Er hatte den jungen Sömmering in Kassel kennengelernt und ihm bereits dort eine Stelle als Lehrer der Anatomie beschafft.

Samuel Thomas Sömmering war in Thorn in Polen geboren. Sein Vater war Stadtphysikus dort, also so etwas wie städtischer Medizinalrat. Durch den Beruf des Vaters wuchs der Junge von Kindesbeinen in die Medizin hinein. Der Vater hätte gerne aus ihm einen praktischen Arzt gemacht. Aber schon, als der Student mit 23 Jahren in Göttingen seinen Doktor machte – mit Glanz und Gloria – stand fest, er würde die akademische Laufbahn einschlagen. Er arbeitete und studierte noch einige Semester in Holland und England, und trat dann an der Universität in Kassel das Lehramt als Anatom an.

Schon hier machte er seine erste Entdeckung: er stellte fest, daß sich die Sehnerven auf ihrem Weg von den Netzhäuten der Augen zum Gehirn kreuzen.

Die Universität Mainz war damals wegen ihres wissenschaftlichen Niveaus berühmt – die beiden Brüder Wilhelm und Alexander von Humboldt studierten einige Zeit dort und traten in Verbindung mit Sömmering, der nun an die Kurfürstliche Mainzerische Universität überwechseln konnte.

In Mainz fand der junge Anatom auch den genialen Zeichner und Kupferstecher für seine Arbeiten. Es war Christian Koeck, der als erstes eine Arbeit Sömmerings illustrierte, in der die Gefährlichkeit einer modischen Unsitte angeprangert wurde: »Über die Schädlichkeit der Schnürbrüste«.

Wie weit damals die Medizin noch im Aberglauben verstrickt war, wird aus einer anderen Mainzer Arbeit Sömmerings deutlich: »Abbildungen und Beschreibungen einiger Mißgeburten«. – Sömmering tritt darin entschiedene Beweise an, daß die Mißbildungen nichts anderes sind als naturgegebene Veränderungen des Normalen, während man immer noch zu dem Glauben neigte, hier sei Übernatürliches am Werk. – Auch Sömmerings Hauptwerk, die fünfbändige Anatomie, ist in Mainz entstanden.

Die Zeiten waren schon unruhig geworden, als Professor Sömmering im Jahre 1792 eine Frankfurterin heiratete. Auf der Hochzeitsreise erreichte ihn ein Brief Georg Forsters, Mainz sei von den Franzosen erobert, der Kurfürst sei geflohen. Sömmering hat deshalb zunächst in Frankfurt Wohnung genommen und dort als praktischer Arzt gewirkt. Noch zweimal ging er nach Mainz zurück, aber die Situation war verändert, die Ruhe und Wohlhabenheit endgültig zerstört. Er schreibt: »Hier kann weder ich noch die Universität auf einen grünen Zweig kommen.«

Typisch, was damals aus der Feder Sömmerings hervorging: eine Untersuchung »Über den Tod durch die Guillotine«.

Samuel Thomas Sömmering folgte einem Ruf nach München. Und dort hat er als akademischer Lehrer und Forscher auf vielen Gebieten der Medizin und Naturwissenschaft bis 1820 gelebt, einer der größten Anatomen und Physiologen der deutschen Medizin. Gestorben ist Sömmering 1830 in Frankfurt. Das Münchner Klima hatte ihm im Alter nicht mehr behagt.

Des Abbate de Bertolas
Beobachtungen am Rhein

Viele bedeutende Geister haben den Rhein bereist und Bücher darüber geschrieben. Der Abbate Aurelio de Bertola unternahm seine Rundfahrt im Jahre 1787 »Viaggio sul Reno e ne' suoi contorni.«

Das Buch wurde 1795 in Italien gedruckt und schon im Jahre darauf erschien eine deutsche Übersetzung. Und der Übersetzer versäumt es nicht, anzumerken, daß sich die Situation am Rhein in den wenigen Jahren seit 1787 grundlegend verändert habe, durch den Einbruch der Franzosen in das Gebiet. Er schreibt: »Heute bieten die Ufer des Rheins ein so trauriges Schauspiel von Mord, Verwüstung und Frevel aller Art, das um so trauriger ist, als die Bühne, auf der dies aufgeführt wird, die Ufer des Rheinstromes, von der Natur zu einer Stätte der Betriebsamkeit, des stillen Fleißes und des ungestörten Friedens bestimmt zu sein scheinen.«

Der Abbate Bertola aber hat die rheinische Idylle noch ungestört gefunden. Er war ein gelehrter und vielerfahrener Mann, in Rimini geboren: Soldat, dann Mönch, dann weltgewandter Abbé, Professor für Geschichte in Pavia, Übersetzer und Dichter.

Der damals 34jährige Rheinreisende aus Italien ist so gut vom Geist der Aufklärung durchdrungen wie von der Gefühlsseligkeit romantischen Landschaftsempfindens.

Von der Rheinlandschaft schwärmt er: »Es sind Gegenden, die bald das Herz mit süßer Rührung erfüllen, bald das Gemüt erschüttern und über sich selbst erheben.« – Er genießt die völlige Harmonie zwischen Natur und Menschenwerk. Er gibt sich dem beständigen Wechsel der Bilder hin zwischen dem Großartig-Schaurigen und dem Lieblich-Anmutigen, dem Wilden und dem Heiteren in unmittelbarem Übergang.

Das Rheintal bei Oberwesel etwa schildert er so: »Einige Felshöhen erscheinen wie geborsten, sie überschneiden sich vor dem Blick, sodaß man manchmal glaubt, hier ende der Lauf des Stromes. Es war drei Uhr nachmittags und alles in dunkle Schatten gehüllt. Ein stiller Ernst herrschte zwischen diesen Höhen. Der Fluß strömte sanft und still. Rund umher breitete sich tiefes Schweigen, das nur bisweilen durch die Rufe gestört ward, mit denen wir das berühmte Echo dieser Gegend begrüßten.«

In seinem Loblied auf den Rhein merkt Bertola besonders an, daß die Dörfer am Ufer daliegen, als seien sie von Künstlerhand aufgebaut, auf sonnigen Hügeln oder in den Seitentälern vor rauhen Winden geschützt.

Natürlich schwärmt er nicht nur, der Professor für Geschichte, er sieht auch die Zeugen der Vergangenheit von den Römern angefangen bis zu den Burgen, die ihm in ihrem Ruinenzustand als Mahnmale des Verfalls nach allzu eigennützigem Ungestüm erscheinen.

Er schreibt aber: »Dem Menschen am Rhein kann man keine Neigung zum Kriege nachsagen. Sie erleiden lieber die Gewalt fremder Waffen, als daß sie andere ihre Stärke fühlen ließen.« Und er erklärt sich dies dadurch, daß Boden, Klima, Abgeschlossenheit und Verkehrsoffenheit zugleich, die nirgendwo drückenden Besitzverhältnisse, auch die Mischung der Konfessionen die Rheinländer friedliebend und wirtschaftsfreudig gemacht, haben.

Abbate Bertola erinnert sich seines Tacitus, der von den Germanen schrieb: es gereiche keinem zur Schande, wenn er Tag und Nacht hindurchzeche. Er hat auch das Sprichwort kennengelernt, das seit dem 15. Jahrhundert in Europa umging: »Trinken wir wie ein Pfälzer«, »Bibamus more Palatino«. Er hingegen stellt fest, daß man am Rhein zwar Geselligkeit und Tafelfreuden hochschätzt, aber selten des Guten zuviel tut. Und die rheinische Gastlichkeit findet er rühmenswert, wie schon Tacitus diese Eigenschaft bei den Germanen lobte.

Vom rheinischen Adel ist er weniger begeistert. Er sagt, jene Barone, die aus lauter Hochmut den Dorfpfarrer zum Hofkaplan machten, seien, samt ihren drei Zentner schweren Baronessen, von denen er gelesen hat, inzwischen verschwunden, dafür aber erginge man sich jetzt in gefühlsseliger Schwärmerei, habe allerdings auch eine höhere Geistesbildung erreicht als ehedem.

Den rheinischen Bauern und Winzern geht es damals, 1787, besser als ihren Berufsgenossen anderswo. Der Landbau hat sich in den letzten Jahrzehnten sehr gehoben. Man ist neuen Methoden aufgeschlossen. Im Vergleich zum italienischen Bauern erscheint ihm der rheinische fortschrittlich, wohlhabend und frei; keine Spur von Unzufriedenheit oder gar revolutionärem Geist.

Die Schiffer sehen den Strom an wie ein Erbteil der Väter und sich berufsstolz. Die Fischer sind, sehr im Gegensatz zu denen an Italiens Küsten, gemütlich, wohlhabend, freigiebig und ausgeglichen. Überhaupt bestreitet Bertola, was manche behaupten: die Ähnlichkeit der Rheinländers mit den Italienern. Er findet mehr holländische Gemütlichkeit bei ihnen.

Vor allem die Winzer rühmt er, die in Generationen die unzugänglichsten Steilhänge zu Weingärten umgeschaffen haben. In der Gegend von Linz beobachtet er, wie die Winzer die Reben in Körbe pflanzen und diese dann in den felsigen Boden einsenken, um die steilsten und sonnensammelnden Berghänge auszunutzen. – Am höchsten lobt der weinkundige Italiener aber die Kreszenzen von Bacharach.

Neben dem Wein probiert er auch das Mineralwasser aus den rheinischen Quellen, das damals schon in die ganze Welt exportiert wird, und wodurch der Kurfürst von Trier jährlich seine 100000 Gulden einnimmt.

Die Kritik des Abbate de Bertola richtet sich nur gegen die vielen Zölle längs des Rheinstromes, gegen das hartnäckige Festhalten der Städte an ihrem Stapelrecht. Die territoriale Zersplitterung hemmt Handel und Wandel auf dem Strom. Er schreibt: »Man sollte nichts unversucht lassen, mehr Leben und Freiheit in die Schiffahrt des Rheins zu bringen, denn wo wäre anderswo ein Strom, der einer großen Nation mehr Dienste leisten könnte als der Rhein den Einwohnern Deutschlands.«

Die Franzosen kommen

1. Asoziale zum Militär!

Ob das »Jahrhundert der Vernunft«, das 18. Jahrhundert, in seinem letzten Drittel wirklich noch zu einer Politik der Vernunft gefunden hätte, steht dahin.

Konfliktstoff gab es auch jetzt genug: Aus dem zerfallenden Königreich Polen suchten sich Preußen, Österreich und Rußland möglichst große Stücke herauszureißen. Der Gegensatz zwischen den beiden stärksten deutschen Mächten Preußen und Österreich, der sich daraus erneut entwickelte, sollte für die Ereignisse, die nun folgten, eine große Rolle spielen.

Immerhin schien die Geschichte, die ja zumeist für die kleinen Leute aus unangenehmen, bedrohlichen, zumindest teuren Geschehnissen besteht, in Europa ein wenig zur Ruhe gekommen, als ein Erdbeben sie erneut in Bewegung setzte: die Revolution in Frankreich.

Und daß diese Erschütterung sofort auf die benachbarten rheinischen Gebiete übergriff, läßt sich denken. Waren es zunächst nur die revolutionären Schriften und Flugblätter, die über die Grenze kamen, und die es mancherorts nötig machten, die inzwischen nur noch lax betriebene Zensur wieder zu verschärfen, so folgen diesen bald die fliehenden französischen Adeligen, die Emigranten, und endlich rückte die französische Revolutionsarmee an mit der nun schon jahrhundertealten Forderung Frankreichs, den Rhein zur Grenze zu machen.

Wie waren damals die Verhältnisse in den Rheinlanden? Greifen wir aus dem unentwirrbaren Flickenteppich von Herzogtümern, Grafschaften, Ritterschaften und noch kleineren Besitztümern nur die vier für das Heilige Römische Reich Deutscher Nation so bedeutsamen Kurfürstentümer heraus: Da bestand ein deutliches Nord-Süd-Gefälle, was Fortschrittlichkeit und Freiheitlichkeit angeht. Der kölner Kurfürst und Erzbischof Maximilian-Franz, der jüngste Sohn der Kaiserin Maria-Theresia, war ein leutseliger, beim Volk beliebter Herr, aufgeklärt, kunstsinnig und dabei sparsam, sehr im Gegensatz zu seinem berühmten Vorvorgänger Clemens August, der durch Bauwut, Prunksucht und allerdings auch seine frankreichhörige Politik das Kurfürstentum nah an den Bettelstab gebracht hatte. Gewiß, auch Maximilian-Franz sorgte für die Wissenschaften, indem er die Bonner Akademie zur Universität erhob, gewiß pflegte er die Künste, vor allem die Musik, war er es doch, der dem jungen Beethoven den Weg nach Wien öffnete. Aber wichtiger war für ihn die Sorge um das leibliche, rechtliche, wirtschaftliche Wohl des Volkes, weshalb er die Ausbildung von Lehrern und Beamten förderte. – Maximilian-Franz flüchtete schon im Jahre 1792 zum erstenmal aus seiner Bonner Residenz nach Münster, weil die Franzosen in den Kurstaat einfielen. Zwei Jahre später kamen sie dann wirklich, und der Kurfürst ohne Kurstaat hat den Rest seines Lebens in Wien-Hetzendorf verbracht, wo er 1801 gestorben ist.

Als aber damals, 1794, die Franzosen aus dem österreichischen Belgien ins Rheinland vorrückten, da erließ dieser friedliche Kurfürst einen Aufruf, die Verteidigung des Kurstaates betreffend.

Dieses Schreiben kam auch im Nordteil des heutigen Rheinland-Pfalz den Stadträten, Bürgermeistern und Ortsvorstehern auf den Tisch. Es heißt darin, die Lage mache es erforderlich, das gewöhnliche Kontingent dreifach zu stellen, und dazu würden die Freiwilligen nicht ausreichen. Die notwendige Mannschaft muß also diesseits und jenseits des Rheins eingezogen werden. – Beigefügt ist aber gleich die Bemerkung, es dürften beileibe nicht dem Ackerbau und sonstigem Nahrungsstand notwendige Kräfte dabei weggeholt werden. Und es folgt eine Liste, wer alles vom Militärdienst befreit ist: alle in Hof- und Landesdiensten Stehenden, alle Gerichts- und Magistratspersonen – Advokaten, Notare, Ärzte, Geistliche, Studenten, Schöffen, Vorsteher, Förster, Küster, Schulmeister, Gesellen in privilegierten Fabriken, für das Berg- und Hüttenwesen unentbehrliche Kräfte, Meisterknechte, Gärtnermeister, Schiffer, alle Hausväter mit eigenem Gewerbe und Ackerbau. –

Man fragt sich, wer da noch übrigbleiben konnte? Auch das wurde in dem Schreiben aus der Kanzlei des Kurfürsten festgelegt: Unnütze Leute, Müßiggänger, unruhige Personen, Nachtschwärmer, Holz-, Feld-, Gartendiebe, Bettler. –

So brachte denn das Amt Ahrweiler zum Beispiel einen Burschen auf, der seiner Mutter nicht ehrerbietig begegnete, des weiteren einen Säufer und Buschfrevler, einen Nachtschwärmer, einen des Diebstahls Verdächtigen, einen Unruhestifter.

Aber die Ereignisse schritten rascher voran als diese wenig vertrauenerweckenden Mannschaften, wie es heißt: »zu ihrer Besserung« militärisch ausgebildet werden konnten. Die Franzosen nahmen Anfang August 1794 Trier. Nun war die ganze Eifel bedroht. Der

Oberbefehlshaber der Österreicher schlug zwar vor, die Bauern zu bewaffnen, aber davon mochten die meisten kleinen Herren des Gebietes nichts hören, auch der große Herr von Trier, der Kurfürst, nicht: Die Begründung lautete: Hätten die Bauern einmal Waffen, dann könnten sie die möglicherweise eines Tages auch gegen ihre eigenen Herren wenden.

Aus der Volksbewaffnung am Rhein wurde nichts. Die Franzosen kamen und sie blieben volle zwanzig Jahre.

2. Das Emigrantenunwesen

Der Trierer Kurfürst und Erzbischof Clemens-Wenzeslaus war gewiß kein Kirchenmann aus innerer Berufung, war er doch vorher mit Leib und Seele Offizier in österreichischen Diensten gewesen, aber er war ein begabter Mann, der durchaus die Zeichen seiner Zeit verstand, sich deshalb energisch für die Besserung des Schulwesens einsetzte, den Bauern beizubringen versuchte, die Bodenkultur zu verbessern, der viel für seine Forsten tat und Handel und Industrie zu heben versuchte: ein Fürst also, der in das Zeitalter der Vernunft paßte. Manche hielten ihn allerdings für geizig oder sogar habgierig. Aber wie sein Kölner Kollege tat er doch viel für die Kunst, vor allem die Musik. Die Führung der geistlichen Belange überließ Clemens-Wenzeslaus seinem Weihbischof, bis ihn dann das Beispiel Kaiser Joseph II. anregte, auch in kirchlicher Hinsicht selber Verbesserungen im Sinne der Aufklärung vorzunehmen.

Von diesen Bestrebungen allerdings brachte ihn der Schock, den ihm die französische Revolution versetzte, bald wieder ab; denn drüben in Frankreich vergaßen die Revolutionäre Humanität und Toleranz, diese Wesenselemente der Aufklärung, gebärdeten sich vielmehr wild antikirchlich, enteigneten Kirchen- und Klostervermögen und setzten an die Stelle christlichen Gottesdienstes den Kult der Göttin Vernunft.

Andererseits hat Kurfürst Clemens-Wenzeslaus seinen Untertanen, ohne es zu wollen, einen Anschauungsunterricht über Ursachen und Notwendigkeit der Revolution in Frankreich geboten: Er ließ nämlich ungehemmt und bereitwillig die von dort fliehenden Adeligen in sein Land.

Im Frühjahr 1790 trifft in der Kanzlei des Kurfürsten ein Schreiben seiner geistlichen und weltlichen Landstände ein, das man dem hohen Herrn nur ungern aushändigt. Es ist eine dringliche Abmahnung, weiterhin die aus Frankreich nach Kurtrier strömenden adeligen Emigranten aufzunehmen und ihrem Treiben ohne Gegenmaßnahmen zuzusehen. Da heißt es: »Im Kurstaat herrschen Teuerung und Mangel an Nahrung, und sollte das Kurfürstentum durch diese Emigranten in einen Krieg mit dem mächtigen Frankreich gezogen werden, so sehen wir für uns keine Rettung.«

Der Adel in Frankreich war nicht nur entmachtet, sondern wurde auch verfolgt. Und schon an jenem 14. Juli, am Tag, als der Pariser Pöbel die Bastille stürmte, hatte König Ludwig XVI. seinen Verwandten empfohlen, das Land zu verlassen. Und so setzte eine allgemeine Flucht ein, die sich vorwiegend nach Kurtrier und Kurmainz wandte.

Beim Kölner Kurfürst und Erzbischof hingegen hatte

der dünkelhafte und ausbeuterische Adel Frankreichs nie Sympathie genossen. Er hielt sein Land so weit möglich frei; und als sich eine Gruppe von Emigranten in Andernach festsetzte, da gab er Befehl, sie unverzüglich auszuweisen.

Kurtrier und Kurmainz blieben den Emigranten als Zuflucht. Von hier aus ließen sich die Vorgänge in Frankreich am besten beobachten, sie boten zudem die beste Ausgangsbasis für einen Einmarsch nach Frankreich; und davon träumten die Emigranten, die im übrigen nicht an eine lange Dauer der Revolutionszustände in ihrer Heimat glauben mochten.

Die Städte Trier und Koblenz hatten niemals zuvor ein solches Leben in ihren Mauern gesehen. Es war ein Generalquartiermeister nötig, all die hereindrängenden Herrschaften unterzubringen. Die Trierer Zünfte mußten Streifendienste stellen, die die Grenze sicherten, denn Räuberbanden hatten es rasch herausbekommen, daß scharenweise und kutschenweise Damen und Herren, die reichlich Schmuck und Gold bei sich führten, auf verschwiegenen Wegen über die Grenze kamen.

Die Kurtrierer in ihrer treu katholisch-konservativen Gesinnung hielten die gottlosen französischen Revolutionäre sowieso für wahre Teufel und zeigten deshalb tätiges Mitleid mit den Flüchtlingen. Die Handwerker und Bediensteten sahen die hohen Herrschaften aus Frankreich als willkommene Auftraggeber an; es gab Orte im Kurstaat, die beim Kurfürsten mit der Bitte einkamen, man möge ihnen doch auch eine Partie Emigranten schicken.

Der Mainzer und der Trierer Kurfürst duldeten sogar, daß diese Emigranten darangingen, eine Armee aufzustellen. Und diese militärische Aktivität wurde geradezu hektisch betrieben, seitdem vielumjubelt der Bruder König Ludwigs XVI., der Prinz von Artois, in Koblenz eingetroffen war. In Turin bei seinem Schwiegervater hatte er kein Quartier bekommen, der Kaiser in Wien hatte ihn weitergeschickt, aber Clemens-Wenzeslaus von Trier räumte dem Prinzen sein Schloß Schönbornslust bei Koblenz ein.

Der Prinz war stets ein Verschwender gewesen und man hatte ihn den Don Juan von Versailles genannt; sein politischer Verstand endete bei der unumstößlichen Ansicht, daß der strengste Absolutismus die beste Regierungsform sei; für die neuen Ideen und Notwendigkeiten der Zeit hatte er nicht das geringste Verständnis. Er traf im Kurstaat mit einem Gefolge von 40 Lieblingssultaninnen, wie er das nannte, ein, dazu zahlreiche Höflinge. Seine bevorzugte Maitresse, Madame de Polastron, nahm bei Koblenz Quartier. Und genauso trieben es, je nach Rang und Stand mehr oder minder, auch die anderen adeligen Flüchtlinge. Dabei behielten sie trotz aller Unmoral immer noch das Wohlwollen des Kurfürsten, weil sie bei allen Prozessionen die andachtsvollen Teilnehmer spielten und die Fastenzeit nach außen streng wahrten.

Die Emigrantenarmee, deren Hauptquartier mit dem Marschall Conde in Worms war, wuchs unterdessen auf die Stärke von 2 Korps. In der Rheinebene bei Neuwied wurde große Parade gehalten und die Ortschaften rundum glichen Garnisonen.

Selbst deutsche Adelige traten in die neugebildeten Regimenter ein, für die besonders prächtige Uniformen entworfen worden waren.

Allerdings kam es nicht billig, Offizier in der Armee

des Prinzen von Artois zu werden. Wer zum Beispiel als Capitaine eine berittene Kompanie führen wollte, der hatte als Einstand schon seine 15000 bis 16000 rheinische Gulden zu zahlen. Daß die zahlungsfähigen Offiziersanwärter oft nicht das Geringste von militärischen Dingen verstanden, spielte keine Rolle.

Das Geld, womit die Emigranten selber zahlten, war weniger gut. Es war französisches Papiergeld, Assignaten, und nicht einmal echte. Das Papier dafür wurde in Oberbiber hergestellt, in der Nähe war die Druckerei. Die Handwerker, Lieferanten und Dienstleute, die scharenweise darauf hereinfielen, hatten am Ende den Wert in Händen, den der Lumpenhändler für die Papierfetzen zahlte.

Die finanziellen Zusammenbrüche häuften sich denn auch: der Kurfürst schoß Gelder zu, selbst der König von Frankreich schickte einige Millionen, bis dann – als die Revolutionsarmee aus Frankreich an den Rhein vordrang, der ganze Emigrantenspuk davonstob, nichts zurücklassend als Berge von Schulden, die niemals bezahlt wurden.

3. Die Zeiten werden ernst

In den belgischen Niederlanden herrschten die Österreicher. Und dort brachen, angesteckt von der Revolution in Frankreich, Aufstände los, dort gab es eine Unabhängigkeitserklärung. – Das alles blieb ohne Wirkung, aber dennoch freute man sich in Preußen über diese Schwächung österreichisch-habsburgischer

Macht; immerhin begehrten auch die zum Habsburger-
reich gehörigen Ungarn und Polen nun nach Eigenstän-
digkeit. – Frankreich, das solange gegen Preußen mit
Österreich verbündet gewesen war, hatte im Inneren
genug zu tun. Die Gelegenheit wäre günstig gewesen
für Preußen, sich wieder einmal gegen Österreich zu
wenden, um es als Konkurrenten bei den bevorstehenden Teilungen Polens auszuschalten. – Politik des
18. Jahrhunderts, Politik als kompliziertes Schachspiel;
von denen, die dies Spiel betrieben, ahnte noch keiner,
daß ein neues Zeitalter begonnen hatte.

Es war England, das den Zwist zwischen Preußen
und Österreich auf diplomatischem Wege verhinderte.
Englands Politiker waren weitsichtig genug, die Gefahren vorauszuberechnen, die vom revolutionären Frankreich drohten. Und so waren es englische Diplomaten,
die Preußen und Österreich an einen Tisch brachten,
um über eine Intervention in Frankreich zu verhandeln.
Diese Verhandlungen allerdings zogen sich endlos hin,
denn man war keineswegs einig, vielmehr bestrebt, jeweils dem anderen die Hauptlasten eines Feldzuges aufzubürden.

Einen Anstoß bekamen die Planungen, als König
Ludwig XVI. von Frankreich den Versuch unternahm,
mit seiner Familie den Bedrohungen durch die wach-
sende Radikalität der Revolutionäre zu entkommen
und zu den österreichischen Truppen in Belgien zu
fliehen. Die Flucht mißlang, und von nun an war
der König Gefangener und von der Hinrichtung bedroht.

Der Kaiser rief zu gemeinsamem militärischen Einschreiten auf. Rußlands Zarin Katharina II. gab nur zu
gerne ihre Zustimmung, aus dem einzigen Grunde, weil

sie – sobald Preußen und Österreich im Westen beschäftigt wären – um so eher in Polen freie Hand hätte.

Es dauerte dann aber doch noch bis Februar 1792, ehe Preußen und Österreich ein Kriegsbündnis gegen Frankreich schlossen. Inzwischen war Franz II. auf den österreichischen Thron gelangt, war aber noch nicht zum Kaiser des Reiches gewählt. Und als nun die Franzosen ihn aufforderten, das Bündnis zu lösen, und als er sich weigerte und diese ihm daraufhin den Krieg erklärten, da hieß das: dieser Krieg richtete sich nicht gegen das Reich; Folge: den Reichsfürsten war es freigestellt, sich zu beteiligen. Und nach althergebrachter übler Sitte hielten sie sich heraus, vermieden Kosten und Risiko und ließen den Kaiser im Stich. Preußen hingegen hielt zum Bündnis. Und so fangen zwei Jahrzehnte fast ununterbrochenen Blutvergießens an.

Ein hochmütiger und die wahre Lage in Frankreich völlig verkennender Aufruf ergeht an die Bevölkerung von Paris, den König unverzüglich in seine alten Rechte wieder einzusetzen. Im Norden rücken die Österreicher aus ihren belgischen Besitzungen vor. Die Preußen marschieren zum Rhein und sammeln sich um Koblenz.

Anfangs scheint der Feldzug das erwartete Kinderspiel zu sein. Longwy wird erobert, Verdun fällt.

Aber die Witterung in diesem Sommer 1792 ist denkbar schlecht, Lager und Marschwege versinken im Schlamm. Die Ruhr bricht aus in der Armee. Die Stimmung der Soldaten sinkt: was geht der Feldzug diese Söldner an; diese Truppen leben vom verblichenen Siegesglanz der Schlesischen Kriege, haben sich aber fast drei Jahrzehnte lang nicht mehr ernsthaft geschlagen. Die Generalität ist überaltet. Strategie und Taktik vermögen sich nicht auf den neuen Feind einzustellen, auf ein Volksheer, schlecht ausgebildet, dafür frei operierend bis in die kleinste Einheit und vor allem begeistert für die Verteidigung des Vaterlandes und seiner neuen Ideale.

Es genügt, daß die französischen Truppen bei Valmy der Kanonade, die den Sturm auf die Stellungen vorbereiten sollte, standhalten, um die Führer der Armee den Entschluß fassen zu lassen, den Angriff überhaupt abzublasen, ja, den Rückzug anzutreten.

Goethe, der seinen Herzog von Weimar, Chef des 6. preußischen Kürassierregiments, auf diesem Feldzug begleitete, will damals jene hellsichtigen Worte ausgesprochen haben »Von hier und heute geht eine neue Epoche der Weltgeschichte aus...« – Indessen, er hat den Satz erst beinah drei Jahrzehnte nach dem Ereignis niedergeschrieben, und da allerdings hatte man längst bitter erfahren müssen, wie blind man für die Zeichen des Beginns der neuen Epoche gewesen war.

Nun begann der Rückzug zum Rhein, immer noch unter Regengüssen, die auch den Nachschub stocken ließen. Hunger stellte sich ein, die Krankheiten grassierten; die Preußen kamen mit nur noch zwei Dritteln der Truppenstärke, mit der sie ausgerückt waren, in Koblenz an.

Es war schwer, unter den demoralisierten Soldaten die Disziplin wieder herzustellen. Und so hat der preußische Stadtkommandant, Oberst von Romberg, in der Karnevalsaison von 1792 auf 93 jegliches Maskentreiben untersagt. Er fürchtete wohl, seine Leute könnten unter der Narrenkappe auseinanderlaufen.

Allerdings begab sich der Magistrat zum Herrn Oberst und bat untertänig, wenigstens den Rosenmontagsball zu gestatten. Das wurde denn auch gewährt, im

»Wilden Mann« fand das Vergnügen statt und dauerte bis um 7 Uhr am Morgen.

Im darauffolgenden Jahr hatte sich die Lage noch weit bedrohlicher entwickelt, und es war eine der letzten Verfügungen des Kurfürsten Clemens-Wenzeslaus, daß angesichts der traurigen und ernsten Zeitläufe an Karnevalsvergnügungen nicht zu denken sei.

Und so ist denn seitdem auch der Koblenzer Aschermittwochsbrauch abgekommen, dessen Ursprung kein Mensch mehr wußte, der aber bis dahin sorgsam bewahrt worden war.

Die Metzgerzunft zog nämlich am Aschermittwochmorgen zum Komturei-Gebäude der Deutschordensherren auf dem Kastorplatz. Das Tor ward ihnen aufgetan, der Komtur begrüßte die Gäste, und dann brachten Pagen, in die Ordensfarben gekleidet, Wein, Heringe und Pfannkuchen, und jeder durfte essen und trinken, soviel er mochte und konnte. Nur mitgenommen werden durfte nichts.

Eine Ausnahme gab es indessen: Zum Schluß der Schmauserei präsentierten zwei Zunftmeister eine Kupferkanne von rund vierzig Liter Inhalt. Die ließ der Komtur der Deutschherren mit dem Wein des Ordens füllen, worauf die Metzgerzunft abzog über den Kastorhof zur Kornpforte, am Entenpfuhl und Plan entlang bis zur Hauptwache.

Da brüllte der Offizier: »Wache heraus!« Und die kurfürstliche Wachkompanie formierte sich und präsentierte das Gewehr, worauf jeder vom ersten Offizier bis zum letzten Musketier mit einem Becher Deutschherrenwein traktiert wurde. Der Fahnenträger der Metzgerzunft schwenkte währenddem sein Banner kunstvoll und ausdauernd.

Der Fahnenträger spielte eine bedeutende Rolle; denn er mußte darauf achten, daß niemand ihm die Fahne wegnahm. Deshalb hieß es für ihn, nüchtern zu bleiben und wachsam. Auch wenn der Zug nun weitermarschierte zur Weisergasse, zum Dominikanerkloster, wo die Zunftfahne die Maria-Victoria über dem Portal grüßte. Und auch hier tat sich das Tor auf, auch hier waren die Eichentische im Refektorium mit Speisen und Porzellankannen voll Wein beladen, und wieder durften die Metzger essen und trinken, was nur hineinging.

Nach der Franzosenzeit, die ja runde 20 Jahre währte, ist dieser alte Koblenzer Brauch nicht mehr aufgenommen worden.

4. Kampf um Mainz

Friedrich-Karl von Erthal war seit 1744 Kurfürst und Erzbischof von Mainz. Sein Vorgänger Emmerich-Joseph war ein feinsinniger Herr gewesen, dabei wahrhaft christlich und beim Volk daher sehr beliebt.

Der Erthaler machte hingegen gleich bei Beginn seiner Regierung viele Reformen seines Vorgängers, vor allem im Schulwesen, rückgängig. Allgemach aber öffnete er sich liberalen Gedanken und förderte Kunst und Wissenschaft. Kurfürst Friedrich-Karl hat die Mainzer Universität gegründet und bedeutende Wissenschaftler dorthin berufen.

Doch er war verschwenderisch in der Hofhaltung, in den Zuwendungen an Schmeichler und Maitressen. Die

Festungswerke der Residenzstadt Mainz verfielen, die Truppen, kaum 1500 Mann stark, wurden vernachlässigt. Seine Untertanen waren ihm nicht zu viel mehr gut, als die Gelder zu beschaffen, die er von seinen Beamten eintreiben ließ, um seine unangemessene Prachtentfaltung zu finanzieren.

Es kann daher nicht verwundern, daß schon im März 1790 die Bauern in der Gegend der kurfürstlichen Sommerresidenz Aschaffenburg, natürlich angeregt von französischen Revolutionsparolen, die unglaubliche Dreistigkeit entfalteten, dem Fürsten eine Auflistung ihrer Beschwerden zu überreichen; sie erfuhren denn auch eine scharfe Zurechtweisung.

Schwieriger wurde die Lage schon, als die Handwerksgesellen in Mainz an den Kurfürsten herantraten und die Wiederherstellung alter Zunftrechte forderten. An sich war dies ein durchaus konservatives Verlangen. Aber den Kurfürsten erbitterte es, daß man seinen Maßnahmen überhaupt zu widersprechen wagte. Dem stürmischen Andringen der Gesellen mußte der Kurfürst nachgeben, aber dann erbat er vom Nachbarn, dem Landgrafen von Hessen-Darmstadt, Truppen, und die brachten die aufmüpfigen Burschen rasch zur Raison.

Noch weniger Sympathie bei seinen Untertanen als der Mainzer hat wohl der Kurfürst von der Pfalz Karl-Theodor genossen. Er hatte 1777 zu seinem Kurstaat auch noch Bayern geerbt und war ein reicher und mächtiger Fürst, leider ebenso verschwenderisch und genußsüchtig, dazu voll Unduldsamkeit gegen die Bürger protestantischen Glaubens. Die Steuern waren hoch, die Unzufriedenheit in Bayern erreichte bald ein Maß, das es Karl-Theodor geraten erscheinen ließ, seine Residenz von München wieder nach Mannheim zu verlegen.

Dieser Feudalherrscher von reaktionärstem Zuschnitt fand nichts dabei, frühzeitig mit den revolutionären Franzosen in Unterhandlungen einzutreten, offenbar in der naiven Hoffnung, sie würden ihn verschonen. Genauso hielten es übrigens der Württemberger, der Badener, der Hessen-Darmstädter.

Aber Kurfürst Karl-Theodor hatte den Feind sozusagen wie einen Pfahl im Fleisch: Stadt und Festung Landau waren seit dem Westfälischen Frieden an Frankreich abgetreten als ständig bereite Einfallspforte zum Rhein und zur Pfalz.

In Bergzabern, nur 16 Kilometer südwestlich von Landau, machten die Bürger im Oktober 1792 ihrer Unzufriedenheit Luft, setzten Magistrat und Bürgermeister ab und wählten neue Vertreter unter der Devise von Freiheit und Gleichheit. Man hatte sich Rückendeckung der französischen Truppen um Landau zusichern lassen.

Nun erhoben sich auch andere Orte der Rheinpfalz, sodaß der Herzog von Pfalz-Zweibrücken seinen Truppen Befehl zum Einschreiten gab. Die Soldaten aber hatten wenig Lust, gegen die Bauern vorzugehen, die mit Äxten, Sensen, Dreschflegeln und Jagdflinten durchaus ernst mit der Verteidigung ihrer Freiheit zu machen drohten.

Das Zögern der herzoglichen Truppen verschaffte Einwohnern benachbarter französischer Orte Zeit, zur Hilfe zu eilen. Eine Nationalgarde wurde aufgestellt, ein »Klub der Freunde der Verfassung« wurde gegründet. Die Bauern begannen, die Adels- und Klostergüter unter sich zu verteilen. Nun wurden auch kurpfälzische Truppen herangeführt. Es war zu spät: 32 Dörfer hatten sich zusammengeschlossen und unter den Schutz der französischen Revolutionsarmee gestellt.

In und um Landau kommandierte der General Custine, ein bewährter Militär, 52 Jahre alt, von Geburt ein Graf, der aber auf Titel und Privilegien bei Beginn der Revolution verzichtet hatte. Ihm standen etwa 15 000 Soldaten zur Verfügung, und mit ihnen rückte er im Oktober vor. Der Kurfürst von der Pfalz beeilt sich sofort, seine Neutralität zu erklären. Speyer wird genommen, Worms fällt den Franzosen in die Hand. Der Landgraf von Hessen-Darmstadt möchte um keinen Preis in den Verdacht kommen, er wolle dem Mainzer Kurfürsten beistehen, und zieht seine Truppen in die andere Ecke des hessischen Ländchens, nach Gießen.

Der Mainzer Kurfürst aber, erbitterter und erklärter Feind der Revolution, gab Hals über Kopf den Befehl zum Packen; nächtens rollen endlose Wagenkolonnen aus der Stadt. Friedrich-Karl von Erthal flieht, die höhere Beamtenschaft folgt, Domkapitel, Hofstaat, die Adeligen schließen sich an. Kaum einer der zögert, als bekannt wird, General Custine rücke nur mit wenigen Nationalgarden, ein paar Husarenschwadronen und einem Haufen rache- und beutelustiger Bauern an und habe kein einziges Geschütz dabei.

Ohne daß ein Schuß fällt, öffnet die Festung Mainz ihre Tore, diese Festung, die den Namen »Hauptbollwerk des Deutschen Reiches« trug.

Auch Frankfurt war in französischem Besitz. Jeder erwartete, daß Custine sich nun rheinab nach Koblenz wenden würde, aber das tat er nicht; er zauderte, und das hat er immer wieder getan; er war wohl doch kein uneingeschränkter Freund der Revolutionsregierung in Paris. Und das sollte ihm später den Kopf kosten.

Da war nun also das Gebiet um Mainz, Bingen und Landau im Verständnis der französischen Eroberer befreit; und wirklich war ja diese Revolutionsarmee über die Grenze marschiert, um den Völkern Gleichheit, Freiheit und Brüderlichkeit zu bringen. Überall, bis in die Dörfer wurden Freiheitsbäume gepflanzt, und die biedere Bevölkerung stand befremdet da, wenn die Soldaten um diese Bäume tanzten und die Carmagnole sangen, die Offiziere zu Pferde rundherum trabten.

Es war keine Volksbewegung, die sich nun im besetzten Gebiet bildete, um die neuen Ideen aufzunehmen, es waren durchweg Intellektuelle, Männer aus dem gehobenen Bürgertum, die längst mit den fortschrittlichen Staatsgedanken der englischen Philosophen, der französischen Aufklärer vertraut waren, geistreiche und ehrenwerte Männer, die sich in Klubs zusammenschlossen, nicht nur, um die neuen Ideale zu debattieren, sondern auch, um sie in die Tat umzusetzen und demokratisch-republikanische Verhältnisse herbeizuführen. Sie wurden vielfach enttäuscht.

Die Beendigung feudalistischer Zustände war nämlich eine Sache, die Erfüllung der ungeheuren Forderungen, die das durch die Revolution in seiner Wirtschaft zerrüttete und an allen Grenzen im Krieg stehende Frankreich erheben mußte, eine andere, die natürlich Vorrang haben mußte.

Und so blieb die alte kurfürstliche Verwaltung zunächst einmal bestehen, um die gesalzenen Abgaben von den Bürgern zu erheben, die Vorrechte des Adels wurden nicht abgeschafft, denn es war der einfachste Weg, den Herren Auflagen zu diktieren, die diese dann, wie seit eh und je, auf ihre Untertanen abwälzten.

Die Mainzer »Freunde der Freiheit und Gleichheit« wandten sich mit Entschiedenheit gegen dies Verfahren und protestierten bei der französischen Militärverwaltung, denn sie fürchteten mit Recht, die schönen neuen Ideale könnten nur zu rasch einen bitteren Beigeschmack bekommen.

Immerhin bildete General Custine eine neue Administration und entzog den adeligen Herren die Gerichtsbarkeit; an den alten Steuern, Abgaben und Lasten aber änderte sich nichts.

Mitglieder des Mainzer Klubs reisten nach Paris, und von dort kam das Dekret, endlich Wahlen zu einer provisorischen Regierung auszuschreiben.

Erst Ende Februar 1793 fanden diese ersten demokratischen Wahlen auf deutschem Boden statt, es sollten Abgeordnete zu einem Rheinisch-Deutschen Nationalkonvent gewählt werden.

Es war indessen keineswegs so, daß die Bürger im Raum zwischen Mainz, Bingen und Landau nun begeistert zu den Wahllokalen geströmt wären; man hatte längst erkannt, daß auch unter der Trikolore die Lasten nicht gleich und brüderlich verteilt wurden, und daß die französische Republik am Ende hungriger war als es die Kurfürsten je gewesen.

Auch ließ es sich nicht verheimlichen, daß möglicherweise das Ende der noch gar nicht gegründeten neuen Republik schon nahe war. Denn preußische Truppen rückten heran, und General Custine gab den Befehl aus, jeder Bürger von Mainz habe sich mit einem Lebensmittelvorrat einzudecken, der auf sieben Monate reiche. Das konnte nichts anderes heißen als: die Belagerung stehe bevor.

Da bedeutetes es nur noch wenig, daß im März 1793 sich der Rheinisch-Deutsche Nationalkonvent mit 130 Abgeordneten konstituierte, daß dieser Konvent den Anschluß der Mainzer Republik an Frankreich beschloß. Er beschloß auch die Enteignung des Adels und die Befreiung der Bauern von Lasten und Abhängigkeiten, aber dies Dekret wurde schon nicht mehr veröffentlicht.

Denn als Ende März die neue Regierung gebildet war, hielten die Franzosen fast nur noch Stadt und Festung Mainz und bald schloß sich der Belagerungsring.

Es waren Preußen, Österreicher, Hessen, ein paar Regimenter Sachsen und einige Bataillone des Pfälzer Kurfürsten, die nun rund um Mainz Stellung bezogen. Die Vertreibung der Franzosen im Land war mühelos gewesen, man erwartete eigentlich, die Festung würde sich rasch ergeben, zumal der General Custine sich schon im März davongemacht hatte, »um die Ufer des Rheins zu verteidigen«, wie es in seiner Abschiedsverlautbarung hieß.

Aber Mainz war gut versorgt mit Lebensmitteln und Munition. Den Wein holten die französischen Verteidiger aus den Kellern der Bürger, wo er reichlich lag. Alles wurde mit Papiergeld bezahlt, Assignaten, Gutscheine, Belagerungsmünzen, wertloses Zeug: die Mainzer haben daran gut eine Million Francs verloren.

Tausende von Kastanien- und Obstbäumen wurden rund um die Stadt gefällt, und daraus Palisaden und Verhaue errichtet. Die Stadt war nicht ohne Kampf zu nehmen, mußten die Belagerer einsehen.

Dabei fehlte es ihnen vollständig an Geschütz. Kanonen mußten erst auf dem Rhein vom verbündeten Holland und auf dem Main vom Bischof von Würzburg herbeigeschafft werden; auch Kurköln gab einige Geschütze dazu. Weil aber zunächst Stellungen rund um die Stadt gebaut werden mußten, begann die Beschießung erst am 27. Juni.

Gleich am ersten Tag brannte die Liebfrauenkirche, am nächsten Tag flogen die glühenden Stückkugeln in den Dom, dann war die Domprobstei an der Reihe, die Redoute, die Franziskanerkirche, das Benediktinerkloster; das nahegelegene Artilleriedepot flog in die Luft. – Von den Häusern der Bürger, den Höfen des Adels berichten die Chroniken nur summarisch.

Genug zu wissen, daß die Mainzer in ihren Kellern und in den Grüften unter den Kirchen hausen mußten. Nachdem ihnen die Franzosen den Wein weggesoffen hatten, kamen nun die Fässer an die Reihe: die standen auf den Straßen als Löschbottiche, um die überall ausbrechenden Brände zu bekämpfen.

Der Schrecken dauerte bis zum 22. Juli; da endlich fingen die Kapitulationsverhandlungen an. Und am 24. Juli zogen die Franzosen ab, immer noch 19000 Mann. Die aus Mainz Geflohenen zogen mit den Belagerern in die verwüstete Stadt ein. Der Pfarrer von Sankt Ignaz gehörte zu den Heimkehrern. Er schreibt: »Der Anblick der Stadt, die in Schutt und Asche liegenden Häuser, Kirchen und Paläste, die abgezehrten bleichen Gesichter der Einwohner waren fürchterlich anzusehen.«

Schlimmer erging es nun manchem von den »Freunden der Gleichheit und Freiheit«, den Klubbisten.

Goethe war wieder mit seinem Herzog von Weimar und den preußischen Kürassieren ins Feld gezogen. Er schreibt, was er vor den Toren von Mainz erlebte: »Die armen, grenzenlos unglücklichen ausgewanderten Mainzer, von entfernten Orten nunmehr angekommen, umlagerten scharenweis die Chaussee, mit Fluch- und Racheworten das geängstigte Herz erleichternd... Ein sehr schöner, dreispänniger Reisewagen rollt daher,

319

eine freundliche junge Dame versäumt nicht, sich am Schlage sehn zu lassen und hüben und drüben zu grüßen; aber dem Postillon fällt man in die Zügel, der Schlag wird geöffnet, ein Erzklubbist an ihrer Seite wird sogleich erkannt... Schon ist er bei den Füßen herausgerissen; man schließt den Schlag und wünscht der Schönheit glückliche Reise. Ihn aber schleppt man auf den nächsten Acker, zerstößt und zerprügelt ihn fürchterlich; alle Glieder seines Leibes sind zerschlagen, sein Gesicht unkenntlich. Eine Wache nimmt sich endlich seiner an...«

5. Österreichs Marine auf dem Rhein

Die verbündeten deutschen Fürsten hatten gegen die Franzosen gewiß bedeutende Erfolge errungen, aber es fehlte an Einigkeit, diese Erfolge auszunutzen. Man verdiskutierte Monate, erschöpfte sich im Entwerfen von Feldzugplänen, zerstritt sich immer wieder und war nur auf eines wahrhaft fanatisch bedacht: sich niemandem unterzuordnen.

Vor allem lag das Interesse der Preußen nicht am Rhein, sondern im Osten, nicht Frankreich war der eigentliche Gegner, sondern Österreich, der Gegner nämlich bei der Teilung Polens. – Das soll nicht heißen, daß die Österreicher weniger egoistisch gedacht hätten, aber ihre Verteidigungsinteressen lagen wirklich im Westen, in den habsburgischen Niederlanden. Und so haben sich in den folgenden Jahren bei der Verteidigung der Rheinlande Österreichs Truppen weit mehr hervorgetan als die Preußen.

Die Rheinländer erlebten auf diese Weise damals die Marine des Habsburger Reiches. Man kannte die Oberländer- und die Niederländerschiffe, was man aber nun zu sehen bekam, war ein ungewohnter Anblick: Schnittige Boote, mit je dreißig Ruderern bemannt und mit Kanonen bestückt. Tschaiken wurden diese Fahrzeuge genannt, sie versahen auf Donau, Theis und Save den Patrouillendienst und waren auch auf den Flüssen und Kanälen der österreichischen Niederlande eingesetzt.

Von daher kamen diese 70 Ruderschiffe. Zehn Mann bedienten die leichten Kanonen auf Deck. Hauptliegeplätze der österreichischen Rheinflotte waren die Lahnmündung und der Nebenarm des Rheins bei Vallendar.

Als die Franzosen erneut zum Angriff übergingen, haben die Kriegsgaleeren der Österreicher keine geringe Rolle in den Kämpfen gespielt. Mainz ging erneut verloren, die Rheinflotte deckte mit ihrer Artillerie den Abzug der österreichischen Verteidiger. Die Franzosen, die Ehrenbreitstein belagerten, wurden oft empfindlich von den Schiffskanonen gestört.

Die Rheinflotte machte es auch den Franzosen schwer, Nachschub auf das rechte Rheinufer zu bringen. Zwischen Weißenturm und Neuwied, die Rheininsel als Stützpunkt, hatten sie eine Schiffsbrücke gebaut. An den Kämpfen um diese Brücke hat die österreichische Flußmarine einen bedeutenden Anteil gehabt. Man ließ von den anderen Inseln rheinaufwärts Richtung Koblenz, Baumstämme mitsamt den Ästen und dem Wurzelwerk gegen die Brücke treiben.

Es wurden Sprengboote gebaut, in die bis zu sechzig Pfund Pulver gepackt waren. Diese Boote hatten einen kurzen Mast, der umknickte, wenn er unter die Brückenbohlen geriet. Dabei löste er ein Gewehrschloß aus,

das zuschnappend seinen Feuerstein am Stahl entlang-
schlug, mit diesem Funken sollte das Pulver zur Explo-
sion gebracht werden. Aber die Franzosen waren auf
der Hut und fingen die gefährlichen Kähne ab.

Erst im Sommer 1796 ist es den Österreichern gelungen, die Schiffsbrücke bei Neuwied zu zerstören. Man
hatte ein gewaltiges Floß aus 800 Baumstämmen zu-
sammengebunden und rheinab treiben lassen. Der
massive Anprall riß die Brücke auseinander. Aber die
Franzosen gingen sofort an die Wiederherstellung, und
obwohl die österreichischen Kanonenboote die französischen Pioniere heftig unter Feuer nahmen, der Verkehr rollte dennoch bald wieder über den Rhein zum
rechten Ufer.

In einer Herbstnacht des Jahres 1796 vollbrachten die
Ruderschiffe Österreichs eine eindrucksvolle Aktion.
Vom weiträumig schon eingeschlossenen Ehrenbreit-
stein hinab stürmten die kurtrierischen und sonstigen
Festungstruppen zu den wartenden Schiffen am Rhein-
ufer. Die setzten über auf die linke Seite. Und dort ging
es unter dem Schutz der Schiffsartillerie die Höhen hin-
auf, von wo die französischen Geschütze die Festung
beschossen. Nachdem die Schanzen erstürmt und die
Geschütze unbrauchbar gemacht waren, fuhr die
Rheinflotte, unablässig feuernd moselaufwärts bis zum
Rohrerberg. Und der Chronist vermerkt: »Auf die
Franzosen machte dies in der Dunkelheit einen furcht-
erregenden Eindruck«.

6. Ein preußischer Held

Warum kämpften Preußen und Österreicher überhaupt am Rhein? Die Franzosen waren von dem Bewußtsein getragen und beflügelt, den Völkern jenseits ihrer Grenzen die Freiheit zu bringen. – Diese Österreicher, Preußen, Hessen, Kurpfälzer und so fort jedoch waren Berufssoldaten, Söldner, die gepreßt oder aus freien Stücken marschierten.

Und doch gab es auch bei ihnen Ideale, soldatische Ideale, und darüberhinaus hie und da das Bewußtsein, den Boden dieses alten und schon so morschen Reiches gegen den Eindringling verteidigen zu müssen. – Und hinzu kam ein anderes: so sehr die Zwietracht unter den militärischen Führern der einzelnen Kontingente erfolgreiches Operieren hemmte, so befeuerte andererseits ein gewisses Konkurrenzdenken, ein soldatischer Wettstreit, die Kampfeslust der Soldaten; da ging es um die Ehre des Regiments, der Fahne, um die persönliche Ehre.

Als die Franzosen 1793 aus dem Gebiet von Mainz und Bingen gegen das Gebiet des Trierer Kurstaates vordrangen, da hatte im Abschnitt Kreuznach der österreichische Oberst Szekuly das Kommando. Seine Liebe zu den Preußen war nicht sehr entwickelt, verständlich, denn schon zog der König von Preußen Truppen ab und schwächte die ohnedies dünne Verteidigungslinie. Wenn daher Preußen unter seinen Befehl gerieten, dann setzte Oberst Szekuly sie an den gefährlichsten Stellen ein.

Wenn man von Bacharach über Stromberg nach Kreuznach wandert, dann sieht man rechts auf der

Berghöhe die Burg Goldenfels liegen. Dorthin befahl der Oberst den preußischen Leutnant Gauvain mit 25 Füsilieren. Gauvain hatte wohl in diesem Feldzug unter seinem französischen Namen zu leiden. Er stammte aus einer Hugenottenfamilie, die zur Zeit des Großen Kurfürsten in Brandenburg Zuflucht gesucht hatte. Es verwundert deshalb nicht, wenn Leutnant Gauvain bestrebt war, besonders schneidig vorzugehen.

Der Befehl, den er von Oberst Szekuly erhielt, erforderte Schneid: Er sollte die Burg Goldenfels besetzen und halten. Aber niemand wußte, ob die Franzosen nicht längst dort waren. Man wußte nur, die Kurtrierischen Truppen, die die Höhen ringsum verteidigt hatten, waren zurückgegangen.

Leutnant Gauvain sagte beim Abschied von seinen Kameraden: »Entweder ich schaffe es mit meinen 25 Mann, die Franzosen sogar aus Mainz hinauszuwerfen, oder aber Ihr seht mich nicht wieder.«

Es stellte sich heraus: Burg Goldenfels war noch nicht vom Feind besetzt. Kaum aber hatte sich die kleine preußische Truppe dort eingerichtet, da rückten die Franzosen aus Stromberg heraus über den engen Fußsteig gegen das Schloß vor. Es war im Morgengrauen. Der Leutnant hatte Zeit genug, die Zahl der Feinde genau zu bestimmen: es waren 360 Franzosen.

Die Füsiliere Gauvains eröffneten erst das Feuer, als die Gegner nah heran waren. Das war wirkungsvoll genug. Für diesen Tag hatte man Ruhe auf der Burg. Allerdings hörte man an den gelegentlichen Schießereien, die ferner und ferner vom Soonwald her schallten, daß die Kurtrierischen Jäger in vollem Rückzug waren. Die Hoffnung, hier herausgehauen zu werden, schwand.

Am nächsten Morgen kamen die Franzosen mit verstärkten Kräften. Diesmal war das Überraschungsmoment nicht mehr wirksam. Aus der Deckung heraus beschossen sie die Verteidiger der Burg, und die Kugeln fielen so dicht, daß der Leutnant Gauvain zwei Schüsse durch den Hut bekam, einer riß ihm das Zopfband ab, drei fuhren ihm durch den Rock.

Die Untergebenen Gauvains glaubten von nun an fest daran, ihr Leutnant sei unverwundbar. Und tatsächlich, wie er auch frei auf der Mauer stehend mit den Pistolen gegen die immer wieder anstürmenden Franzosen feuerte, es geschah ihm nichts, während die Füsiliere ringsum fielen.

Ein Parlamentär erschien vor dem Burgtor. Er bot freien Abzug für die Überlebenden. Aber Leutnant Gauvain sagte zu dem kleinen Dutzend,. das ihm geblieben war: »Wir kapitulieren nicht, und wenn's nur darum ist, daß der Oberst Szekuly lernt, was für Soldaten die Preußen sind.«

Schließlich war die restliche Truppe im inneren Schloßhof zusammengedrängt. Die Munition war ausgegangen. Selbst da machte der Leutnant mit dem Degen in der Faust noch einen Gegenangriff. Es wird erzählt, er habe dabei gerufen: »Ich bin ein Deutscher!« – Man darf daran zweifeln. Unzweifelhaft aber ist der verrückte Heldenmut Gauvains, denn die Zahl der Franzosen war inzwischen auf 700 angewachsen. Er fiel und seine Leute, soweit sie noch lebten, ergaben sich.

Es dauerte nicht lange, da wurden die Franzosen zurückgedrängt, und nun sammelte man unter den Offizieren und errichtete auf Burg Goldenfels dem Leutnant Gauvain ein Denkmal. Nur der Preußenhasser Oberst Szekuly hat keinen Kreuzer dazu gegeben. Ein

Marmorobelisk, 17 Fuß hoch, erinnerte an den zwecklosen Heldentod der preußischen Füsiliere. Lange hat er indessen nicht gestanden; 1796 waren die Franzosen wieder da und haben ihn zerstört.

7. Bilder aus dem kurtrierischen Militärleben

»Unter dem Krummstab ist gut leben«, hieß es jahrhundertelang, und jahrhundertelang wurden die Untertanen der geistlichen Herren, vor allem der drei geistlichen Kurfürsten am Rhein, beneidet um die Ruhe im Kurstaat, die geringen Steuern, das Fehlen jeglicher Soldatenpresserei.

Nein, sie waren alles andere als kriegerisch diese Kurfürsten und Erzbischöfe von Köln, Trier und Mainz. Wenn sie nach Gewinn strebten, dann auf diplomatischem Wege, der manchesmal sich als ebenso erfolgreich wie der kriegerische erwiesen hat, und meist sehr viel billiger gewesen ist.

Nur wenn die Franzosen kamen, und sie kamen ja einige Male in der Geschichte der rheinischen Kurstaaten, dann war guter Rat teuer, dann wurde der Kaiser um Hilfe angefleht. Aber der Kaiser war fern in Wien und meist mit ganz anderen Problemen und Kämpfen befaßt.

Als die Revolutionstruppen der Franzosen ihren Angriffskrieg auf den Rhein eröffneten, im Jahre 1792, da flohen alle drei Kurfürsten in Gebiete, die sicherer waren. Sie kamen noch einmal zurück, denn die Franzosen hatten ihre raschen Eroberungen nicht halten können,

Preußen und Österreicher waren am Rhein zur Verteidigung angetreten.

Aber das währte nicht lange. Uneinigkeit unter den Verbündeten, zögerliches Operieren nach veralteten strategischen Begriffen, eine schwere Niederlage der Österreicher in den Niederlanden und schließlich der Entschluß des preußischen Königs, alle Truppen vom Rhein abzuziehen, das alles machte die Lage erneut bedenklich.

Im Sommer des Jahres 1794 befahl Kurfürst Clemens-Wenzeslaus, daß man die militärischen Kräfte im Kurstaat mustere. Beschränken wir uns auf die kurtrierische Artillerie: Der kurtrierische Artilleriekommandeur, Major von Faber, meldete, daß seine Truppe derzeit 60 Mann stark sei, wovon jedoch nur 12 Mann als voll kriegsverwendungsfähig und 16 andere als garnisonsverwendungsfähig anzusprechen seien. Alle übrigen Feuerwerker, Kanoniere, Handlanger, sowie der 70jährige Wallmeister, der in Koblenz stationiert war, mußten leider als nicht mehr einsatzfähig gelten.

Nun war es auch schon über ein Vierteljahrhundert her, daß die kurtrierische Artillerie kriegsmäßig eingesetzt worden war. Damals, im Jahre 1768, war der Kurfürst Johann-Philipp gestorben, und das reiche Kloster Prüm hatte die Gelegenheit genutzt, sich von der weltlichen Herrschaft Kurtriers zu befreien. Als der Statthalter des Trierer Domkapitals vor's Tor geritten kam, da hatten die Mönche ihm schlichtweg den Eintritt verweigert.

In Trier ließ man sich das nicht bieten und schickte Truppen, runde hundert Mann. Die sollten den Herren im Kloster Respekt einflößen. Doch die Prümer Mönche posierten ihre Klosterjäger hinter den Mauern. Es

327

wurde scharf geschossen, und die Angreifer zogen ab, nachdem drei von ihnen gefallen waren.

Jetzt kam die Stunde der Artillerie: Von Koblenz und Ehrenbreitstein wurden zwei Haubitzen und vier Feldgeschütze nach Prüm in Marsch gesetzt. Und als die in Stellung gingen, da ergaben sich die Mönche, ehe ein Schuß gefallen wäre.

Normalerweise wurde die kurtrierische Artillerie nur zum Salutschießen und Feuerwerken gebraucht. Da gab es denn Artilleristen, die ihre 30 und 40 Dienstjahre auf dem Buckel hatten. Der Senior war mit 83 Jahren der Koblenzer Zeugwärter, gefolgt von den beiden ältesten Feuerwerkern mit 75 und 76 Jahren. Doch auch der Artillerieleutnant auf dem Ehrenbreitstein stand im würdigen Alter von 70 Lenzen; die Beförderungsmöglichkeiten in der kurtrierischen Armee waren eben gering. Dafür lebte man fröhlich und ungefährdet.

Als der lebenslustige Kurfürst Johann-Philipp im Jahre 1764 Lustlager und Artilleriefest vor den Toren von Koblenz veranstaltete, da sah er heiter und wohlwollend aus seinem Prunkzelt dem Wettschießen der Geschütze auf eine im Rhein verankerte Tonne zu.

Der letzte Schuß war verhallt, da erhob sich der würdige Landesherr und Erzkanzler des Reiches, um den Schlußsegen zu sprechen und ein Hoch auf seine tüchtige Artillerie auszubringen. Aber der reichlich genossene Wein ließ ihn schwanken, schon dachten die Höflinge und Prälaten, ihr Kurfürst und Erzbischof fiele der Länge nach hin, doch er fiel nur gegen die Zeltwand, und die hielt und stand wie eine Mauer. Das sah sich fast an wie ein Wunder; und Johann-Philipp nahm's als solches und rief: »Ein Vivat der kurtrierischen Artillerie!«

Doch gleich darauf erschrak er fürchterlich, denn dicht an seinem Ohr brüllte eine Stimme: »Unser gnädigster Herr Kurfürst von Trier soll leben!«

Man sah eilends nach und fand an der Außenseite des Zeltes, genauso benebelt wie der Kurfürst und diesen unsichtbar stützend, weil im gleichen Augenblick zur Seite gestrauchelt, den Artilleriestückfähnrich Carl-Caspar Beller, der, durch den Ruf seines Herrn aufgeschreckt, seinerseits ein Lebehoch ausgebracht hatte.

Der Kurfürst Johann-Philipp lachte schallend, erreichte, von den Herren der Runde gestützt, erneut die sichere Geborgenheit des Sessels und brachte nun ein Hoch auf den überaus treuen Artillerie-Fähnrich aus.

8. Die Franzosen rücken in Koblenz ein

Waren im Jahre 1793 von den Österreichern und Preußen Erfolge gegen die Franzosen erzielt worden, so brachte das Jahr darauf nur noch Rückzüge. Die Österreicher gaben die Verteidigung ihrer Niederlande auf und wichen bis zum Rhein, Preußens Gesandte verhandelten schon lange insgeheim mit dem Feind, und beide hielten nur noch aus, weil sie für die Millionen Pfund Hilfsgelder, die England ihnen zahlte, wenigstens auf dem Kriegsschauplatz bleiben mußten.

Eine dünne Verteidigungslinie zog sich von Speyer bis Trier. Hier griffen die Franzosen nicht an, ihre Hauptkräfte kamen von Norden aus den Niederlanden rheinauf.

Oktober 1794: Kurfürst Clemens-Wenzeslaus verließ zum zweiten Mal seine schöne Residenz Koblenz und das kurfürstliche Schloß, das er dort hatte bauen lassen, und diesmal sollte er nicht wiederkehren.

Die Stadt wurde in Verteidigungszustand gesetzt. Geschützstellungen bauten die Pioniere rundum, Obstbäume und die Pappelalleen an den Straßen fielen, um Schußfeld zu schaffen.

Als zum erstenmal die Sturmglocke läutete, da kamen die aufgeregten Töne vom Metternicher Kirchturm. Es war aber nur, weil die Kroaten, das wildeste Kriegsvolk der österreichischen Armee, angefangen hatten, das Dorf, zu dessen Verteidigung sie bestimmt waren, zu plündern.

Rundum in den anderen Ortschaften standen ungarische Husaren auf Vorposten. Denen in Weißenthurm ging es zuerst an's Fell. Sie wichen Hals über Kopf vor den französischen Tirailleurs, die in lockerer Schützenkette heranschlichen. Und in der folgenden Nacht räumten auch die österreichischen Fußtruppen ihre Stellungen.

Der nächste Tag begann wie üblich: Vor dem Koblenzer Schloß zog mit klingendem Spiel die Wachparade auf, ein Schauspiel, das die Bürger immer wieder genossen. Doch da galoppiert ein Meldereiter über den Platz, schreit: »Wo ist der General?« und: »Die Franzosen kommen!«

Die Musik verstummt, und nun hört man auch die Gewehrschüsse in der Ferne. Im Feld nach Bubenheim zu sah man die Österreicher fliehen. Und vom Ehrenbreitstein donnerte das Geschütz auf die nachfolgenden Franzosen. Die Kanonen an der Moselbrücke brüllten los. Aber es fielen auch die ersten Vollkugeln der französischen Batterien in die Stadt.

Der Schaden war gering. Die Bürger hockten in den Kellern, soweit sie nicht – ungeachtet aller Gefahr – an den Batteriestellungen der Moselbrücke oder gar von den Türmen der Liebfrauenkirche aus die Ereignisse verfolgten. – Die ersten Franzosen, die auf die Moselbrücke stürmten, wurden zurückgeschlagen. Die Zugbrücken waren hochgezogen, aber die Pfeiler nicht gesprengt worden. – Dann schwieg plötzlich die französische Artillerie nach anderthalb Stunden. In die Stille klang der Hufschlag eines Pferdes. Die Brückenauffahrt hinauf galoppierte ein französischer Offizier: »Schreiben an den Maire von Koblenz!« rief er.

Es war die Aufforderung zur Übergabe der Stadt. Der österreichische General und Stadtkommandant beriet sich mit den Stadtvätern. Man hatte von Anfang an gewußt, die unbefestigte Stadt war nicht zu halten. Warum sollte man es auf weitere Zerstörungen ankommen lassen? Draußen sah man den Feuerschein, der aus den kurfürstlichen Schlössern von Kärlich und Schönbornslust aufstieg.

Stadträte und Militärs verfaßten ein Schreiben, baten um Schonung der Stadt, um Schonung auch des neuen Residenzschlosses. »Die Bürger haben es bezahlt!« schrieb man an die im Namen von Freiheit, Gleichheit und Brüderlichkeit gekommenen Franzosen appellierend.

Am Abend zogen die französischen Truppen über die Moselbrücke ein, die Sansculotten, sie sahen wahrhaft schäbig aus. Vorweg marschierte die Divisionsmusik und spielte die Marseillaise. – Die Österreicher, die sich in aller Hast auf das rechte Rheinufer zurückgezogen hatten, brachen eben ihre Schiffsbrücke ab.

Nun waren nur noch die Festungen Mainz und Luxemburg nicht in französischer Hand. Von der rechten Rheinseite auf der Höhe aber reckte der Ehrenbreitstein seine Mauerzinnen. Und hier sollte es noch lange dauern, ehe man die Tore den Franzosen öffnete.

9. Unter dem Freiheitsbaum

Auf den Plätzen der Städte und Dörfer in der Pfalz, am Rhein, in der Eifel, im Hunsrück, überall wurden von den Franzosen mit viel Pathos und Geschrei Freiheitsbäume aufgestellt. Manchmal und nicht selten allerdings lagen sie am folgenden Morgen umgehauen da. Es mußte ein eigenes Gesetz erlassen werden: der Übeltäter, der einen Freiheitsbaum beschädigte, wurde mit sechs Jahren Gefängnis bestraft. Ein besonderer Passus bedrohte die Geistlichen mit Strafe, die von den Kanzeln gegen den unchristlichen, der Göttin Vernunft geweihten Baum, wetterten.

Die Stadt Koblenz, Oktober 1794 von den französischen Revolutionstruppen besetzt, bekam an einem Sonntag darauf ihren Freiheitsbaum.

Es war eine Pappel, umgehauen an der Schönbornluster Allee. Mit Kavallerie und Infanterieeskorte wurde das lange Stücke in die Stadt gefahren. Die Grube, in die der Baum verankert werden sollte, war vor dem kurfürstlichen Schloß ausgehoben. Und es wurde verkündet: »Hier soll der Freiheitsbaum ein Zeichen sein für die Befreiung von der alten Tyrannei.« – Der Kurfürst Clemens-Wenzeslaus war alles andere als ein Tyrann gewesen, und so hatten denn die Koblenzer Bürger keinerlei Grund, an der Feierlichkeit, mehr als von fern zusehend, teilzunehmen.

Während dem Baum die unteren Äste abgehauen wurden – die Koblenzer sagten: »Seht ihr, genauso wird das gemeine Volk behandelt« – spielte die Divisionskapelle; sie spielte wohl zwanzig Mal das »ça ira…« und die Koblenzer sagten: »Die können nix anderes!« – Oben auf die Spitze der Pappel kam eine rote Jakobinermütze und seitlich ringsum wurden Bänder in den Farben der Trikolore befestigt: blau-weiß-rot, flatterte das. Und nun wurde der Baum aufgerichtet, und als er stand, hoben die dichtgedrängt zuschauenden französischen Soldaten die Mützen hoch auf den Spitzen ihrer Bajonette. Und sie schrien dazu: »Vive la Nation!« und »Vive la republique française!« – Die Koblenzer aber raunten sich zu: »Jetzt lassen sie die Katz aus'm Sack; uns haben sie die Ohren vollgeblasen mit Freiheit-Gleichheit, in Wahrheit geht's um Frankreich.« – Und sie hatten – wie damals alle Deutschen, noch gar kein Verständnis für diesen lautstarken Nationalismus.

Da ragte er also in die rheinische Luft, der Freiheitsbaum, und die französische Generalität ritt, Helm ab, rund herum und die Eskadronen und Kompanien folgten im Marschtritt zunächst, dann rannten die Soldaten, dann tanzten sie und sangen dazu: »Die Aristokraten an die Laternen!«

Die Koblenzer zogen sich vorsichtig zurück, obwohl sie keine Aristokraten waren; denn sie hatten in den Zeitungen gelesen, daß vielerorts brave, nüchterne Bürger von den Franzosen zum Mittanzen gezwungen worden waren.

Am nächsten Tag konnte man an den Straßenecken einen Anschlag lesen, den der sogenannte Volksrepräsentant verfaßt hatte. Ihn hatte die Zurückhaltung der Koblenzer geärgert. Und so hatte er denn geschrieben, daß die Koblenzer ohnedies schwer gesündigt hätten, weil sie so lange Zeit die adeligen französischen Emigranten in der Stadt beherbergt hätten. – Oh Gott, dies anmaßende Aristokratenpack, es hatte die Koblenzer genug geärgert und genug gekostet! Der Volksrepräsentant aber tönte auf seinem Plakat: »Die lasterhafte Horde der Emigranten hat eure Gesinnung vergiftet. Nun aber verkündet euch der Freiheitsbaum das Reich der Glückseligkeit durch Gerechtigkeit und Tugend.«

Die Koblenzer gingen weiter, nachdem sie das gelesen hatten, und sagten: »Es wird ein Reich der Armut durch die Requisitionen und durch das wertlose Papiergeld, paßt auf!«

Keine Chronik vermerkt, wie lange der Freiheitsbaum vor'm Schloß zu Koblenz stand. Aber eine Nachricht über ihn ist noch erhalten. Im Mai des folgenden Jahres starb im Lazarett zu Ehrenbreitstein der kurtrierische Hauptmann von Hausen. Seine Familie wohnte in Koblenz. Und nun stellten die Kinder des Verstorbenen bei der französischen Behörde den Antrag, zur Beerdigung des Vaters nach Ehrenbreitstein über den Rhein fahren zu dürfen, über den Rhein, der damals Grenze war zwischen dem französischen Gebiet und dem Römischen Reich Deutscher Nation. Dem Antrag wurde stattgegeben, allerdings unter einer Bedingung. Die Kinder des toten Hauptmanns von Hausen mußten, ehe sie in den Nachen stiegen, der sie übersetzte, mit der Jakobinermütze auf dem Kopf um den Freiheitsbaum tanzen.

10. Österreicher verteidigen den Rhein

Im April 1795 löste Preußen sein Bündnis mit Österreich und schloß mit Frankreich Frieden. Preußen stimmte in diesem Friedensvertrag der französischen Besetzung des linken Rheinufers zu, ja es gab die eigenen Besitzungen Cleve, Mörs und Geldern auf und glaubte der Versicherung Frankreichs, es würde bei einem endgültigen Friedensschluß mit innerdeutschen Gebieten entschädigt. Preußen trieb ausschließlich preußische Politik, seine Interessen lagen im Osten, wo gerade nach dem letzten Versuch Polens, seine staatliche Existenz zu retten, nun die letzte Teilung des unglücklichen Landes vorgenommen wurde, die völlige Aufteilung zwischen Rußland, Österreich und Preußen. Und Preußen gewann dabei sogar Warschau.

In einem geheimen Zusatzvertrag hatte Preußen große rechtsrheinische Gebiete den Eroberungsgelüsten Frankreichs preisgegeben. Es war eine Demarkationslinie vereinbart worden, die die preußische Interessphäre in Mittel- und Norddeutschland schützen sollte, die französische Truppen nicht überschreiten durften. Zu diesem Schutzgebiet zählte in der Rheingegend Düsseldorf, die Grafschaft Altenkirchen und das Gebiet um Limburg an der Lahn. In den folgenden Kriegsereignissen haben die Franzosen sich an diese Vereinbarung nicht gehalten, und Preußen selbst bekam die Quittung für seine Treulosigkeit dann im Jahre 1806, als die Franzosen bis zur Nord- und Ostseeküste vorstießen und der König von Preußen nach Memel fliehen mußte.

Die Österreicher waren jedenfalls jetzt, seit dem

Jahre 1795, alleingelassen bei der Verteidigung der Rheinlinie. In Bonn, da etwa, wo heute das Postministerium steht, hatten die Franzosen ein Schild mit mannshohen Buchstaben aufgestellt: »Paix avec la Prusse«, »Frieden mit Preußen«. Nachts wurde dies Schild, das die Österreicher entmutigen sollte, von Kerzen beleuchtet. Vom Bonner Hofgarten aus ließen die Franzosen oft einen Fesselballon aufsteigen, aus dessen Gondel Offiziere die Österreicher beobachteten: auf der Heide von Hangelar lagerten 2000 Soldaten.

Insgesamt verteidigte Österreich die Rheinlinie von Basel bis zum Niederrhein – 500 Kilometer – mit 180000 Mann. Man wußte, die Franzosen würden versuchen, den Rhein zu überschreiten. Erstens weil das linke Rheinufer von der Invasionsarmee allmählich ausgepowert und kahlgefressen war und zweitens, weil die jungen Generäle nach Waffenruhm hungerten.

Feste Brücken gab es auf der ganzen Strecke nicht, und Material für Schiffsbrücken war nur an wenigen Orten an den Strom zu bringen. Von österreichischer Seite wurde beobachtet, daß der Feind bei Weißenthurm-Neuwied Vorbereitungen zum Übersetzen traf, ebenso bei Uerdingen am Niederrhein, unterhalb von Düsseldorf. Und dort am Niederrhein wurde dann in der Nacht vom 5. auf den 6. September 1795 die Schiffsbrücke tatsächlich geschlagen und französische Truppen begannen den Vormarsch. Damit fing für das rechtsrheinische Gebiet von der Sieg bis zur Lahn, also für die Westerwaldgegend, eine lange Leidenszeit an.

Schon vorher hatten die Gemeinden am Rhein Opfer bringen müssen. Es war nicht nur die Einquartierung, das Stellen von Fuhrwerk, von Verpflegung für Mann und Roß, es waren auch die umfänglichen Schanzarbeiten, die die Österreicher am Strom und an den Zugängen zum Westerwald errichten ließen. Hunderte von Einwohnern waren überall tätig, die Erdbefestigungen zu bauen, Arbeiter, die auf Kosten der Gemeinde unterhalten werden mußten.

Die Ausrüstung der Österreicher, die den Rhein verteidigen sollten, war veraltet. Die Gewehre trugen nur auf 300 Schritt und waren umständlich zu laden. Man brauchte dazu 50 Griffe, die eingedrillt waren und taktmäßig von den Kompanien ausgeführt wurden, auch im Gefecht. Und diese Gewehre waren so lang, rund anderthalb Meter, daß man das Pulver nur im Stehen hineinschütten konnte. Lediglich die Freikorps, vor allem die Tiroler Schützen, hatten Kurzgewehre und waren deshalb beweglicher. Die Geschütze, die sechs, sieben und zwölf Pfund schwere Vollkugeln verschossen, trugen maximal 1400 Schritt weit, waren aber nur auf etwa 500 Schritt tatsächlich wirksam. Die Mannschaften glichen Lasttieren, so behängt waren sie mit Ausrüstung und Verpflegung. Allerdings waren sie hervorragend ausgebildet, sie dienten auf Lebenszeit, und es gab nicht wenig sechzigjährige Soldaten bei den Österreichern. Nur eines fehlte ihnen, nicht Mut, nicht Kameradschaft, sondern der Geist des Idealismus; es waren gut gedrillte Fachleute, mehr nicht.

Im Gegensatz dazu waren die Franzosen, obwohl schlecht ausgerüstet, mit zerfetzten Monturen und oft ohne Schuhe, von ihrem Sendungsbewußtsein erfüllt. Wenige waren über dreißig, viele unter zwanzig. Selbst drei der französischen Divisions- und Brigadegeneräle waren erst 26 Jahre alt. General Jourdain, der Oberbefehlshaber am Nieder- und Mittelrhein, zählte ganze 34 Jahre.

Der Grund, weshalb die Franzosen nun im September 1795 den Rhein überschreiten: Der österreichische General Wurmser steht am Oberrhein bereit, mit seiner Armee ins Elsaß einzurücken. Das soll durch diesen Angriff im Norden verhindert werden.

Der österreichische General Clerfayt, der sein Hauptquartier bei Altenkirchen hat, gibt sofort Befehl, seine Truppen in einer Stärke von 11 000 Mann sollen an der Sieg Verteidigungsstellung beziehen. Aber nun sind die Franzosen auch bei Köln übergesetzt, und ehe die schwerfälligen Österreicher an der Sieg Fuß gefaßt haben, sind schon die Franzosen dort.

Und da sie auf dem rechten Rheinufer rasch vorrükken, bei Bonn eine Schiffsbrücke schlagen und das Neuwieder Becken erreichen, wo nicht unbedeutende österreichische Kräfte liegen, wird als neue Verteidigungsstellung die Lahn gewählt. Obwohl die Österreicher von Linz bis Angermund am Niederrhein Schanzen errichtet hatten, wurde kaum gekämpft, nur hinhaltend verteidigt. Das entsprach der Strategie des 18. Jahrhunderts. Man vermied große Gefechte, um die wertvollen Mannschaften zu schonen, man suchte den Gegner an den Flanken zu überflügeln und ihm so zum Rückzug zu zwingen. Auch die Franzosen hielten sich noch an diese Art der Kriegsführung. Zwischen Neuwied und Weißenthurm legten sie ebenfalls eine Schiffsbrücke über den Rhein.

Als der Befehl des Kaisers Franz aus Wien beim österreichischen Oberkommando ankommt, die Lahnlinie sei unbedingt zu halten, sind die Truppen schon weiter zurückgewichen und haben den Main erreicht. Die französische Rhein- und Moselarmee überschreitet auch bei Mannheim den Rhein.

Aber nun wendet sich das Blatt. Der österreichische Feldzeugmeister Clerfayt läßt bei Höchst angreifen und seine Soldaten schlagen die Franzosen in die Flucht. Ein, zwei Gefechte genügen, um die ungeübten, jungen Soldaten Frankreichs zu demoralisieren. Die Revolutionsarmee flutet zurück, durch den Westerwald. Bei Neuwied setzen Teile auf das linke Rheinufer über. Die anderen fliehen nach Norden zur Sieg.

Demoralisiert und verhungert treiben sie den Bauern das letzte Stück Vieh aus dem Stall, rauben und plündern. Und hier, im Westerwald geschieht es, daß die gequälte Landbevölkerung sich zusammenschließt und mit Heugabeln und Dreschflegeln gegen die Marodeure vorgeht.

Der österreichische Oberbefehlshaber Clerfayt allerdings nützt die Situation nicht aus. Er bleibt mit seinen Hauptkräften an der Lahn stehen. Er ist 61 Jahre alt, krank und deprimiert und hat schon an die zwanzig Mal den Kaiser um seinen Abschied gebeten.

Immerhin wendet er sich nun nach Mainz, das wieder einmal eingeschlossen ist und belagert wird und verjagt auch dort die Franzosen, ja, es gelingt, einen linksrheinischen Brückenkopf zu bilden, der Pirmasens und Kaiserslautern, Kreuznach und Bingen umfaßt.

Im Westerwald lassen die Franzosen kahlgeplünderte und verwüstete Dörfer zurück. Bei Bonn auf der Schiffsbrücke müssen Posten aufgestellt werden, die den zersprengten Haufen das mitgetriebene Vieh abnehmen.

Als die Franzosen nun von der Sieg aus einen erneuten Vorstoß in den Westerwald unternehmen und bis Hadamar gelangen, da läuten diesmal überall die Sturmglocken und die Bauern kämpfen mit den schwachen österreichischen Kräften zusammen und vertreiben die Eindringlinge.

Ende 1795 schließt Clerfayt mit den Franzosen einen Waffenstillstand. Die Österreicher stehen an der Sieg, die Franzosen an der Wupper. Der Mainzer Brückenkopf bietet günstige Gelegenheit zum Angriff für die Befreiung des linken Rheinufers.

Jetzt endlich löst Kaiser Franz in Wien den alten zermürbten General Clerfayt ab. Er befördert seinen 25jährigen Bruder, den Erzherzog Karl, zum Reichsfeldmarschall und übergibt ihm das Kommando am Mittelrhein. Erzherzog Karl ist, obwohl gesundheitlich schwach, schon ein bewährter Offizier, aber auch er hängt der strategischen Schule des 18. Jahrhunderts an, die die Mittel der Kriegsführung eher in Verteidigung und im Ausmanövrieren des Gegners erblickt als im Angriff. Die Gelegenheit wäre günstig: die französische Armee ist zerrüttet, der Angriff aus dem Mainzer Brückenkopf hätte die besten Erfolgschancen.

Doch nun kommt von einem anderen Kriegsschauplatz schlimme Nachricht: General Napoleon Bonaparte rückt in Oberitalien vor und erringt dort Sieg auf Sieg gegen die Österreicher. Vom Rhein werden 23000 Mann abgezogen, allerdings vom Oberrhein. Erzherzog Karl behielt seine Streitmacht ungeschmälert. Aber er kann sich nicht zu einem Angriff aus dem weitgespannten linksrheinischen Brückenkopf um Mainz entschließen. Er wartet ab.

Da kündigen die Franzosen im Mai 1796 den Waffenstillstand. Im Westerwald kommandiert der Feldzeugmeister Herzog Ferdinand von Württemberg, ein schlachterprobter General. Er hat aus den Ereignissen des Vorjahres seine Lehre gezogen und konzentriert seine Hauptmacht um Altenkirchen, den wichtigen Straßenknotenpunkt. Dort hat er rund 11 000 Mann zur Verfügung. Bis zu den befürchteten Angriffsstellen Siegburg, Siegen und Neuwied sind es nur 40 Kilometer Marsch, in einem Tag zu bewältigen.

Am 29. Mai 1796 meldet General Kienmayer, der mit rund 5000 Mann an der Sieg steht, daß die Franzosen mit dreifacher Übermacht anrücken. Schon kämpfen Tiroler Freischützen in den Siegniederungen gegen französische Vortruppen.

Am 1. Juni ist die Hauptmacht der Franzosen heran und greift an. Sie wird dreimal zurückgeschlagen, kann dann aber durchbrechen. Die Truppen, die der Herzog von Württemberg von Altenkirchen geschickt hat, kommen zu spät. Sie können nur noch den Rückzug in den Westerwald decken. Viele Österreicher werden von den Franzosen gefangen genommen oder versprengt.

In zwei Kolonnen rücken die Franzosen in den Westerwald ein: durch das Hanfbachtal auf Jungeroth und über Blankenberg nach Uckerath.

Auch am Rheinufer geht der Vormarsch rasch vonstatten, Linz wird erreicht und die dort stehenden Österreicher auf das Neuwieder Becken zurückgedrängt. Am 3. Juni ist Hönningen bereits in der Hand der Revolutionsarmee. Weil nun französische Kavallerie bereits von Uckerath nach Dierdorf vorgeprescht ist, sieht sich der bei Neuwied kommandierende General Finke von zwei Seiten bedroht und weicht mit seinen 5500 Mann auf Montabaur zurück. Derweil wird bei Altenkirchen die Hauptmacht der Österreicher geschlagen.

Die Lage ist, wie im Vorjahr, für die Österreicher bedrohlich geworden, und Erzherzog Karl kommt mit

Truppen aus dem Mainzer Brückenkopf an die Lahn zur Hilfe. Er erringt auch zwei Siege, aber das hat offenbar nur in der Absicht der Franzosen gelegen, die nun den geschwächten Brückenkopf angreifen; Mainz ist und bleibt ihr Hauptziel.

Die geschlagenen französischen Truppen ziehen sich diesmal in vollendeter Disziplin zurück. Sobald sie merken, daß der Gegner nicht folgt, greifen sie an, um nur ja nicht die Österreicher auf die Idee kommen zu lassen, Truppen in den Mainzer Brückenkopf zurückzuschicken. Der Befehl lautet: Wenn nötig, bis auf das verschanzte Lager von Düsseldorf zurückweichen. Die Absicht ist: Österreichs Truppen möglichst zahlreich und möglichst weit von Mainz zu entfernen. Denn der Mainzer Brückenkopf mußte fallen, ehe die französische Elsaßarmee nach Baden und Württemberg vorstoßen konnte.

Am 18. Juni war der französische Rückzug im nördlichen Westerwald angelangt. General Kleber lag mit 2 Divisionen Infanterie und einer Division Kavallerie rings um Uckerath in Ortsquartier. Die Nachhut stand bei Kircheip.

Am selben Tag erreichte die Haupttruppe der Österreicher Altenkirchen. Erzherzog Karl nahm in Hachenburg Quartier.

In der Nacht schickte er leichte Kavallerie in den Rücken des Feindes, und um Mitternacht griff der österreichische General Kray bei Kircheip überraschend an. Als der Morgen tagte, wichen die Franzosen, und da die österreichische Kavallerie ungestüm nachdrängte, wurde der Rückzug zur Flucht. Die Österreicher nutzten die Verwirrung zu einem umfassenden Angriff, aber die Generäle Leval und Richepause und der nachmals so berühmte Ney eilten mit ihren Truppen zur Hilfe. Die österreichische Kavallerie wurde zersprengt.

Die Franzosen änderten hier bei Kircheip zum ersten Mal ihre bisherige Taktik, mit tiefgestaffelten Kolonnen die ganze Frontbreite anzugreifen und abzuwarten, welcher Kolonne der Druchbruch gelingen würde. Die erfolgreiche Schlachtordnung Napoleon Bonapartes, die dieser in Oberitalien erprobt hatte, und die ihn weiter zu seinen Siegen führen sollte, wurde jetzt übernommen, indem eine einzige Angriffskolonne, sieben Bataillone stark, die österreichische Front durchbrach. Zugleich rückten andere Kolonnen rechts und links der Ortschaft vor. General Kleber selber setzte sich an die Spitze von drei Bataillonen und marschierte durch Kircheip. Die Österreicher mußten den Ort räumen und am Waldrand östlich der Ortschaft neue Stellung beziehen. Hier standen alle möglichen Truppen aus dem habsburgischen Vielvölkerstaat: Wallonen aus den österreichischen Niederlanden, Ungarn, Tschechen, Böhmen und Kroaten.

General Kleber hatte einen Fehler begangen, als er sich persönlich zur Hauptkolonne begab. Er verlor dadurch den Überblick über das Gefecht. Und so stürmten die Franzosen ungeordnet in dichten Haufen gegen die österreichische Infanterie, die nur zwei Salven abgab und dann zum Bajonettangriff überging. Darin aber waren Österreichs alte Soldaten glänzend geschult. Um drei Uhr am Nachmittag brachen die Franzosen den Kampf ab und zogen sich auf Uckerath zurück. Sie hatten dreitausend Mann an Toten, Verwundeten und Gefangenen verloren. Die Verluste der Österreicher betrugen 18 Offiziere und 534 Mann. – Trotz dieser

Niederlage aber war der Rückzug der Franzosen geordnet. Sie hatten seit dem Vorjahre zugelernt.

General Kleber aber, der mitten aus dem Rückzug heraus sich auf das Gefecht bei Kircheip eingelassen hatte, bekam von seinem Oberbefehlshaber, dem General Jourdain, einen Rüffel; denn der Sinn des französischen Rückzuges war es ja gewesen, die Österreicher von Mainz und vom dortigen linksrheinischen Brükkenkopf abzuziehen. Heldentaten sollten nicht vollbracht werden. Kleber war mit dem ganzen Rückzug nicht einverstanden, er galt immer schon als dickköpfig und unfähig, blind zu gehorchen. Und er hatte absichtlich für sein Gefecht einen Augenblick gewählt, in dem sein Oberbefehlshaber voll beschäftigt war; der hatte nämlich gerade zu der Zeit einen Übergang bei Neuwied über den Rhein gewagt und dort die Österreicher angegriffen.

Kleber hatte tatsächlich gegen die Absichten, die der französische Rückzug verfolgte, gehandelt, denn nun blieben die Österreicher am Nordrand des Westerwaldes, also über dem Siegtal stehen und entfernten sich nicht weiter von Mainz.

Wieder waren es die Franzosen, die den nächsten Zug taten. Sie hatten sich in guter Ordnung – im Gegensatz zu früheren Rückzügen – bis Düsseldorf davongemacht, und es ist ziemlich unbegreiflich, daß der österreichische Oberkommandierende Erzherzog Karl, der immerhin 128 Schwadronen Kavallerie unter seinem Befehl hatte, nicht nachsetzen ließ. Er schrieb an den Kaiser, seinen Bruder, in Wien: Mangel an Verpflegung und Nachschub hätten ihn darin gehindert, auch würde der Angriff auf Düsseldorf viel Blut gekostet haben. – Man neigte allgemein bei den alten Armeen dazu, die wertvollen gutausgebildeten und kriegserfahrenen Mannschaften zu schonen.

Im Süden der Front geschahen Ereignisse, die den Entschluß des Erzherzogs Karl rechtfertigten: Der Mainzer Brückenkopf wurde von den Franzosen eingedrückt, Mainz erneut umschlossen. Und am Oberrhein überschritt am 24. Juni 1796 die französische Elsaßarmee den Rhein, und Erzherzog Karl war nun genötigt, sich diesem neuen Brennpunkt der Kriegshandlungen zuzuwenden. Im Westerwald blieben nur 36000 Österreicher zurück, viel zu wenig, um gegen die Franzosen etwas auszurichten.

Schon am 29. Juni kamen sie wieder von Norden, von Düsseldorf. Der jetzige Oberbefehlshaber der Österreicher, Graf Wartensleben, vertrat die sehr theoretische Meinung, daß eine überhöhte Stellung immer die günstigste sei. Er hatte seine Truppen deshalb auf den höchsten Teilen des Westerwaldes konzentriert, bei Neukirch, wo die Straßen von Siegen nach Hachenburg und von Herborn nach Limburg sich kreuzen. Natürlich lagen auch wieder am gefährlichen Rheinübergang bei Neuwied österreichische Truppen, und bei Erpel, wo gegenüber feindliche Truppenkonzentrationen beobachtet worden waren, hatte Wartensleben 6 Kompanien Jäger und 8 Schwadronen Kavallerie plaziert.

Am 3. Juli 1796 standen die Franzosen wieder bei dem noch vor einem Monat umkämpften Kircheip. Bei Neuwied hatte General Jourdain erneut den Rhein überschritten und die Österreicher zurückgetrieben. Und Graf Wartensleben mußte einsehen, daß er in seiner »überhöhten Stellung« wenig ausrichten konnte. Um nicht eingeschlossen zu werden, wich er zurück bis zur Lahn. Dort kam es zu Gefechten, bei denen die

Franzosen den Kürzeren zogen und in den Westerwald zurückströmten. Man kann sich denken, was all diese Hin- und Herzüge für die Landbevölkerung bedeutet haben. Artillerie und Trosse benutzten immer wieder die wenigen geschotterten Straßen mit geringem Höhenunterschied. Die Truppen zogen über die kleineren Wege und verschonten kein Dorf und keinen Weiler.

Diesmal konnte General Jourdain seine Truppen schon hinter der Wied sammeln. Wie immer waren die Österreicher in der Verfolgung des Feindes zu langsam gewesen. Allerdings waren auch die Franzosen nun erschöpft, es fehlte ihnen an Munition. Und der Oberbefehlshaber war offensichtlich der fruchtlosen Unternehmungen müde und wurde abgelöst.

Ende September 1796 war der ganze Westerwald wieder gesäubert. Die Österreicher hatten Siegburg erreicht.

Nach so viel Märschen und Gefechten über mehr als ein Jahr, bei denen der Westerwald in ein Elendsgebiet verwandelt worden war, stand man wieder in der Ausgangslage. Nur bei Neuwied hielten die Franzosen einen Brückenkopf auf dem rechten Ufer, den sie mit starken Schanzen sicherten. Es wurde Waffenruhe vereinbart, die auch bis Ende April 1797 dauerte.

11. Das Schicksal der Festung
Ehrenbreitstein

Der Trierer Kurfürst war längst nach Süddeutschland geflohen, seine Residenzstadt Koblenz und der ganze linksrheinische Kurstaat von den Franzosen besetzt, nur die Festung Ehrenbreitstein, auf der Höhe gegenüber von Koblenz, hielt noch stand, wenn auch die französische Artillerie keinen Tag verstreichen ließ, ohne die Mauern und Türme dort zu beschießen.

Österreich, das als letzter Verteidiger der Rheinlande übrig geblieben war, mußte seine militärischen Kräfte mehr und mehr nach Oberitalien wenden, wo der junge General Napoleon Bonaparte Sieg auf Sieg errang.

Die süddeutschen Fürsten, Württemberg, Baden, der Schwäbische Kreis, die Reichsstände Frankens, alle beeilten sich, mit der Republik Frankreich ihren Frieden zu machen, Kursachsen folgte, Preußen war schon längst von der Allianz gegen die Franzosen abgefallen und ließ sich jetzt gar dazu herbei, mit dem ehemaligen Feind über die Teilung des Bistums Münster zu verhandeln.

Schon standen im Süden die Franzosen bis an die Donau, da raffte der junge Feldherr Österreichs, der Erzherzog Karl, noch einmal alle Kräfte zusammen und jagte den Feind bis zum Rhein zurück. Und dabei erhob sich am Main und am Rhein, an der Lahn, im Spessart und Odenwald die gequälte Landbevölkerung und vertrieb die zersprengten und plündernden Truppenteile der geschlagenen französischen Armee.

Rechtsrheinisch blieben nur die Brückenköpfe Düs-

seldorf und Neuwied in französischer Hand. Und die Festung Ehrenbreitstein blieb eingeschlossen.

Ende des Jahres 1797 begannen allgemeine Friedensverhandlungen in Rastatt. Und wieder war es Preußen, das sich besonders uninteressiert am Schicksal der Rheinlande zeigte: Die preußischen Unterhändler gestatteten den Franzosen ausdrücklich, die Belagerung von Ehrenbreitstein fortzusetzen.

Da taten sich die Österreicher schwerer, als die Vertreter des Direktoriums zu Paris von ihnen verlangten, sie sollten die Festung Mainz räumen. Erst als der General Napoleon Bonaparte selber in Rastatt erschien, willigten sie ein.

Die Besatzung auf dem Ehrenbreitstein aber hielt aus. Kommandant war der Oberst in kurtrierischen Diensten, von Faber. Ihm unterstanden etwa 2000 Mann; das waren kurtrierische Truppen, Soldaten, die der Kurfürst von Köln gestellt hatte, Abteilungen von Sachsen-Coburg, von Sachsen-Hildburghausen, von Homburg, sogar ein Trüppchen vom Fürsten zu Wied geschickt, war dabei: auf engstem Raum wahrhaftig ein Bild deutscher Kleinstaaterei.

In der letzten Aprilwoche 1798 gelang es den französischen Belagerern, die Festung ganz und gar von der Außenwelt abzuschneiden. Und das hieß, nun floß auch kein Wasser mehr aus der von Arenberg herführenden Leitung. Eine schwere Zeit für die Verteidiger begann.

Zunächst hielt man sich an die Pferde und Hunde, schließlich wanderten sogar die Katzen, die bisher die Kasematten von Mäusen gesäubert hatten, in die Kochkessel. Und endlich waren die Soldaten froh, wenn sie selber eine Maus fingen oder einen Spatzen überlisten konnten.

Der Kommandant aber ließ trotz allem Elend geräuschvolle Feste mit viel Musik und Tanz abhalten, wobei der Jubel weit über die Festungsmauern schallte, damit der Feind glauben sollte, man sei noch wohlgemut und mit allem versehen in der Festung. – Als die Jägerkompanie ihren Ball hatte, da opferte der Kompaniechef seinen geliebten Jagdhund als Festbraten. Und als eine Marketenderin ein Kind bekam, da erhielt sie als Geschenk der Garnison fünf Pellkartoffeln.

Der Winter kam, und der Mangel an Brennholz wurde nun die schlimmste Plage; manch einer ist erfroren. Hinzu kam, daß auch Zivilisten sich in die Mauern der Festung geflüchtet hatten, und denen fehlten bald alle Mittel.

Schließlich hatte man mehr Kranke und Schwache in den Quartieren als Leute, die bei einem Angriff noch an den Geschützen hätten stehen können. Jetzt erst – nach fast einem Jahr – schickte der Oberst von Faber seinen Parlamentär zu den Franzosen.

Die Truppen erhielten freien Abzug zugestanden. Alle Waffen, alle Bagage durfte mitgenommen werden. Sogar neun Feldgeschütze zogen die abgemagerten Artilleristen, als sie zur Rheinstraße hinuntermarschierten. Man war unbesiegt, und zum Zeichen dafür spielte die Musik und flatterten die Fahnen über dem Zug, der nun seinen langen Weg begann, rheinauf und durch Schwaben bis nach Ingolstadt.

Der Rhein war aufgegeben, das bewies die Nachgiebigkeit der Unterhändler in Rastatt; sie stimmten zu, als die Franzosen forderten, alle Befestigungen auf dem rechten Rheinufer müßten zerstört werden, die Festung Mainz-Kastell sei an Frankreich zu übergeben, alle Rheininseln müßten französische Besatzung aufnehmen.

Auch die Befestigungswerke des Ehrenbreitstein flogen nun unter gewaltigen Pulverexplosionen in die Luft, daß noch in Koblenz Fensterscheiben zersprangen.

Das alte Reich war am Ende, nicht durch Waffengewalt besiegt, nicht einmal durch die jahrhundertealte Uneinigkeit seiner Glieder gelähmt, das Heilige Römische Reich Deutscher Nation hatte die idealen Grundlagen seiner Existenz verloren; sie hatten bestanden aus dem Zusammenwirken geistlicher und weltlicher Macht, sie hatten gefußt auf einer durch göttliche Ordnung bestimmten feudalen Gesellschaft. Das alles war längst nur noch ein Schemen gewesen, eine nach rückwärts gewandte Utopie; sobald jedoch in Frankreich die neue Ideologie bürgerlicher Freiheit und Gleichheit die Realität zu gestalten begann – mochten dabei auch die Erfolge wirksamer sein als die Ideale – erst da, im Flammenschein der Revolution – wurde sichtbar, daß dies alte Reich längst verstorben war, eine Mumie, reif für das Museum der Geschichte.

Bildnachweis

Schutzumschlag: »Der Brand von Speyer« nach einem historischen
Gemälde des 20. Jahrhunderts.

Die Bildvorlagen hat freundlicherweise Herr Günter Menzel, Bad Honnef, zur Verfügung gestellt.